LE FRANÇAIS

Langue et Culture

Tapes, Cassettes, Slides

NUMBER OF REELS:	30 (seven-inch, full-track)
SPEED:	3¾ IPS
RUNNING TIME:	14 hours (approximate)
ALSO AVAILABLE ON:	15 Cassettes (dual-track)

Tape and Cassette Contents

In Chapters 1–25, all conversations at normal speed and again by phrases with pauses for student repetition. / Structural exercises from the Text and Workbook in four-phased sequences: Cue—pause for student response—correct response by native speaker—pause for student repetition. Taped exercises are identified by an asterisk in the Text and Workbook and average 20 minutes per chapter.

In Chapters 26–30, the chapter texts at normal speed with appropriate pauses at numbered stops for SLIDE synchronization. / Structural exercises in accordance with the procedures used in chapters 1–25.

Pronunciation practice is provided with pauses for student repetition.

Slides

A set of 175 full-color SLIDES is available for use with Chapters 26–30. The slides (34–36 per chapter) were prepared specifically to illustrate the contents and are keyed to the printed numbers in the texts.

A separate set of 3 CASSETTES comprising the chapter texts only is synchronized with the SLIDES to facilitate presentation.

Tapes, Cassettes, and Slides are available from the Publisher at nominal prices. For information, please write to D. VAN NOSTRAND COMPANY, AUDIO-VISUAL DEPARTMENT, 450 West 33rd Street, New York, New York 10001.

LE FRANÇAIS

Langue et Culture

BARBARA ROLLAND
EDITH O'CONNOR
University of Wisconsin, Eau Claire

MARTINE DARMON MEYER
University of Wisconsin, Milwaukee

D. VAN NOSTRAND COMPANY
New York   Cincinnati   Toronto   London   Melbourne

Cover illustration: *Rue de l'épicerie,* by Camille Pissaro. Courtesy of French Cultural Services.

D. Van Nostrand Company Regional Offices:
New York   Cincinnati   Millbrae

D. Van Nostrand Company International Offices:
London   Toronto   Melbourne

Library of Congress Catalog Card Number 73—14095
ISBN: 0-442-27021-6

Published by D. Van Nostrand Company
450 West 33rd   Street, New York, N. Y. 10001

Published simultaneously in Canada by
Van Nostrand Reinhold Ltd.

10 9 8 7 6 5 4 3 2 1

Preface

Le Français, Langue et Culture is a beginning text which introduces the student to the language and culture of contemporary France. Our intent is to provide the communication skills and the background material necessary to instill an appreciation of the country and its language. Grammar, therefore, is taught as a means to that end, and the emphasis is on communication. We have, however, provided a comprehensive program of cultural materials and language practice, supplemented by a workbook, tapes and cassettes, and slides that extend the cultural dimensions of the course. An Instructor's Manual is also available.

Conversation

Communication is made up of more than grammar and vocabulary. Dialogs offer the opportunity for gestures, facial expression, intonation and emotion, as well as for the acquisition of speech patterns and new vocabulary. Our dialogs are short and the instructors may or may not wish to require their memorization.

Pattern Sentences

Following the chapter dialog and preceding explanations of grammar, each chapter includes brief practice of the key language patterns introduced in the conversation.

Grammar

Explanations of structural points are intended chiefly for home preparation, leaving class time free for oral practice. Materials are organized so as to provide

the most effective reference possible. For example, all relative pronouns are introduced in Chapter 13, rather than divided among several chapters. For the same
reason, all the basic present-tense forms, including the present subjunctive, are
presented before past tenses are introduced in Chapter 9. Although this procedure
may represent a departure from the practice of relegating the subjunctive to the
end of the course, constructions such as **il veut que . . .** and **il faut que . . .** occur
so frequently that it seemed advisable to introduce the construction at an earlier
point (Chapter 7).

Exercises

A variety of exercise materials are designed to practice the structural elements
of the chapter. Cumulative review exercises are included throughout. Exercises
designed for laboratory practice are included in the tape program and are so
identified in the book.

Lecture

The reading passages provide variety of source, reading level, and interest.
Students will read "extraits" from classical literature, pertinent information about
France, recipes and household hints, and even advice to the lovelorn. Questions
for discussion follow each *lecture*.

Cultural Units

Chapters 26–30 present a complete change in materials and method. We consider it important that the student bring into perspective the skills he has acquired
in Chapters 1–25. Thus, Chapters 26–30 are a combination of cultural materials
fully integrated with slides and tapes and supplemented by review exercises. These
materials are also excellent bases for independent study. When combined with
oral tests, they afford an opportunity to evaluate progress in comprehension,
speaking, pronunciation, and intelligible use of French.

Pronunciation

The pronunciation chapters have been placed after the 5th, 10th, 15th, and
20th chapters. At the outset, we believe, the instructor and the early chapter tapes
provide the most effective guides. The specific lessons on vowels, consonants,
intonation, and liaison are presented only after the student has had sufficient
practical experience with the language to profit from the explanations. Practice
is provided throughout and included on the tapes.

Appendices

The appendices contain the English equivalents of the chapter dialogs; idiomatic phrases intended for informal use by students from the beginning of the course; weights and measures; and verb tables including conjugations of regular and irregular verbs. A glossary of grammatical terms precedes the index.

Vocabularies

Each chapter includes a basic list (*Vocabulaire*) containing words introduced in the dialog, grammar section, and exercises. The comprehensive French-English vocabulary is intended to be complete for the contents of this book. Phonetic transcriptions are provided for key entries. The English-French vocabulary lists words and phrases necessary for the English-French exercises. Valid cognates are used throughout the text to increase the student's working vocabulary and to create the feeling of ease in the language which comes with recognition. These cognates are included in the comprehensive vocabulary.

For classes meeting three or four times a week, the basic division of each chapter—conversation, grammar and exercises, reading—provides a logical arrangement of assignments and permits the completion of one chapter a week.

Supplements

Cahier d'exercices. A separate workbook correlated with the text provides additional oral and written practice intended chiefly for home assignment.

Tapes and Cassettes. The tapes and cassettes comprise the chapter dialogs and four-phased practice drawn from appropriate exercises in the text and workbook. Such practice generally runs twenty minutes per chapter. Practice for the pronunciation sections is included. Additional information about tapes and cassettes appears opposite the title of this book.

Slides. Chapters 26–30 are supplemented by a series of 175 full-color slides (about 35 per chapter) synchronized with the applicable tape reels. For details, see the page opposite the title of this book.

Instructor's Manual. The manual contains an overall suggested organization for the year's work, including detailed plans for a typical week of class as well as more general discussion of long-range goals. A variety of uses and methods of presentation are proposed for each chapter element. Suggestions are also given for individualization of learning. Instructors may find helpful the sample quizzes and exams, both oral and written, and the comprehension test based on vocabulary and speech patterns in the text.

    We wish to acknowledge the generosity and understanding of our colleagues and students during the three years in which the materials in this book were used in all beginning French sections at the University of Wisconsin—Eau Claire. We extend our special thanks to Carol Plyley James, Dr. Paul Merlo, and Professor Emeritus Karl Bottke, of the University of Wisconsin—Madison, for their valuable suggestions and many hours of painstaking work.

B. R.
E. O'C.
M. D. M.

Contents

Appendices

Vocabulaires

Glossary

Index

LE FRANÇAIS

Langue et Culture

De chaque coin du monde les étudiants retournent à Paris. (*John J. Long*)

En route pour Paris

CONVERSATION

(*Dans le compartiment du train*)

Marc:	Excusez-moi! Il y a une place libre ici?
Premier homme:	Oui, monsieur.

(*Marc s'assied.*)

Deuxième homme:	Vous êtes américain?
Marc:	Oui. Je suis étudiant.
Premier homme:	Nous aussi, nous sommes étudiants, mon ami et moi.

(*Ils se serrent la main*)

Marc:	Bonjour!
Premier et deuxième hommes:	Bonjour!
Marc:	Vous êtes anglais?
Premier homme:	Non, nous sommes canadiens. Nous faisons nos études en France.
Marc:	Et la jeune fille là-bas, elle est étudiante aussi?
Deuxième homme:	Oui, elle est étudiante aussi. Elle voyage avec ses sœurs. Elles sont espagnoles.
Marc:	Mais, tout le monde ici est étudiant!
Premier homme:	Oui! C'est la rentrée. De chaque coin du monde les étudiants retournent à Paris.

PATTERN SENTENCES

Combine the word groups below to form complete sentences, using the model as a pattern. Then vary the italicized complement, substituting in turn each of the expressions given in the box at the right.

MODÈLE: Vous êtes *américain?*

| Vous êtes | américain?
canadien?
anglais?
espagnol? |

MODÈLE: Oui, je suis *américain.*

| Oui, je suis | américain.
canadien.
anglais.
espagnol. |

MODÈLE: Nous aussi, nous sommes *étudiants.*

| Nous aussi, nous sommes | étudiants.
canadiens.
espagnols.
américains. |

MODÈLE: Oui, elle est *étudiante.*

| Oui, elle est | étudiante.
canadienne.
espagnole.
américaine. |

QUATRE

GRAMMAIRE

1. Introduction to Gender (Initiation aux genres)

Since French is a Romance language, the gender of nouns often reflects the gender of the Latin noun from which it descended. Every noun is either masculine or feminine. This gender not only is associated with the noun itself but also is reflected in the accompanying articles and adjectives. Pronouns also reflect the gender of the nouns for which they stand. It is important that you make a conscious effort to remember the gender along with the spelling and meaning of the noun.

2. Articles—Definite and Indefinite (Articles—définis et indéfinis)

The gender of a noun is indicated by the article which accompanies it.

(a) **le, un**

A masculine noun may be introduced by the definite article **le** (*the*) or the indefinite article **un** (*a*):

le livre	*the book*	**un livre**	*a book*
le professeur	*the teacher*	**un professeur**	*a teacher*

(b) **la, une**

Feminine nouns are often preceded by the definite article **la** (*the*) or the indefinite article **une** (*a*):

la chaise	*the chair*	**une chaise**	*a chair*
la femme	*the woman*	**une femme**	*a woman*

(c) **l'**

Le or **la** contracts to **l'** before a noun beginning with a vowel sound:

l'ami	*the friend*	**l'homme**	*the man*
l'étudiant	*the student*		

(d) **les, des**

The plural form of the definite article is **les,** of the indefinite article, **des.** Most plural nouns end in **-s:**

le livre	*the book*	**les** livres	*the books*
la chaise	*the chair*	**les** chaises	*the chairs*
l'étudiant	*the student*	**les** étudiants	*the students*
un livre	*a book*	**des** livres	*books*
une chaise	*a chair*	**des** chaises	*chairs*
un étudiant	*a student*	**des** étudiants	*students*

3.   Use of the Definite Article (Emploi de l'article défini)

The definite article **(le, la, l', les)** is used more often in French than in English.

(a)   The definite article is used to designate a specific object.

Le professeur est ici.   *The teacher is here.*
Elle visite **la capitale.**   *She is visiting the capital.*

(b)   It is generally used with names of specific rivers, mountains, countries, continents, provinces, etc.

Ils traversent **les Alpes.**   *They are crossing the Alps.*
Elle visite **la Normandie.**   *She is visiting Normandy.*

(c)   The definite article is omitted, however, when the name is preceded by **en** (*in* or *to*) or before the name of a city.

Nous sommes **en France.**   *We are in France.*
Marc est **à Paris.**   *Marc is in Paris.*

EXCEPTION:

J'aime beaucoup **Le Havre.**   *I like Le Havre very much.*

NOTE:

1.   Continents are feminine.

l'Afrique *f.*   *Africa*
l'Asie *f.*   *Asia*
l'Amérique du Nord *f.*   *North America*

2.   European countries are generally feminine; some exceptions are Denmark, Portugal, Luxemburg.

l'Italie *f.*   *Italy*

l'Allemagne *f.*	*Germany*
l'Angleterre *f.*	*England*
le Danemark *m.*	*Denmark*
le Luxembourg *m.*	*Luxemburg*

3. Countries on the continent of North America are all masculine.

le Canada	*Canada*
le Mexique	*Mexico*
les États-Unis	*the United States*

(d) The definite article is used in referring to subjects studied in school **(la géographie, la botanique, la chimie)** and to languages **(le français; l'anglais,** *m.;* **l'allemand,** *m.*)

(e) The definite article is used with nouns when they denote objects in a general sense.

| **Le chocolat** est bon. | *Chocolate is good.* |
| J'aime **les enfants.** | *I like children.* |

4. Use of the Indefinite Article (Emploi de l'article indéfini)

The indefinite article **(un, une, des)** is omitted when followed by a simple noun denoting nationality, religion, or profession.

M. Durand est **professeur.**	*Mr. Durand is a teacher.*
Ils sont **étudiants.**	*They are students.*
Elle est **Française.**	*She is a French woman.*
Je suis **Catholique.**	*I am a Catholic.*

5. Irregular Verb être (Verbe irrégulier être)

être	*to be*
je **suis**	*I am*
tu **es**	*you are*
il **est,** elle **est,** on **est**	*he is, she is, it is, one is*
nous **sommes**	*we are*
vous **êtes**	*you are*
ils **sont,** elles **sont**	*they are, m.; they are, f.*

6. Subject Pronouns (Pronoms personnels sujets)

The subject pronouns **je** (*I*), **tu** (*you*), **il** (*he* or *it*), **elle** (*she* or *it*), and **on** (the indefinite pronoun *one*) are all singular forms, while **nous** (*we*), **vous** (*you*), **ils** (*they, m.*), and **elles** (*they, f.*) are plural.

7. Vous—Tu

Besides its regular use as a plural pronoun, **vous** is also used in addressing one person (that is, as a singular pronoun) whom the speaker respects or to whom he wishes to be polite.   **Tu** is called the "familiar" form because it is used only in referring to a person with whom the speaker is on casual or familiar terms—a member of his immediate family, an extremely close friend, a young child, a pet.   It is now used almost invariably by students when addressing their peers.   It would never be used in addressing an employer, a teacher, an elderly friend, an official of any kind, or anyone to whom respect and deference are due.   **Vous,** however, is always correct.

VOCABULAIRE[1]

à	to; at	**ici**	here
ami, amie *m., f.*	friend	**il y a**	there is; there are
anglais	English		
il s'assied	he sits down	**jeune fille** *f.*	(young) girl
aussi	also	**là-bas**	over there; down there
bonjour!	hello!		
canadien, canadienne	Canadian	**libre**	unoccupied
chaque	each	**main** *f.*	hand
coin *m.*	corner	**moi**	I; me
compartiment *m.*	compartment	**mon**	my
dans	in, into	**nos**	our
de	of; from	**oui**	yes
en	in, into	**Paris** *m.*	Paris, capital of France
espagnol, espagnole	Spanish		
études *f. pl.*	studies	**place** *f.*	place; room
étudiant, étudiante *m., f.*	student	**rentrée** *f.*	return to class
excusez-moi	excuse me	**ils retournent**	they are returning
nous faisons	we are doing, are making	**saison** *f.*	season

1. The lesson vocabulary includes new words and expressions in the conversation, grammatical examples, and exercises, listed alphabetically for review and practice.

ils se serrent	they shake (each	tout le monde	everybody
	other's hand)	train *m*.	train
ses *pl*.	her; his	voyage	is traveling
sœur *f*.	sister		

EXERCICES

A. *Répétez les noms suivants en remplaçant les articles définis par les articles indéfinis. (Repeat the nouns below, replacing the definite articles by the proper indefinite articles.)* *

MODÈLES: **le professeur—un professeur**
les main—des mains

1. le livre
2. le monsieur
3. le continent
4. la femme
5. la machine
6. la nation
7. la capitale
8. l'étudiant
9. l'étudiante
10. l'ami
11. l'élève
12. les classes
13. les professeurs
14. les amies

B. *Exprimez au pluriel. (Give the plural form for the singular articles and nouns below.)* *

MODÈLES: **le livre—les livres**
une classe—des classes

1. le livre
2. le professeur
3. l'étudiant
4. l'élève
5. la dame
6. la chaise
7. une amie
8. un train
9. une place
10. un homme

C. *Exprimez au singulier. (Give the singular form for the plural nouns and articles below.)**

MODÈLES: **les élèves—l'élève**
des amis—un ami

1. les saisons	5. des livres
2. les sœurs	6. des sœurs
3. les étudiants	7. des étudiantes
4. les femmes	8. des élèves

D. *Changez les phrases suivantes en remplaçant le pronom sujet par un pronom qui correspond au verbe. (Change the following sentences by replacing the subject pronoun with a pronoun corresponding to the verb.)*

MODÈLE: **Je suis étudiant.   (es)**
           Tu es étudiant.

1. Je suis en France.   (êtes) (es) (est) (sommes)
2. Je suis dans le train.   (sont) (es) (êtes) (est)
3. Je suis professeur.   (est) (êtes) (sont) (sommes)
4. Je suis espagnol.   (es) (sommes) (est) (sont)

E. *Complétez les phrases suivantes par la forme convenable du verbe* **être.** *(Complete the following sentences with the appropriate form of the verb* **être.***)*

MODÈLE: **Elles sont à Paris.   (Vous)**
           Vous êtes à Paris.

1. Il est à Rome.   (Vous) (Je) (Elles) (Les enfants)
2. Tu es en classe.   (Nous) (Elle) (Les étudiants) (Le professeur)
3. Marie est Américaine.   (Richard) (Ses sœurs) (Je) (La femme)
4. Vous êtes intelligent!   (Nous) (Paul) (Tout le monde) (Ils)
5. Nous sommes ici.   (Marie) (Paul et Michel) (Je) (Tu)

F. *Répétez les phrases suivantes en remplaçant les noms sujets par des pronoms. (Repeat the sentences below, replacing the noun subjects with the appropriate pronouns.)**

MODÈLE: **Le professeur est en classe.**
           Il est en classe.

1. Le monsieur est en Italie.
2. Paul est dans le train.
3. Les enfants sont en route.
4. Les livres sont ici.

5. La femme est canadienne.
6. L'étudiante est à l'université.
7. Les élèves sont présents.
8. Les amis de Paul sont anglais.
9. Les saisons changent.
10. Les chaises sont confortables.

G. Composition dirigée. *Exprimez en français. (Express in French either orally or as a written composition.)*

I am Marie-Hélène Renaud. I am a French girl, and I am a student at the Sorbonne in Paris. Mr. di Bello is my teacher at the Sorbonne. He is Italian, and he is a teacher of Italian at the university. The students in the class are from all corners of the world.

En route pour la Ville Lumière[1]

Marc Gibson est un jeune[2] étudiant américain. Il parle bien[3] le français; il aime voyager. Il arrive en France pour continuer ses études à l'université de Paris, une des plus grandes universités[4] du monde.

En route du Havre à Paris, Marc rencontre[5] beaucoup d'autres étudiants. Il   5
fait la connaissance de[6] deux jeunes Canadiens, et il parle un peu[7] avec des jeunes filles espagnoles. Il y a, dans le train, des jeunes de toutes les nationalités. Ils sont tous, comme Marc, en route pour la Ville Lumière.

QUESTIONS

1. Qui est Marc Gibson?
2. Parle-t-il français?
3. Pourquoi est-il en France?
4. L'université de Paris est-elle grande ou petite?
5. Vous êtes étudiant(e) aussi?
6. Vous êtes américain(e)? espagnol(e)? canadien(ne)?

---

1. **la Ville Lumière** *Paris, the City of Light.* 2. **jeune** *young.* 3. **bien** *well.* 4. **une des plus grandes universités** *one of the largest universities.* 5. **rencontre** *meets.* 6. **fait la connaissance** *becomes acquainted with.* 7. **un peu** *a little.*

Voilà la Tour Eiffel! (*John J. Long*)

Arrivée à Paris

CONVERSATION

(*Le contrôleur passe dans le couloir.*)

Contrôleur:	Arrivée dans vingt minutes!
Marc:	La voilà! Je la vois au loin! Voilà la Tour Eiffel!
Premier Canadien:	Alors, nous devons chercher nos affaires. Elles sont un peu partout.
Deuxième Canadien:	Voyons—j'ai ma grande valise noire.
Premier Canadien:	Moi, j'ai mes sacoches de vélo.
Marc:	Et moi, j'ai une malle et ma grande valise bleue ici dans le compartiment.
Premier Canadien:	J'ai mon appareil-photo . . .
Marc:	Et j'ai mon billet à la main. Je suis prêt!
Deuxième Canadien:	Alors, au revoir! Au plaisir!
Marc:	Au revoir!

(*Ils se serrent la main.*)

Une Espagnole:	Pardon, monsieur! Vous oubliez quelque chose!
Marc:	Mais, c'est impossible. Je n'ai plus de place.
L'Espagnole:	Mais si, monsieur. Regardez bien. C'est votre passeport.
Marc:	Ah, mon Dieu! Merci bien, mademoiselle.

PATTERN SENTENCES

Combine the word groups below to form complete sentences, using the model as a pattern and varying the italicized part of the sentence.

MODÈLE: Voilà *la Tour Eiffel*.

| Voilà |

| la Tour Eiffel.
Paris.
ma valise.
mon passeport. |

MODÈLE: J'ai *ma grande valise noire*.

| J'ai |

| ma grande valise noire.
une malle.
mon appareil.
mon billet. |

MODÈLE: *J'ai* une malle.

| J'ai
Nous avons
Vous avez
Ils ont |

| une malle. |

MODÈLE: C'est *votre passeport*.

| C'est |

| votre passeport.
votre billet.
mon billet.
mon appareil. |

QUATORZE

GRAMMAIRE

1. Negation (Négation)

(a) **ne . . . pas**

Sentences are generally made negative in French by negating the verb.

Il **est** en France.	*He is in France.*
Il **n'est pas** en France.	*He is not in France.*

Ces villes **sont** grandes.	*These cities are large.*
Ces villes **ne sont pas** grandes.	*These cities are not large.*

J'**aime** Paris.	*I like Paris.*
Je **n'aime pas** Paris.	*I don't like Paris.*

In each example, the verb **est, sont, aime** is made negative by the addition of **ne . . . pas,** with **ne** immediately preceding the verb and **pas** following it. Notice that **ne** becomes **n'** when the verb which follows begins with a vowel sound.

Il **n'est pas** en France.	*He is not in France.*
Je **n'aime pas** Paris.	*I don't like Paris.*

(b) Other Forms of Negation

Different negative forms are sometimes used to convey the idea of emphasis or limitation.

Je **n'aime point** ce professeur!	*I don't like this teacher at all!*
Elles **ne** sont **jamais** en classe.	*They are never in class.*
Vous **n'êtes plus** en France.	*You are no longer in France.*
Tu **n'as guère** d'amis.[1]	*You have scarcely any friends.*
Ce **n'est qu'**un petit livre.	*It's only a little book.*

Ne still precedes the verb, but **pas** is replaced by a limiting or emphatic form: **point, jamais, plus, guère, que,** and others.

(a) **ne . . . ni . . . ni**

The idea of *neither . . . nor* is expressed in French by **ne . . . ni . . . ni.**

Ils **ne** sont **ni** professeurs **ni** étudiants.
They are neither teachers nor students.

---

1. In negation, **des** is replaced by **de (d')** before a noun.

(d) Negative Subject, Object

Occasionally it is the subject or the object of the sentence, rather than the verb, which is negative.

Il **n'a rien.** (object)	*He has nothing.*
Rien ne compte. (subject)	*Nothing counts.*
Je **n'aime personne.** (object)	*I don't like anyone.*
Personne ne m'aime. (subject)	*No one likes me.*

2. Adjectives (Adjectifs)

(a) Agreement of Adjectives

Adjectives, like articles, reflect both the gender (masculine or feminine) and the number (singular or plural) of the noun or pronoun they describe.

Le garçon est **petit.**	*The boy is small.*
La ville est **petite.**	*The city is small.*
Les garçons sont **petits.**	*The boys are small.*
Les villes sont **petites.**	*The cities are small.*

Most adjectives modifying feminine nouns add **-e** when singular, **-es** when plural; masculine plural adjectives add **-s.**

le **jeune** garçon	*the young boy*
la **jeune** femme	*the young woman*
un livre **français**	*a French book*
des livres **français**	*(some) French books*

Note that, when the masculine form of the adjective ends in **-e (jeune, riche),** the feminine form does not require an additional **-e** to agree with a feminine noun. Adjectives ending in **-s (français, anglais)** also remain the same in both singular and plural masculine forms.

(b) Irregular Adjectives

1. Adjectives ending in **-x**

Adjectives ending in **-x** remain the same in the masculine plural.

Il est **heureux.**	*He is happy.*
Ils sont **heureux.**	*They are happy.*

In the feminine form, however, **-x** becomes **-se.**

Elle est **heureuse.**   *She is happy.*
Elles sont **heureuses.** *They are happy.*

2. Adjectives ending in **-al**

Like some masculine nouns ending in **-al (cheval, général),** masculine adjectives whose basic form ends in **-al** often have plural forms ending in **-aux.**

le gouvernement **national**   *the national government*
une fête **nationale**   *a national holiday*
les gouvernements **nationaux**   *the national governments*
des fêtes **nationales**   *national holidays*

3. Adjectives with alternate forms

There is also a small group of irregular adjectives with two distinct masculine singular forms, one ending in a vowel sound **(beau;**[1] **vieux:** *beautiful* or *handsome; old*) and the other ending in **-l (bel, vieil).** This second form, ending in the consonant **-l,** is used only when the adjective precedes and modifies a noun beginning with a vowel sound. The masculine plural form takes the first basic form **(beau, vieux)** as stem.   The feminine for this group of adjectives uses the **-l** form as its stem, usually doubling the **-l** and then adding the feminine **-e (belle, vieille).**

le **vieux** monsieur   *the old man*
les **vieux** messieurs *the old men*
le **vieil** arbre   *the old tree*
les **vieux** arbres   *the old trees*
la **vieille** femme   *the old woman*
les **vieilles** femmes *the old women*

(c) Position of Adjectives

When the adjective and the word it describes follow each other directly and make up a single group **(la grande ville, un garçon catholique),** the word order in these groups often varies.   Depending on the kind of adjective, the particular meaning intended, or the sensitive ear of the author or speaker, the adjective will sometimes precede and sometimes follow the noun.

---

1. Adjectives ending in **-eau** add **-x** in the masculine plural: **beaux.**

1. Adjectives which precede

   Along with *numbers* and *possessive* and *demonstrative adjectives*, several short, frequently used adjectives always precede the noun. Some of these adjectives are:

autre	*other*
beau (belle, *f.***)**	*beautiful, handsome*
bon (bonne, *f.***)**	*good*
gentil (gentille, *f.***)**	*nice*
grand	*big, great*
haut	*high*
jeune	*young*
joli	*pretty*
long (longue, *f.***)**	*long*
mauvais	*bad*
petit	*small*
vieux (vieille, *f.***)**	*old*

2. Adjectives which follow

   Adjectives denoting *religion*, *nationality*, or *color* always follow the noun they describe: **une étudiante espagnole; une valise noire.**

(d) Possessive Adjectives

Adjectives indicating possession also reflect the gender and number of the noun they describe.

Elle a **son** livre de français.
She has her French book.

Elle a **sa** bicyclette.
She has her bicycle.

Il aime **ma** famille—**ma** mère, **mon** père, **mes** deux frères, **ma** sœur.
He likes my family—my mother, my father, my two brothers, my sister.

The possessive adjectives are:

MASCULINE	FEMININE	PLURAL	
mon	**ma**	**mes**	*my*
ton	**ta**	**tes**	*your* (fam.)
son	**sa**	**ses**	*his, her, its*
notre	**notre**	**nos**	*our*
votre	**votre**	**vos**	*your*
leur	**leur**	**leurs**	*their*

IMPORTANT: To avoid sounding two vowel sounds together (which would occur whenever **ma, ta, sa** precede a word beginning with a vowel sound), the masculine forms **mon, ton, son** are used instead.

ton amie	*your girl friend*
mon auto (*f.*)	*my car*
son histoire (*f.*)	*its story, his story, her story*
mon ancienne école (*f.*)	*my former school*

3. Irregular Verb avoir (Verbe irrégulier avoir)

avoir	*to have*
j'**ai**	*I have, I do have, I am having*
tu **as**	*you have, you do have, you are having*
il **a**, elle **a**, on **a**	*he has, she has, it has, one has, he does have, he is having*
nous **avons**	*we have, we do have, we are having*
vous **avez**	*you have, you do have, you are having*
ils **ont**	*they have, they do have, they are having*

NEGATIVE: je **n'ai pas,** tu **n'as pas,** il **n'a pas,** nous **n'avons pas,** vous **n'avez pas,** ils **n'ont pas**

IMPORTANT: In French, one single form is used to express three similar but slightly different meanings in English: *I have, I do have, I am having.* It is important to remember that all of these actions occur in the present, according to French usage. Neither the progressive English forms (*I am having, she has been going*) nor the emphatic form (*they do have*) exist as separate tenses in French, but are all expressed by the present.

VOCABULAIRE

affaires *f. pl.*	things	**billet** *m.*	ticket
alors	well; then	**bleu, bleue**	blue
appareil(-photo) *m.*	camera	**c'est**	it is, that is
arrivée *f.*	arrival	**chercher**	to look for; to get
au plaisir	hope to see you again	**contrôleur** *m.*	conductor
		couloir *m.*	corridor
au revoir	good-by	**nous devons**	we must
bagages *m. pl.*	baggage	**difficile**	difficult
bien	well	**église** *f.*	church

en ville	downtown	**passeport** *m.*	passport
grand, grande	big	**peu**	little
histoire *f.*	story	**un peu**	a little
impossible	impossible	**je peux**	I can
la *f. pron.*	it	**plaisir** *m.*	pleasure
les *pl. pron.*	them	**porter**	to carry
loin	far	**prêt, prête**	ready
au loin	in the distance	**quelque chose**	something
mademoiselle *f.*	miss	**il raconte**	he tells
mais	but	**regardez**	look
malle *f.*	trunk	**revoir**	to see again
merci	thank you	**sacoche** *f.*	saddle bag
merci bien	thank you very much	**si**	yes (*emphatic, affirmative response to negative question or statement*)
minute *f.*	minute		
mon Dieu!	good heavens!		
monsieur *m.*	sir; Mr.		
ne . . . plus	no more	**Tour Eiffel** *f.*	Eiffel Tower
noir, noire	black	**valise** *f.*	suitcase
oubliez	forget	**vélo** *m.*	bicycle, bike
pardon!	pardon me!	**vingt**	twenty
partout	everywhere	**voilà**	there!
il passe	he passes	**voyons**	let's see

EXERCICES

A. Verbes irréguliers. *Complétez les phrases suivantes par la forme convenable du verbe. (Complete the following sentences with the correct form of the verb.)*

> MODÈLE: **(avoir)   Il _____ six frères.**
> **Il a six frères.**

1. (avoir)   J'_____ deux frères et une petite sœur.
2. (avoir)   Nous _____ une grande maison très vieille.
3. (avoir)   Mon frère _____ un bon livre.
4. (être)   Tu n'_____ pas dans ma classe.
5. (être)   Nous _____ heureux d'être invités.
6. (avoir)   Vous n'_____ pas de classe aujourd'hui.
7. (avoir)   Louise et Georges _____ beaucoup de courage.
8. (être)   Je _____ furieux!
9. (être)   Vous _____ bon.
10. (avoir) Elle n'_____ rien.

B. Négation. *Mettez les phrases suivantes à la forme négative (Make these sentences negative.)**

> MODÈLE: **Je suis ici.**
> **Je ne suis pas ici.**

1. Ils sont en France.
2. Nous sommes étudiants.
3. Tu as l'auto de ton frère.
4. Elle a son livre de français.
5. Vous avez ma place.
6. Mon livre est intéressant.
7. Elles ont l'appartement.
8. Leurs enfants sont très heureux.
9. J'ai beaucoup de temps.
10. Sa femme et sa sœur sont belles.

C. Adjectifs. *Dans les phrases suivantes, faites l'accord entre l'adjectif entre parenthèses et le nom qu'il décrit. (In the sentences below, make the adjective agree with the noun it describes.)*

> MODÈLE: **(mon)   C'est _____ mère.**
> **C'est ma mère.**

1. (petit)   C'est une _____ ville.
2. (grand)   Je préfère les _____ autos.
3. (leur)   C'est _____ ancien professeur.
4. (ton)   J'admire beaucoup _____ amis.
5. (amusant)   Il raconte des histoires _____.
6. (joli)   Voilà la _____ sœur de René.
7. (français)   Les autos _____ sont petites.
8. (général)   L'idée _____ est très intéressante.
9. (long)   La Loire est une _____ rivière en France.
10. (riche)   Sa famille n'est pas _____.

D. Adjectifs. *Dans les phrases suivantes, introduisez la forme convenable de l'adjectif entre parenthèses. L'adjectif décrit le nom en italiques. (In the sentences which follow, add the appropriate form of the adjective in parentheses. The adjective describes the noun in italics.)**

> MODÈLE: **(petit)   Ses <u>frères</u> sont à la maison.**
> **Ses petits frères sont à la maison.**

1. (joli)   Votre *maison* est très grande.
2. (français)   C'est une petite *auto*.
3. (jeune)   Ma *cousine* est très belle.
4. (amusant)   Ses *histoires* sont en français.
5. (catholique) C'est une *église*.
6. (heureux)   Ces *étudiants* ont leur diplôme.
7. (long)   Cette *auto* est très vieille.
8. (vieux)   Les *villes* sont toujours intéressantes.
9. (bon)   M. Dupont est un *professeur* de français.
10. (beau)   C'est un *homme*.

E. *Mettez les phrases suivantes au pluriel. (Make the following sentences plural.)**

MODÈLE: **Il est présent.**
       Ils sont présents.

1. Sa sœur est très petite.
2. Leur livre est intéressant.
3. J'ai mon billet et ma valise.
4. Je suis fatigué.
5. Elle est toujours absente.
6. Sa cousine est en Angleterre.
7. Son frère n'est pas très sérieux.
8. Mon cousin a une auto.

F. Négation. *Exprimez en français. (Express in French.)*

MODÈLE: **She is not here.**
       Elle n'est pas ici.

1. She never travels.
2. He doesn't like anything!
3. They have scarcely any books.
4. She doesn't like either Paris or Rome.
5. Marie doesn't like Marc at all!
6. We are no longer in class.
7. You have only a small camera.
8. Nothing is difficult.
9. No one likes Robert.
10. Don't you have any friends?

G. *Répondez aux questions suivantes. Commencez vos réponses par «Oui,...», ensuite par «Non,...». (Answer the questions below. Begin your answer first by "Yes,...," then by "No,....")**

MODÈLE: **Êtes-vous français?**
   Oui, je suis français.   Non, je ne suis pas français.

1. Est-il en France?
2. Avez-vous votre livre d'espagnol?
3. Sont-ils ici?
4. Es-tu étudiant?

LECTURE

Dans le train

Marc Gibson a beaucoup de bagages. Il a deux petites valises, une grande valise et une malle. Il a aussi un appareil-photo et plusieurs[1] petits paquets.[2]

Marc observe que beaucoup de jeunes gens[3] dans le train ont des sacs de couchage. En France on aime beaucoup le camping. Marc a aussi un sac de   5
couchage chez lui,[4] aux États-Unis,[5] mais il ne l'a pas avec lui.

Pourtant,[6] dans sa malle, Marc a des sacoches de vélo. Bien qu'il ait[7] une vieille bicyclette chez lui, il a l'intention d'acheter[8] une nouvelle bicyclette à Paris. «Parce que»,[9] dit Marc, «avec un vélo on est en liberté! Chaque touriste devrait en avoir un.»[10]   10

QUESTIONS

1. Marc a-t-il beaucoup de bagages?
2. Est-ce que les Français aiment le camping?
3. Est-ce-que vous aimez le camping?
4. Marc a-t-il un vélo?
5. Est-ce que vous avez un vélo?

---

1. **plusieurs** *several.* 2. **paquets** *packages.* 3. **jeunes gens** *young people.* 4. **chez lui** *at home.* 5. **aux États-Unis** *in the United States.* 6. **pourtant** *however.* 7. **bien qu'il ait** *even though he has.* 8. **il a l'intention d'acheter** *he intends to buy.* 9. **parce que** *because.* 10. **chaque touriste devrait en avoir un** *every tourist ought to have one.*

VINGT-TROIS

Il y a cinq pieces, une cuisine, une salle de bains et un balcon. (*French Embassy Press & Information Division*)

Marc trouve un appartement

CONVERSATION

(*Marc parle avec la concierge.*)

Marc:	Bonjour, madame.
Concierge:	Bonjour, monsieur.
Marc:	Vous avez un appartement à louer, n'est-ce pas?
Concierge:	Oui, monsieur. Voulez-vous le voir?
Marc:	Oui, s'il vous plaît.
Concierge:	Suivez-moi. Il est au premier étage.

(*Ils montent à l'appartement.*)

Marc:	Combien de pièces y a-t-il?
Concierge:	Il y a cinq pièces, une cuisine, une salle de bains et un balcon.
Marc:	Est-ce qu'il y a le chauffage central?
Concierge:	Mais, bien sûr!
Marc:	Et l'eau courante?
Concierge:	Mais, naturellement!
Marc:	Et quel est le loyer?
Concierge:	Le loyer est de 2.800 (deux mille huit cents) francs par mois, monsieur.
Marc:	(*après un petit silence*) Euh . . . c'est un peu cher, madame. Je cherche quelque chose de plus modeste. Vous n'avez pas d'autres appartements libres?
Concierge:	Mais si, monsieur. J'ai un studio au sixième, pour 380 (trois cent quatre-vingts) francs. Vous voulez me suivre?
Marc:	Je vous suis, madame. Merci beaucoup!

VINGT-CINQ

PATTERN SENTENCES

Combine the word groups below to form complete sentences, using the model as a pattern. Then vary the italicized complement, substituting in turn each of the expressions given in the box at the right.

MODÈLE: Voulez-vous *le voir?*

| Voulez-vous |

| le voir?
monter?
me suivre?
voir l'appartement? |

MODÈLE: Il est *au premier étage.*

| Il est |

| au premier étage.
au sixième étage.
au troisième étage.
au rez-de-chaussée. |

MODÈLE: Combien *de pièces y a-t-il?*

| Combien |

| de pièces y a-t-il?
de leçons y a-t-il?
de livres y a-t-il?
de garçons y a-t-il? |

MODÈLE: Est-ce qu'il y a *le chauffage central?*

| Est-ce qu'il y a |

| le chauffage central?
un balcon?
une cuisine?
l'eau courante? |

GRAMMAIRE

1. Interrogative Sentences (Phrases interrogatives)

There are several ways of asking questions in French. Some of these are used primarily in conversation; some are limited to situations in which a certain type of answer is expected; some are always appropriate.

(a) Intonation

In French as in English, one often indicates a question simply by raising the voice at the end of the sentence. No change in word order occurs.

Tu es là?	*You are there?*
Vous ne parlez pas français?	*You don't speak French?*

(b) **Est-ce que . . .**

Another way of asking questions in French—also used primarily in conversation—is to precede a statement by **Est-ce que . . .,** thus signaling that a question is to follow. Normal word order is retained.

Est-ce que nous sommes à l'heure?	*Are we on time?*
Est-ce qu'il est à la maison?	*Is he at home?*

Note that this method of asking questions is limited to situations in which the response may be *yes* or *no*.

(c) Inversion

1. Pronoun subjects

The most common way of asking questions is inversion of the subject and verb.

Es-tu là?	*Are you there?*
Sommes-nous à l'heure?	*Are we on time?*
Ne parlez-vous pas français?	*Don't you speak French?*

Not only are the normal positions of subject and verb reversed in this sequence, but the two words are joined by a hyphen. In negative sentences, **ne . . . pas** comes immediately before and after the verb-subject group.

IMPORTANT: When inversion of this kind brings together a vowel ending (the verb) and a vowel beginning (the subject), joined by a hyphen, the vowels are separated by **-t-,** inserted to create a more pleasant sound.

A-t-il un livre?	*Has he a book?*
A-t-elle beaucoup d'amies?	*Does she have many friends?*
Ne **parle-t-il** pas français?	*Doesn't he speak French?*

2. Noun subjects

Questions with a noun subject follow a slightly different word order:

Jacques parle-t-il français?
Does Jacques speak French?
Marie et Louise ne sont-elles pas ici?
Aren't Marie and Louise here?
Le livre n'est-il pas sur la table?
Isn't the book on the table?

Notice that the subject, for clarity, comes first in the sentence. The pronoun attached to the verb is the corresponding subject pronoun: **Jacques . . . il; Marie et Louise . . . elles; le livre . . . il.**

(d) **n'est-ce pas?**

A statement may be rendered interrogative in French by the addition of **n'est-ce pas?** at the end.

Tu parles français, **n'est-ce pas?**   *You speak French, don't you?*
Ils sont ici, **n'est-ce pas?**   *They are here, aren't they?*

2. Contractions (Contractions)

(a) **de** with the Definite Article

1. **des**

One of the articles introduced in Chapter 1 was **des,** the plural indefinite article meaning *some.*

J'ai un livre.   *I have a book.*
J'ai **des** livres.   *I have some books.*

Des also occurs frequently as a contraction of the preposition **de** and the plural definite article **les,** meaning *of the, from the.*

La photo **des** enfants est bien jolie.
The photograph of the children is very pretty.
Marcel arrive aujourd'hui **des** États-Unis.
Marcel is arriving today from the United States.

Whether **des** means *some* or *of the* will depend on the context.

Avez-vous **des** appartements à louer?
Do you have (some) apartments for rent?

L'appartement **des** Dupont est très élégant.
The apartment of the Duponts is very elegant.

2. du

De also contracts with **le,** the masculine singular definite article, forming **du.**

L'auto **du** professeur est une Renault.
The teacher's car is a Renault.
Mon frère arrive aujourd'hui **du** Danemark.
My brother is arriving today from Denmark.

3. de la

The feminine singular form does not contract.

Le père **de la** jeune fille est médecin.
The girl's father is a doctor.
La cuisine **de la** maison est jolie.
The kitchen of the house is pretty.

4. de l'

Before a masculine singular noun beginning with a vowel sound, **de le** becomes **de l':**

Sa lettre est **de l'**ami de Georges.
Her letter is from George's friend.

(b) Uses of **des, du, de la, de l'**

1. The most common use for **de** plus definite article is to express possession.

    le vélo **de l'**étudiant   *the student's bike*
    les valises **de la** femme   *the woman's suitcases*
    l'ami **du** garçon   *the boy's friend*

(c) **au, aux, à la, à l'**

The preposition **à** (*to* or *at*), when followed by the definite article, is also contracted in the masculine singular and plural.

à + le = au
à + les = aux   *to the, at the*
à + la = à la
à + l' = à l'

Elles ne vont jamais **au** théâtre.	*They never go to the theater.*
Il parle **aux** enfants.	*He is speaking to the children.*
Vas-tu **à la** classe de français?	*Are you going to French class?*
Va-t-elle **à l'**école?	*Is she going to school?*

3. Irregular Verb <u>aller</u> (Verbe irrégulier <u>aller</u>)

aller	*to go*
je **vais**	*I go, I am going, I do go*
tu **vas**	*you go, you are going, you do go*
il **va,** elle **va,** on **va**	*he goes, she goes, it goes, one goes, he does go, he is going*
nous **allons**	*we go, we are going, we do go*
vous **allez**	*you go, you are going, you do go*
ils **vont,** elles **vont**	*they go, they are going, they do go*

VOCABULAIRE

amuser	to amuse	**huit**	eight
animé	lively	**journée** *f.*	day
appartement *m.*	apartment	**louer**	to rent
après	after	**à louer**	for rent
au	at the; to the	**loyer** *m.*	rent
autre	other	**lycée** *m.*	high school
avec	with	**madame** *f.*	madam; Mrs.
balcon *m.*	balcony	**me**	me
beaucoup	very much	**mille**	thousand
bien sûr!	certainly!	**modeste**	modest
cent	(one) hundred	**mois** *m.*	month
chauffage *m.*	heat	**ils montent**	they go up
cher, chère	expensive; dear	**naturellement**	naturally
cinéma *m.*	movie theater	**n'est-ce pas?**	don't you? isn't it?, etc.
cinq	five		
combien	how many; how much	**par**	per; by
concierge *m. & f.*	caretaker	**parce que**	because
cuisine *f.*	kitchen	**il parle**	he speaks
dernier, dernière	last	**petit, petite**	small; little
deux	two	**pièce** *f.*	room
eau courante *f.*	running water	**plus**	more
étage *m.*	floor; story	**pour**	for
ils étudient	they are studying	**premier, première**	first

quatre-vingts	eighty	**studio** *m.*	one-room apartment
quel	what	**je suis**	I follow
salle de bains *f.*	bathroom	**suivre**	to follow
s'il vous plaît	please	**trois**	three
silence *m.*	silence	**il trouve**	he finds
sixième	sixth	**voir**	to see
soir *m.*	evening	**voulez-vous?**	do you want?
souvent	often	**y a-t-il?**	are there; is there?
suivez-moi	follow me		

EXERCICES

A. Verbes irréguliers. *Complétez les phrases suivantes par la forme convenable du verbe. (Complete the following sentences with the correct form of the verb.)*

MODÈLE: **(aller)   Il ___va___ à Paris.**
Il va à Paris.

1. (avoir)   Je n'___ai___ pas de livre.   *J'ai un livre*
2. (aller)   Mon père ___va___ à son bureau.
3. (être)   Tu ___a___ étudiante, n'est-ce pas?
4. (aller)   Nous ___allons___ en ville.
5. (aller)   Comment ___allez___-vous?
6. (être)   Marie et moi, nous ___sont___ trop fatigué(e)s pour cela.
7. (être)   Son frère ___a-t___-il professeur?
8. (avoir)   Cet appartement n'___a___-t-il pas de balcon?
9. (avoir)   Qu'___as___-tu?
10. (aller)   Où ___allont___-ils?

B. Interrogatif. *Mettez les phrases suivantes à la forme interrogative. (Change these sentences to make them interrogative.)*

MODÈLES: **Il est ici.**
Est-il ici?

Marie va au lycée.
Marie va-t-elle au lycée?

1. Il est absent aujourd'hui.   *Est-il absent aujourd'hui?*
2. Vous avez ma place.   *Avez vous ma place?*
3. Tu n'as pas de vélo.   *As tu de vélo?*
   n'a tu pas de vélo?

TRENTE ET UN

Votre petit frère a-t-il a le journal de votre père

4. Louis va au lycée Henri Quatre. *Louis va-t-il au lycée H Q*
5. Ils vont bien. *Vont-ils bien?*
6. Votre petit frère a le journal de votre père. *?*

ne sont-il pas 7. Nous allons au théâtre ce soir. *Allons nous*

8. Les élèves dans votre classe ne sont pas très intelligents. *?*
9. Ta sœur a ton appareil. *a ta sœur ton appareil?*
10. Les papiers de Maurice sont dans sa chambre. *?*

C. Possession. *Exprimez en français. (Express in French)* *

1. my brother
2. Paul's brother
3. their children
4. our teacher

5. the teacher's desk
6. my father's newspaper
7. his friend's apartment
8. Michel's house

D. Contractions. *Exprimez en français les mots entre parenthèses.*

1. (to the university)   Chaque matin je vais avec mon frère _____.
2. (on the ground floor)   Les deux amis _____ vont à la même école et nous allons en classe ensemble.
3. (to French class)   Nous allons d'abord _____.
4. (of the class)   Le professeur _____ est très animé.
5. (to the students)   Il parle très vite _____.
6. (to the questions)   Il pose les questions en français, mais souvent les élèves ne répondent pas _____ parce qu'ils n'étudient pas leurs leçons.
7. (to the apartment)   Après la dernière classe, nous retournons tous ensemble _____ pour parler et pour nous amuser après une journée difficile.

E. Négation. *Suivez les indications en posant des questions. Les réponses doivent être à la forme négative. (Follow the directions in asking questions. The answers must be negative.)* *

MODÈLE : **Demandez à votre voisin(e) s'il (si elle) va bien aujourd'hui.**
       Allez-vous bien aujourd'hui?

1. Demandez à votre voisin(e) s'il (si elle) va au cinéma ce soir.
2. Demandez à votre voisin(e) si son auto va très vite.
3. Demandez à votre voisin(e) si nous sommes tous ici.
4. Demandez à votre voisin(e) si ses amis vont aussi à l'université.

✓ **F.** Les phrases au pluriel. *Mettez les phrases suivantes au pluriel.*

    MODÈLE: **Elle a un vélo.**
              Elles ont des vélos.

    1. L'enfant va à sa classe.
    2. Le professeur est toujours animé.
    3. Il n'a pas son livre de géographie.
    4. Ma sœur va au cinéma avec sa bonne amie.
    5. Le film est intéressant, mais très long.

✓ **G.** *Une conversation à préparer et à présenter en français. (The conversation between Marie and Nadine which follows should be prepared for oral presentation in French.)*

Marie and Nadine greet each other.   Marie asks Nadine if she likes her new apartment.   Nadine answers yes, she likes it very much.   Marie asks how many rooms there are in the apartment.   Nadine tells her that there are three rooms, plus a bathroom and a small balcony.   Marie says that she is going to see a new apartment on the sixth floor of her apartment building.   The rent of her apartment is too expensive and she is looking for something more reasonable.

(*Note: Use the* **tu** *form of address, since Marie and Nadine are good friends.*)

✓ LECTURE

Préparatifs de départ

Pour aller en France, Marc fait beaucoup de préparatifs chez lui, aux États-Unis.   Il va d'abord[1] au bureau de poste[2] pour remplir[3] les formalités de passeport.   Ensuite, il va chez le médecin[4] pour se faire immuniser contre la variole.[5]   Puis, il va se faire photographier.   5

Après tout cela, Marc et son frère vont ensemble dans les grands magasins.[6]   Ils vont acheter[7] de nouveaux habits[8] pour l'année prochaine.[9]   Le frère de Marc,

---

1. **d'abord** *first of all.* 2. **bureau de poste** *post office.* 3. **remplir** *to fill out, complete.* 4. **chez le médecin** *to the doctor's (office).* 5. **la variole** *smallpox.* 6. **les grands magasins** *the department stores.* 7. **acheter** *to buy.* 8. **habits** *clothes.* 9. **l'année prochaine** *next year.*

qui ne va pas en France, achète plusieurs articles . . . un veston imprimé,[10] une chemise criarde,[11] des cravates curieuses.   Mais Marc se limite aux achats[12]
10 essentiels.   Il va voir d'abord ce qu'on porte[13] à Paris.

QUESTIONS

1. Pourquoi Marc va-t-il au bureau de poste?
2. Pourquoi va-t-il chez le médecin?
3. Qu'est-ce que Marc achète?
4. Qu'achète son frère?
5. Pourquoi Marc se limite-t-il aux achats essentiels?
6. Avez-vous une chemise criarde?
7. Les hommes américains aiment-ils les cravates curieuses?

---

10. **veston imprimé** *patterned jacket*.   11. **chemise criarde** *loud shirt*.   12. **achats** *purchases*.
13. **ce qu'on porte** *what they're wearing*.

Au café

CONVERSATION

(*La terrasse du café est bondée. Il ne reste qu'une place, à la petite table où Marc prend un café.*)

Georges: Pardon! Vous permettez?

Marc: Je vous en prie. Asseyez-vous!

Georges: Je m'appelle Georges Martin. Je suis étudiant ici à l'université.

Marc: Moi, je m'appelle Marc Gibson. Je suis étudiant aussi.

(*Ils se serrent la main.*)

Georges: Vous logez près d'ici?

Marc: Oui. J'ai un petit appartement près de la Sorbonne.

Georges: Tiens! Nous sommes presque voisins. J'ai une chambre au Boulevard Saint-Michel.

Marc: C'est votre première année à l'université?

Georges: Non, la troisième.

Marc: Quelle chance! Justement je cherche quelqu'un pour me donner des renseignements. Cela vous ennuie si je vous pose quelques questions?

Georges: Au contraire! Mais . . . allons chez moi, voulez-vous? C'est tout près d'ici.

Marc: Volontiers!

PATTERN SENTENCES

Combine the word groups below to form complete sentences, using the model as a

La terrasse du café est bondée. (*John J. Long*)

pattern.   Then vary the italicized complement, substituting in turn each of the
expressions given in the box at the right.

MODÈLE: Je m'appelle *Georges Martin.*

Je m'appelle	Georges Martin. Marc Gibson. Marie Dupont. Hélène Girard.

MODÈLE: C'est *votre première année?*

C'est	*fem* votre première année? votre deuxième année? votre troisième année? votre dernière année?

MODÈLE: Allons *chez moi.*

Allons	chez moi. chez lui. chez Marie. chez vous. chez les Dupont.

GRAMMAIRE

1. Irregular Verbs (Verbes irréguliers)

Since irregular verbs such as **être, avoir, aller** are made up of varied forms **(je
suis, tu es),** we will present them individually within the framework of the
lessons.   Since they are also generally among the most frequently-used verbs
in French, it is necessary that you learn each form as it appears.

2. Conjugation of Regular Verbs (Conjugaison des verbes réguliers)

(a) **-er, -ir, -re** Families

The majority of verbs, of course, are regular in form and can be studied in larger groupings called *conjugations*. Many French verbs, for example, have infinitives ending in **-er,** such as **parler** (*to speak*), **donner** (*to give*), **habiter** (*to live*). Regular verbs are alike in that all follow a regular pattern in the basic stem and in the series of endings attached to that stem.

There are three broad groupings or conjugations of verbs. The largest is called simply *first conjugation*, and regular verbs whose infinitives end in **-er** make up this group. The *second conjugation* is made up of verbs whose infinitives end in **-ir,** such as **finir** (*to finish*), **remplir** (*to fill*) **obéir** (*to obey*). Verbs such as **entendre** (*to hear*) and **perdre** (*to lose*), ending in **-re,** are *third conjugation* verbs.

(b) The Infinitive

In addition to establishing the conjugation of the verb, the infinitive has many functions in French. As in English, the infinitive represents the idea of "to . . .": *to speak, to do, to want.* The infinitive also serves as a sort of "family name," and it is this form which is listed in a dictionary or vocabulary. Still another function of the infinitive is to provide a stem or base for all regular present-tense forms. The identifying ending **(-er, -ir, -re)** is dropped: **parl /er; fin /ir; entend /re;** the appropriate present-tense ending is added to the stem which remains.

3. First Conjugation (-er) Verbs — Example: parler

SUBJECT	STEM	ENDING	PRESENT TENSE	
je	**parl**	e	**je parle**	*I speak*
tu	**parl**	es	**tu parles**	*you speak*
il, elle, on	**parl**	e	**il parle**	*he, she, one speaks*
nous	**parl**	ons	**nous parlons**	*we speak*
vous	**parl**	ez	**vous parlez**	*you speak*
ils, elles	**parl**	ent	**ils parlent**	*they speak*

4. Second Conjugation (-ir) Verbs — Example: finir

SUBJECT	STEM	ENDING	PRESENT TENSE	
je	**fin**	**is**	**je finis**	*I finish*
tu	**fin**	**is**	**tu finis**	*you finish*
il, elle, on	**fin**	**it**	**il finit**	*he, she, one finishes*
nous	**fin**	**issons**	**nous finissons**	*we finish*
vous	**fin**	**issez**	**vous finissez**	*you finish*
ils, elles	**fin**	**issent**	**ils finissent**	*they finish*

5. Third Conjugation (-re) Verbs — Example: répondre

SUBJECT	STEM	ENDING	PRESENT TENSE	
je	**répond**	**s**	**je réponds**	*I answer*
tu	**répond**	**s**	**tu réponds**	*you answer*
il, elle, on	**répond**		**il répond**	*he, she, one answers*
nous	**répond**	**ons**	**nous répondons**	*we answer*
vous	**répond**	**ez**	**vous répondez**	*you answer*
ils, elles	**répond**	**ent**	**ils répondent**	*they answer*

VOCABULAIRE

allons	let's go	**contraire** *m.*	contrary
année *f.*	year	**au contraire**	on the contrary
appelle: je m'appelle	my name is	**donner**	to give
asseyez-vous	sit down	**il ennuie**	he annoys
bondé, bondée	crowded	**justement**	precisely; "it just
boulevard *m.*	boulevard		so happens . . ."
causer	to chat	**vous logez**	you live; lodge
café *m.*	cafe; coffee	**ne . . . que**	only
cela	that	**non**	no
chambre *f.*	room	**où**	where
chance *f.*	luck	**vous permettez**	you permit
chez	at the home of	**il pose**	he ask(s)
chez moi	at my place; at my	**il prend**	he takes
	home	**près**	near
il choisit	he chooses	**presque**	almost

je prie	I beg	**tiens!**	well! my, my!
je vous en prie	please (do)	**tout**	all
quelqu'un	someone	**tout près**	quite near
quelques	some; a few	**troisième**	third
question *f.*	question	**université** *f.*	university
renseignements *m. pl.*	information	**voisin** *m.*	neighbor
il reste	he remains	**volontiers**	willingly
table *f.*	table		
terrasse *f.*	sidewalk in front of a café, for outdoor seating		

EXERCICES

A. Verbes réguliers au présent. *Complétez les phrases suivantes par la forme convenable du verbe au présent.*

MODÈLE: **(parler)** _____-ils italien?
Parlent-ils italien?

1. (parler) *Parles*-tu français?
2. (donner) Il *donne* son livre à son ami.
3. (causer) Nous *causons* avec les étudiants.
4. (habiter) Où *habitez*-vous?
5. (finir) Je ne *finis* jamais la leçon.
6. (remplir) Tu ne *remplis* pas tes promesses!
7. (finir) Ils *finissent* maintenant.
8. (obéir) *obéissez*-vous à votre père?
9. (montrer) Les élèves *montrent* leurs devoirs au professeur.
10. (perdre) Vous *perdrez* trop de temps!
11. (répondre) Pourquoi ne *réponds*-tu pas?
12. (entendre) Je n'*entends* rien.
13. (répondre) Nous *répondons* aux questions du professeur.
14. (entendre) Ils *entendent* tout.
15. (finir) Nous *finissons* toujours à l'heure.

B. Verbes réguliers. *Répondez aux questions suivantes à la forme affirmative. (Answer the questions below affirmatively.)**

MODÈLE: **Parlez-vous anglais?**
Oui, nous parlons anglais.

1. Parlez-vous français?

2. Donnez-vous les livres aux élèves? *(handwritten: à e')*
3. Répondez-vous aux questions du professeur?
4. Habitez-vous Paris?
5. Entendez-vous la musique?
6. Aimez-vous le professeur d'anglais?

C. *Répondez aux questions suivantes à la forme négative.**

MODÈLE: **Parlez-vous anglais?**
   Non, je ne parle pas anglais.

1. Parlez-vous français?
2. Donnez-vous le livre à Léon? *(handwritten: no je ne donne pas)*
3. Répondez-vous aux questions du professeur? *(handwritten: à la qu)*
4. Habitez-vous Paris? *(handwritten: des pa)*
5. Entendez-vous la musique? *(handwritten: je n'entends pas)*
6. Aimez-vous le professeur d'anglais? *(handwritten: je n'aime pas)*

D. *Exprimez au pluriel.**

MODÈLE: **Je réponds à la question.**
   Nous répondons aux questions.

1. J'aime la nouvelle auto. *(handwritten: nous aimons les)*
2. Le garçon parle à l'enfant. *(handwritten: Les garçons parlent aux enfant)*
3. Il regarde le journal. *(handwritten: ils regardent les journaux)*
4. Entends-tu la chanson? *(handwritten: entendez-vous les chansons)*
5. Elle n'aime pas la classe. *(handwritten: elles n'aiment pas les classes)*
6. Je finis une leçon. *(handwritten: nous finissont des leçons)*
7. La jeune fille choisit un dessert. *(handwritten: les jeunes filles choisissent des)*
8. Tu habites ton appartement à Paris. *(handwritten: vous habitez nos appartements à Paris)*

E. *Voici les réponses à des questions. Quelles étaient les questions posées? (Here are the answers to some questions. What were the questions asked?)**

MODÈLE: **Oui, je finis ma leçon.**
   Finis-tu ta leçon?

1. Oui, j'aime beaucoup la musique moderne. *(handwritten: aimez-vous / aimes-tu)*
2. Non, Louise n'habite pas à New York. *(handwritten: Luise habite à NY?)*
3. Non, les élèves ne répondent pas bien à mes questions.
4. Oui, je perds beaucoup de temps le week-end.
5. Non, Henri n'entend pas vos questions.

F. *Composition dirigée.*

(Jean-Luc meets his friend Étienne in front of the apartment house where he lives. First present orally their conversation according to the text below, then write it.)

Jean-Luc greets Étienne and asks him if he is going to school.   Étienne replies that he is waiting for (to wait for: **attendre**) Henri, a friend.   They are going to class together.   Jean-Luc asks if Étienne is studying English at school. Étienne says that he is not studying English, but he is studying Spanish.   The class is very large.   Jean-Luc asks if he likes his Spanish teacher.   Étienne answers that he likes him very much.   They speak a lot in class and they have a good book.   At this moment Henri arrives.   Étienne introduces his friend to Jean-Luc and then they leave for school.

LECTURE

Quelques renseignements[1]

> *Les Français insistent beaucoup sur la géographie.   Ils connaissent bien leur pays, du point de vue physique aussi bien qu'économique.   Le passage suivant a été extrait d'un livre de géographie.*

5   La France se trouve dans la zone tempérée à la pointe Ouest de l'Europe. Elle est harmonieusement dessinée en forme d'hexagone à peu près régulier.   Elle a 2.100 km de frontières continentales; soit naturelles (Pyrénées, Alpes, Jura, Rhin), soit artificielles (Belgique, Luxembourg, Allemagne[2]).   Elle a 3.100 km de frontières maritimes sur la Manche,[3] l'Océan Atlantique, la Méditerranée.

10   La France est un pays agricole.   On trouve dans le Sud, l'Ouest et le Centre de la France un grand nombre de petites fermes de moins de[4] quinze hectares.[5] Les grandes fermes se trouvent sur les plateaux fertiles du Centre et du Nord du Bassin Parisien.   Elles produisent des céréales, des betteraves,[6] des pommes de terre et des fourrages.   Ces fermes emploient de nombreux ouvriers;[7] le travail[8]

15 est fait presque entièrement à l'aide de tracteurs et de machines perfectionnées.

---

1. **renseignements** *(pl.) information.*   2. **Allemagne** *Germany*   3. **la Manche** *the English Channel.* 4. **de moins de** *of less than.*   5. **un hectare** *2.5 acres.*   6. **betteraves** *beets.*   7. **ouvriers** *workers.*   8. **travail** *work.*   9. **minerai** *ore.*

La France est aussi un pays industriel. Les industries métallurgiques, chimiques et textiles sont très importantes à la France. Grâce au minerai[9] et au charbon,[10] une industrie métallurgique importante s'est créée[11] dans le Nord. Parmi les industries chimiques, on peut citer les usines[12] de caoutchouc[13] de Clermont-Ferrand, d'engrais[14] de Toulouse et de Lorraine, d'huile[15] et de savon[16] à Mar- 20 seille. Les industries textiles de la laine[17] (Roubaix), du lin[18] (Armentières) et de la soie[19] (Lyon) sont anciennes et célèbres. L'industrie du coton et celles des textiles artificiels ont pris[20] aussi une grande importance.

Les industries d'art, de luxe et de tourisme sont parmi d'autres industries diverses et importantes de la France. 25

Extrait de L. François et M. Villin:
Géographie—Cours moyen, Librairie Hachette, Editeurs.

QUESTIONS

1. Dans quelle partie de l'Europe se trouve la France?
2. Quels pays bordent la France à l'est?
3. Où se trouvent les grandes fermes de France?
4. Que produisent-elles?
5. Nommez quelques industries importantes à la France.

---

10. **charbon** *coal*. 11. **s'est créée** *developed*. 12. **usines** *factories*. 13. **le caoutchouc** *rubber*. 14. **l'engrais** *fertilizer*. 15. **l'huile** *oil*. 16. **savon** *soap*. 17. **la laine** *wool*. 18. **le lin** *linen*. 19. **la soie** *silk*. 20. **ont pris** *have taken on*.

La Marseillaise

Cette chanson a été composée en 1792 (dix-sept cent quatre-vingt-douze) par un officier à Strasbourg. Elle avait comme titre «Chant de guerre pour l'armée du Rhin». Elle est devenue très populaire et en l'année 1879 (dix-huit cent soixante-dix-neuf), elle est devenue l'hymne national français. Son nom dérive du fait 5 qu'elle a été introduite à Paris par un groupe de militaires de la ville de Marseille.

Allons, enfants de la Patrie,[1]
Le jour de gloire est arrivé;

---

1. **la Patrie** *homeland*.

Contre nous de la tyrannie,
10 L'étendard sanglant[2] est levé.
L'étendard sanglant est levé.
Entendez-vous dans les campagnes,
Mugir[3] ces féroces soldats?
Ils viennent, jusque dans nos bras,
15 Égorger[4] nos fils, nos compagnes.[5]
Aux armes, Citoyens![6]
Formez vos bataillons!
Marchons, marchons!
Qu'un sang impur abreuve nos sillons![7]

Paroles et musique par Rouget de Lisle (1792)

2. **l'étendard sanglant** *bloodstained flag.* 3. **mugir** *bellow.* 4. **égorger** *to cut the throats of.* 5. **compagnes** *women.* 6. **citoyens** *citizens.* 7. **Qu'un sang impur abreuve nos sillons!** *May an impure blood water our furrows (of the fields).*

Bêtises pronominales

CONVERSATION

—Où allez-vous?

—Je vais en ville.

—Pourquoi y allez-vous?

—Je veux en acheter.

—Mais, vous en avez!

—Non, je n'en ai pas.

—Si! Vous en avez trois!

—Non! Je n'en ai plus.

—Qu'est-ce que vous en faites?

—Nous les mangeons.

—Pourquoi les mangez-vous?

—Parce que nous aimons les manger.

—Vous y allez maintenant?

—Où?

—Mais, en ville!

—Oui, j'y vais.

—Je peux y aller?

—Si vous voulez.

—Je veux.

—Alors, allons-y!

«Où allez-vous?» (*John J. Long*)

PATTERN SENTENCES

MODÈLE: *Pourquoi* y allez-vous?

Pourquoi Quand Avec qui Comment	y allez-vous?

MODÈLE: Je veux en *acheter*.

Je veux en	acheter voir. manger. écouter. boire.

MODÈLE: Vous en avez *trois*.

Vous en avez	trois. une. beaucoup. trop. plusieurs.

MODÈLE: Nous aimons *les manger*.

Nous aimons	les manger. les regarder. les écrire. les finir. les acheter.

GRAMMAIRE

1. Personal Direct Object Pronouns (Pronoms — compléments directs)

When a pronoun replaces a noun as the *subject* of a verb, one of the personal subject pronouns (**je, tu, il, elle, on, nous, vous, ils, elles**) is used. A personal direct object pronoun is necessary, however, when the pronoun represents the *object* of the verb.

The personal direct object pronouns are:

SINGULAR		PLURAL	
me, m'	*me*	**nous**	*us*
te, t'	*you*	**vous**	*you*
le, la, l'	*him, her, it*	**les**	*them*

Je préfère **la terrasse.**	*I prefer the terrace.*
Je **la** préfère.	*I prefer it.*
Ils ont **leurs livres.**	*They have their books.*
Ils **les** ont.	*They have them.*

2. Indefinite Object Pronoun en (Pronom complément indéfini en)

The direct object pronouns listed above are definite, that is, each corresponds both in gender and number to the noun it represents. A feminine singular direct object (**la terrasse**) is represented by **la**; a masculine plural object (**leurs livres**) by **les**. These noun objects are definite: *the terrace, their books.* Noun objects preceded by indefinite articles, partitives, or expressions of quantity, however, are indefinite in nature and are replaced by the indefinite object pronoun **en**.

Les enfants ont **des bonbons.**	*The children have (some) candy.*
Les enfants **en** ont.	*The children have some.*

The pronoun **en** is invariable—it does not change to reflect the gender and number of the noun it represents. When numbers or amounts are specified, these follow the verb.

Il achète **cinq livres.**	*He is buying five books.*
Il **en** achète **cinq.**	*He is buying five (of them).*
Elle a **beaucoup de patience.**	*She has much patience.*
Elle **en** a **beaucoup.**	*She has much (of it).*

3. Indefinite Pronoun y̲ (Pronom indéfini y̲)

Although not strictly a direct object pronoun, the indefinite pronoun **y** has many of the characteristics of **en.** When the prepositional phrase being replaced refers to a geographical location, the indefinite object pronoun **y** is used.

Il va **à Paris.**	*He is going to Paris.*
Il **y** va.	*He is going there.*
Allez-vous **à votre bureau?**	*Are you going to your office?*
Y allez-vous?	*Are you going there?*

4. Indefinite Pronoun le̲ (Pronom indéfini le̲)

Occasionally, the object pronoun represents, not a concrete thing named by a noun—a book, a child, or even a place, but a predicate adjective which describes the subject. This adjective is replaced by the indefinite pronoun **le.**

Es-tu **fatiguée?**	*Are you tired?*
Oui, je **le** suis.	*Yes, I am.*
N'est-elle pas **heureuse?**	*Isn't she happy?*
Non, elle ne **l'**est pas.	*No, she isn't.*

5. Position of Direct Object Pronouns (Place des pronoms compléments directs)

Whether definite or indefinite, object pronouns in French nearly always directly precede the verb.[1] They form, with the verb, a so-called "verb group." In negative sentences, it is this entire verb group which is enclosed by **ne . . . pas.**

Il ne regarde pas la femme.	*He's not looking at the woman.*
Il **ne la regarde pas.**	*He's not looking at her.*
N'allez-vous pas à Paris?	*Aren't you going to Paris?*
N'y allez-vous pas?	*Aren't you going there?*
Il ne commande pas de pain.	*He's not ordering any bread.*
Il **n'en commande pas.**	*He's not ordering any.*

---

1. The exception is the imperative, which we shall learn later.

Note that when an object pronoun serves as complement to an infinitive, the pronoun precedes that infinitive.

Il ne va pas commander **le pain.**   *He's not going to order the bread.*
Il ne vas pas **le** commander.   *He's not going to order it.*

6. Partitive Construction (Construction partitive)

Il commande **du pain.**   *He is ordering (some) bread.*
Elle boit **de l'eau.**   *She is drinking (some) water.*
Tu as **des amies** ici.   *You have (some) friends here.*

In these sentences, **de** plus definite article does not indicate possession (*of the*), but rather a partitive (*some*). It is indefinite in that it does not refer to *that bread*, something pointed out specifically, but rather, to *some* or *any* bread.

SPECIFIC: Il commande **le pain qui est sur la table.**
        He is ordering the bread which is on the table.
INDEFINITE: Il commande **du pain.**
        He is ordering some (any) bread.

SPECIFIC: Elle boit **l'eau minérale de la carafe.**
        She is drinking the mineral water from the carafe.
INDEFINITE: Elle boit **de l'eau minérale.**
        She is drinking (some) mineral water.

The partitive also carries with it the idea of a part, as opposed to the whole.

Le biftek est bon.   *(All) Steak is good.*
Elle a mangé **le biftek.**   *She ate the (whole) steak.*
Elle **a** mangé **du biftek.**   *She ate (some) steak.*

La viande est-elle sur la table?
Is the meat on the table?

Y a-t-il **de la viande** sur la table?
Is there (some) meat on the table?

The partitive is used often in French where English simply considers it understood, that is, even when *some* or *any* is not expressed.

J'ai **des** amis.   *I have friends.*

7. Use of de in Place of the Partitive (Emploi de de au lieu du partitif)

(a) In a negative statement, **de** is used instead of the partitive plus definite article.

Il a **des** amis partout.   *He has friends everywhere.*
Il n'a pas **d'**amis.   *He doesn't have any friends.*

(b)   Immediately following an expression of quantity such as **trop** (*too much*), **beaucoup** (*much, many*), **assez** (*enough*), **peu** (*little, few*), or a more explicit measure of quantity such as **une bouteille, une douzaine, un verre** (*glass*), **de** is usually used in place of the partitive.

Il achète **une bouteille de vin** blanc.
He is buying a bottle of white wine.
Beaucoup de Français font du ski.
Many French people ski.
Il exige **trop d'attention.**
He requires too much attention.
Peu d'Américains parlent français couramment.
Few Americans speak French fluently.

After **la plupart** (*most*), **la majorité,** or **bien** (*many*), however, the partitive is used:

La plupart des Français aiment voyager.
Most French people like to travel.
La majorité des Français aiment le cinéma.
The majority of French people like the movies.
Bien des Français aiment le camping.
Many French people like camping.

(c)   Immediately before a plural adjective which precedes its noun, **de** is used in place of the partitive.

Je cherche **de bons romans.**
I am looking for some good novels.
Veux-tu goûter **de petits gâteaux?**
Do you want to taste some little cakes?

8.   The Irregular Verb <u>vouloir</u> (Verbe irrégulier <u>vouloir</u>)

vouloir	*to wish, want*
je **veux**	*I wish, want*
tu **veux**	*you wish, want*
il **veut,** elle **veut,** on **veut**	*he wishes, she wishes, it wishes, one wishes, wants*
nous **voulons**	*we wish, want*
vous **voulez**	*you wish, want*
ils **veulent**	*they wish, want*

VOCABULAIRE

acheter	to buy	**faire**	to make; to do
aimer	to like; to love	**faites**	do; make
argent *m.*	money	**fruits** *m. pl.*	fruit
avion *m.*	airplane	**immeuble** *m.*	apartment building
bêtises *f. pl.*	nonsense	**manger**	to eat
bière *f.*	beer	**poulet rôti** *m.*	roast chicken
boire	to drink	**pourquoi**	why
chanter	to sing	**pronominal**	having to do with pro-
cours *m.*	course, class		nouns
crayon *m.*	pencil	**qu'est-ce que**	what
dîner	to have dinner	**tarte** *f.*	pie
écrire	to write	**ville** *f.*	city
		en ville	downtown

EXERCICES

A. Verbes irréguliers au présent. *Complétez les phrases suivantes par la forme convenable du verbe au présent.*

1. (vouloir) Que _____-vous?
2. (vouloir) Ils ne _____ pas parler.
3. (aller) Nous _____ à Londres.
4. (vouloir) Je ne _____ rien changer.
5. (avoir) Qu'_____-t-il?
6. (avoir) Ils n'_____ rien.
7. (être) _____-vous content?
8. (vouloir) Nous _____ chanter.
9. (être) Tu _____ toujours heureux.
10. (aller) Je ne _____ pas manger maintenant.

B. *Répondez aux questions à la forme négative.**

MODÈLE: **Aimez-vous le cinéma?**
Non, je n'aime pas le cinéma.

1. Choisissez-vous un bon roman?
2. Habitez-vous un petit appartement?
3. Attendez-vous votre sœur?

4. Perdez-vous votre argent?
5. Avez-vous un professeur intéressant pour ce cours?
6. Es-tu content de tes nouveaux habits?
7. Finis-tu toujours tes devoirs?
8. Veux-tu aller avec nous?

C. *Récrivez les phrases suivantes en remplaçant les mots en italiques par des pronoms.**

MODÈLES: **J'ai ton livre.**

Je l'ai.

J'ai des livres.

J'en ai.

Je vais à Paris.

J'y vais.

1. J'ai *mon vélo* dans la rue.
2. Nous n'avons pas *la chaise de votre père.*
3. A-t-il *les crayons des élèves?*
4. J'ai *le livre du professeur.*
5. Vous commandez *une bière*, n'est-ce pas?
6. Elles achètent *des fruits.*
7. Tu as *deux frères*, n'est-ce pas?
8. Elle est *à l'université.*
9. Ils vont *à Londres* par avion.
10. Elle est toujours *fatiguée.*

D. *Exprimez en français.*

1. Do you want some steak?
2. He likes bread.
3. Most children like dessert.
4. Haven't you any friends?
5. French is difficult.
6. They are ordering wine.

E. *Répondez aux questions suivantes à la forme affirmative en remplaçant les mots en italiques par un pronom personnel, par y ou par en.**

MODÈLE: **A-t-il votre place?**

Oui, il l'a.

1. Aime-t-il *la bière?*
2. As-tu *beaucoup de frères?*
3. Marie est-elle *très riche?*
4. Vas-tu *au cinéma?*
5. Commandez-vous *des tartes?*
6. Ne veut-il pas *votre journal?*[1]
7. N'allez-vous pas *à Madrid?*

F. Conversation entre Jacqueline et Hélène. *Écrivez le rôle de Jacqueline en vous servant des pronoms compléments directs.* (Write the role of Jacqueline in this conversation, making use of direct object pronouns.)

—Jacqueline, veux-tu aller dîner au restaurant ce soir?

—Oui, _____

—Aimes-tu le restaurant Chez Étienne?

—Oui, _____

—Alors, si tu es d'accord, nous y allons! As-tu ton auto ici?

—Oui, _____

—Où est-elle? Dans la rue devant l'immeuble?

—Oui, _____

—Alors, allons-y! Jacqueline, que veux-tu pour le dîner? Un biftek?

—Non, _____

—Alors, du poulet rôti?

—Non, _____

—Enfin, un sandwich et un coca-cola?

---

1. Note: When a negative question anticipates an affirmative answer, as it does in the last two questions of exercise E, begin your answer with **si** rather than **oui.**

—Oui, _____

—Jacqueline, as-tu assez d'argent?

—Non, _____

—Oh! Voilà le problème!

LECTURE

Extrait du «Petit Prince» d'Antoine de Saint-Exupéry

*L'auteur, né en 1900 et mort en 1944, était ingénieur, aviateur, écrivain,
pilote de guerre et philosophe. Pendant les longues heures des vols de nuit
sa pensée a évolué. Peu de temps avant sa disparition en mission, il a fait
paraître ce petit livre. C'est une allégorie dans laquelle il exprime son* 5
*attitude envers la société contemporaine et nous présente sa philosophie de
devoir, de sacrifice et de fraternité. Dans le petit extrait ci-dessous le petit
prince visite une planète habitée par un businessman. Celui-ci est très
occupé: il possède toutes les étoiles[1] et il est en train de les compter. Le petit
prince, mystifié par ce genre de vie, lui pose des questions.* 10

—Comment peut-on posséder les étoiles?
—A qui sont-elles? riposta,[2] grincheux,[3] le businessman.
—Je ne sais pas. A personne.
—Alors elles sont à moi, car j'y ai pensé le premier.[4]
—Ça suffit?[5] 15
—Bien sûr. Quand tu trouves un diamant[6] qui n'est à personne, il est à toi.
Quand tu trouves une île[7] qui n'est à personne, elle est à toi. Quand tu as une idée
le premier, tu la fais breveter:[8] elle est à toi. Et moi je possède les étoiles, puisque
jamais personne avant moi n'a songé[9] à les posséder.
—Ça c'est vrai, dit le petit prince. Et qu'en fais-tu?[10] 20

---

1. **les étoiles** *stars.* 2. **riposta** *retorted.* 3. **grincheux** *crabby, grouchy.* 4. **j'y ai pensé
le premier** *I thought of it first.* 5. **Ça suffit?** *That's enough?* 6. **un diamant** *diamond.* 7. **une
île** *island.* 8. **fais breveter** *have it patented.* 9. **songé** *dreamt, thought of.* 10. **qu'en fais-tu?**
what do you do with them?

—Je les gère.[11]   Je les compte et je les recompte, dit le businessman.   C'est difficile.   Mais je suis un homme sérieux!

Le petit prince n'était pas satisfait encore.

25 —Moi, si je possède un foulard,[12] je puis le mettre autour de mon cou[13] et l'emporter.[14]   Moi, si je possède une fleur, je puis cueillir[15] ma fleur et l'emporter. Mais tu ne peux pas cueillir les étoiles!

—Non, mais je puis les placer en banque.

—Qu'est-ce que ça veut dire?[16]

—Ça veut dire que j'écris sur un petit papier le nombre de mes étoiles.   Et 30 puis j'enferme à clef[17] ce papier-là dans un tiroir.[18]

—Et c'est tout?[19]

—Ça suffit!

C'est amusant, pensa[20] le petit prince.   C'est assez poétique.   Mais ce n'est pas très sérieux.

Reprinted by permission of Harcourt Brace Jovanovich, Inc., New York.

QUESTIONS

1. Où habite le businessman?
2. Que fait-il avec les étoiles?
3. Comment peut-il les placer en banque?
4. Qu'en pense le petit prince?
5. Qu'en pensez-vous?

---

11. **gère** *manage*. 12. **un foulard** *silk scarf, tie*. 13. **cou** *neck*. 14. **l'emporter** *take it away, carry it off*. 15. **cueillir** *cut, gather*. 16. **Qu'est-ce que ça veut dire?** *What does that mean?* 17. **enferme à clef** *lock up*. 18. **un tiroir** *drawer*. 19. **Et c'est tout?** *And that's all?* 20. **pensa** *thought*.

Prononciation–Voyelles

A. Vowels (Voyelles)

Although the French alphabet is made up of the same vowels and consonants as the English alphabet, you have undoubtedly noticed that these vowels and consonants are not always pronounced the same in the two languages. Not only does an **a** in an English word differ in sound from an **a** in a French word, but the same **a** in French often differs in sound, depending on the letters surrounding it or the accent mark above it. For example: The **a** in **passer** is quite different from the **a** in **enfant,** in **au,** in **la,** in **vais,** or in **j'ai.**

Instead of attempting to take each vowel individually, introducing all possible sounds for each vowel, this Guide will be organized around the sounds themselves, as represented by their phonetic symbols. To provide a convenient reference, the French-English vocabulary at the end of the book gives the phonetic spelling for each word, as well as the appropriate definition of the word. The phonetic spelling is always enclosed in brackets: **habiter** [abite]. Remember that the phonetic spelling represents only the sounds actually heard in that word.

[ɑ]

The sound represented by the phonetic symbol [ɑ] is perhaps best described as similar to the sound of *a* in the English word *father*. It does not occur often in French. Words such as **château** and **âge,** where **a** has a circumflex (ˆ) above it, are pronounced with this sound. In addition, in words in which the **a** is followed immediately by **ss (casser, passer)** or sometimes simply **s,** the **a** is also pronounced as [ɑ]. Examples:

passe [pɑs]; casser [kɑse]; pas [pɑ]; tasse [tɑs]

EXERCISES*

1. Passez-moi votre tasse.
2. Ce château date du Moyen Age.
3. La classe se lasse de passer des examens.
4. Cette phrase exprime bien sa passion.

[a]

Far more common in French than [ɑ] is the sound [a]. Since it seldom occurs in American English, it is not among the basic sounds of our language and must be learned. If you pronounce aloud *father*, and then *cat* (and listen as you say these words, being aware at the same time of the position of your mouth and tongue), the [a] should be about halfway between the two. Occasionally it is heard in *ask* or *aunt*. Examples:

madame [madam]; la [la]; là [la]; place [plas]; ami [ami]; à [a]; avez [ave]

EXERCISES*

1. La voilà, ma grande valise noire.
2. Marie remarque que l'ami de Marc a beaucoup de bagages.
3. La femme a le sac dans sa malle.
   (Notice that in **femme,** e is also pronounced [a].)
4. La capitale du Canada a beaucoup de charme.

[i]

The most frequently mispronounced French vowel is probably **i.** American students accustomed to the sound of *i* in words such as *finish* find it most natural to use the same sound (which does not exist in French) in the French word **finir.** Correct pronunciation of **i** is similar to the vowel sound in the English *neat*. Exaggeration in forming this sound—drawing the lips back tightly and making a more conscious effort in producing it—is extremely important. The vowel **y** is also pronounced [i]. Examples:

qui [ki]; mise [miz]; site [sit]; finissent [finis]; écrire [ekʀiʀ]; il y a [ilia]

EXERCISES *

1. Il y a dix filles **ici.**
2. Qui finit le livre?
3. Ils habitent Paris.
4. Marie dit la vérité à ses amis.
5. La philosophie est si difficile!

[e]

There are many combinations of letters which are represented phonetically by [e]. It appears in such varied spellings as **parler, parlez, étudiant, j'ai, et, les.** The vowel sound in the word *take* (but without the glide to [i]) is perhaps the closest corresponding sound in English.

General guidelines in spelling and pronouncing [e]:

1. **é** (regardless of where it appears) generally is pronounced [e].
2. The verb ending **-ez,** as well as the infinitive ending **-er,** are pronounced [e]. There are also a few words such as **foyer, chez, premier, dernier,** and others, which, even though not verbs, end in the same [e] sound.
3. **et** invariably is pronounced simply [e].
4. Short words of one syllable such as **les, des, ces, ses** are pronounced [e].
5. **ai** generally is pronounced [e]: j'**ai.** Notice, however, that when the syllable ends in a consonant, the vowel sound changes to [ɛ]: **mais, lait.** Examples:

   année [ane]; ses [se]; élève [elɛv]; fatigué [fatige]; donner [dɔne]

EXERCISES *

1. J'**ai** les vélos d'**É**tienne et de Gérard.
2. Le qu**ai** était bondé et j'étais fatigué.
3. Mes élèves écrivent des exercices.
4. Ces papiers sont les premiers à arriver.

[ɛ]

Frequently **e** is pronounced in a manner similar to the vowel sound in *Ted,* and is written phonetically as [ɛ].

General guidelines in spelling and pronouncing [ɛ]:

1. The vowel sound of **è,** in words such as **élève, très, première, père,** is pronounced [ɛ].

2. Unaccented **e,** in words such as **est, cher, mets, Seine, neige, elle, intelligent,** is sometimes pronounced [ɛ].
3. **ê,** in words such as **être, êtes, fête,** is pronounced [ɛ].
4. **ai** followed by a consonant, in words such as **vais, fait, ordinaire, mais,** is pronounced [ɛ]. Examples:

très [tRɛ]; mais [mɛ]; laine [lɛn]; elles [ɛl]; lettre [lɛtR]

EXERCISES *

1. Hélène aime ses leçons de français.
2. L'élève est prêt pour la fête.
3. La dernière lettre de sa mère est très intéressante.
4. Mademoiselle Taine m'aide.
5. Il ne neige jamais au mois de mai.
   (Notice that **mai** is also pronounced [mɛ].)

[ə]

The vowel **e,** when unaccented and unstressed, may be pronounced in still a different way. This sound most closely resembles the sound of *e* in the unstressed English word *the,* as in *the door, the street.* In French, this sound occurs frequently in one-syllable words such as **le, de, ne.** It is heard also in unstressed syllables in longer words: **faisons, devoirs, gouvernement.** Examples:

ce [sə]; devez [dəve]; appartement [apaRtəmɑ̃]; me [mə]

EXERCISES *

1. Il ne les donne pas.
2. Nous faisons notre travail.
3. Ce monsieur de Lyon se lève à midi.
   (Notice that the **on** of **monsieur** is also pronounced [ə].)
4. Ne dites pas qu'il se couche si tôt.

This same unaccented, unstressed **e** is often called the *unstable* **e** because of its changing nature. Depending on its situation within a word or group of words, it is sometimes pronounced [ə] and sometimes remains silent. It is most often spelled **e** (je, la table), or **es** (les tables, tu donnes).

1. The unstable **e** is always pronounced:

   a. Where necessary for emphasis.

(1) At the beginning of a breath group:

le père de Michel
de plus en plus
Serez-vous ici?

(2) In affirmative commands:

Posez-le.
Achetez-le.

(3) When the syllable is to be stressed:

Sont-ils dedans ou dehors?

b. When **e** is preceded by two pronounced consonants and followed by one.

gouvernement
appartement

c. Before the word **rien.**

Vous ne dites rien.

2. The unstable **e** is always silent:

a. At the end of a sense group.

sur la tabl∉
il donn∉

b. When it is preceded by one pronounced consonant and followed by another.

C'est l∉ billet d∉ Marc.
Préférez-vous l∉ métro?

3. When the unstable **e** occurs in a series of syllables, pronounce every other **e.**

Je n∉ sais pas.
Ne m∉ dis rien.
Je n∉ le donn∉ pas à Paul.

[o]

The [o] is similar to the long *o* in *rose, disclose,* but without the glide to [u]. Lips should be closely rounded, leaving an opening only big enough for a pencil.   There are three instances when the vowel **o** normally is pronounced as [o] in French:

1. When **o** is written with a circumflex: côte, tôt, vôtre.
2. When **o** is the final sound in the word: trop, dos, gros, numéro.
3. When **o** is followed by [z]: rose, dosage.

au or **eau** is also pronounced [o]: **eau, eaux,** chevaux, château, **au.**

Examples:

côté [kote]; dos [do]; contrôle [kɔ̃tRol]; poser [poze]; vôtre [votR]; **eau** [o]

EXERCISES *

1. Le contrôleur arrive trop tôt.
2. Le vôtre est très chaud.
3. Il ôte aussi son manteau.
4. Ses roses sont jaunes.
5. L'autre est si gros.

[ɔ]

The most frequently heard pronunciation of **o** in French is [ɔ].   This sound resembles the vowel sound in the words *taught*, *order*.   While [o] requires very closely rounded lips, [ɔ] is slightly more open.   The [ɔ] is always heard when **o** is followed by **r** in French: **mort, ordre.**   Examples:

votre [vɔtR]; fort [fɔR]; copie [kɔpi]; homme [ɔm]; possible [pɔsibl]

EXERCISES *

1. La forme de l'objet est importante.
2. La Norvège est au nord de l'Europe.
3. La note donnée par le professeur est bonne.
4. L'homme a été nommé commandant.

[œ] and [ø]

Two vowel sounds somewhat resembling the [ɔ] sound in French are [œ] and [ø].   Both of these sounds (always spelled **eu—je veux, le cœur, un peu**) are similar to the vowel sound in *sir*, without the *r*.   Whether **eu** is pronounced [œ] or [ø] depends primarily on the letters which follow. Words such as **peu, lieu, feu,** having no pronounced consonants to change the shape of the mouth, are pronounced [ø]. The lips must be tightly rounded and the mouth inside almost closed. Whenever the vowel is followed by a pronounced consonant, that consonant (and the effort of getting ready for it) changes the sound of the vowel, usually opening the mouth and the lips, to create the more open sound [œ]. This is particularly noticeable in words such as **cœur, sœur,** where the **r** influences the vowel sound in a very obvious way. [z], on the other hand, tends to hold the lips and mouth closed: hence **eu** before **-se** generally is pronounced [ø]. Since neither [ø] nor [œ] exists in English, these sounds must be learned.

Examples: [ø]

p**eu** [pø]; f**eu** [fø]; il p**eut** [ilpø]; v**eux** [vø]; M**eu**se [møz]; monsi**eur** [məsjø]

(Note that since the **r** of **monsieur** is not pronounced, the vowel remains [ø].)

EXERCISES *

1. **Peu** de gens p**eu**vent le prendre au séri**eux.**
2. Monsieur Le Bœuf v**eut** venir chez **eux.**
3. Je ne p**eux** pas voir la M**eu**se.

Examples: [œ]

l'h**eu**re [lœR]; fl**eu**r [flœR]; s**eu**le [sœl]; c**oeu**r [kœR]; p**eu**vent [pœv]; fl**eu**ve [flœv]

EXERCISES *

1. L**eu**r prof**eu**sseur n'aime pas les err**eu**rs.
2. Plusi**eu**rs fl**eu**ves traversent la région.
3. Les ingéni**eu**rs v**eu**lent aller à l'intéri**eu**r.

[u]

The vowel combination **ou** in French has only one pronunciation, represented by the phonetic symbol [u]. It resembles the vowel sound in English *food*. Examples:

p**ou**r [puR]; **ou** [u]; **où** [u]; v**ou**s [vu]; n**ou**velle [nuvɛl]; tr**ou**ver [tRuve]; a**oû**t [u]

EXERCISES *

    1. **Nous** pouvons **trouver** la **route.**
    2. **Où** voulez-vous courir?
    3. Il ne voulait par mourir.
    4. Sa **bouche** est **toujours ouverte.**

[y]

French [y], always spelled **u,** is another vowel which must be learned, since it does not exist in English.   All spoken sounds are the product of several factors: the position of the jaws, the part of the mouth where the sound is formed, and the shape of the lips.   With this in mind, perhaps the best way to learn to produce [y] is to practice saying [i] (as in **lit**), all the while rounding the lips very tightly as in **tout** [u].   The result is [y].   Examples:

sur [syʀ]; plus [ply]; tu [ty]; du [dy]; perdu [pɛʀdy]

EXERCISES *

    1. **Tu** as connu les Dupont, n'est-ce pas?
    2. **Sur** la lune est une figure.
    3. Juste en face du bureau est une boutique de luxe.
    4. Le bulletin parle de Camus.

B.   Nasal Vowels (Voyelles nasales)

Vowels change in sound in French when they are followed immediately (in the same syllable) by a single **n** or **m.**   Although the **n** or **m** is not actually pronounced, the preceding vowel takes on a nasal quality.   This is indicated in phonetic spelling by a tilde [˜] placed over the vowel.   It should be noticed, however, that when the **n** or **m** is doubled **(immédiatement, annuaire),** or when the nasal vowel is followed in the same syllable by a vowel **(une, pleine),** the nasal quality gives way to a clearly pronounced **m** or **n.**   There are four nasal vowels.

[ã]

This is the phonetic representation for the sound of **an, am, en, em** in French words.   Examples:

pendant [pãdã]; enfants [ãfã]; dans [dã]; en [ã]; prendre [pʀãdʀ]; France [fʀãs]

[ɛ̃]

When **i** is followed by a single **n** or **m**, the pronunciation is represented phonetically by [ɛ̃]. This same symbol expresses the sound of **en** when it follows directly after **i, y,** or **é**. Examples:

pain [pɛ̃]; **train** [tʀɛ̃]; **coin** [kwɛ̃]; **plein** [plɛ̃]; appartient [apaʀtjɛ̃]; **important** [ɛ̃pɔʀtã]; **lycéen** [liseɛ̃]

[õ]

The sound of **o** followed by **m** or **n** is represented phonetically by [õ]. Examples:

sont [sõ]; **contrôleur** [kõtʀolœʀ]; **question** [kɛstjõ]; **avons** [avõ]; **bon** [bõ]

[œ̃]

The sound of the vowel **u,** followed directly by a single **m** or **n,** is represented phonetically by [œ̃]. Examples:

un [œ̃]; **chacun** [ʃakœ̃]; **qu'un** [kœ̃]; **parfum** [paʀfœ̃]

EXERCISES *

1. **En** Normandie, les gens **sont** contents de leurs jardins.
2. Les montagnes font des frontières faciles à défendre.
3. Le vin et le pain sont toujours bons.
4. Dans le sud, on aime chanter.
5. Le nombre de questions posées est bien important.
6. Cette pension est remplie de pensionnaires.
7. Les provinces des Romains sont tombées devant les invasions.

Nous allons au concert et après au café! (*Roger Coster from Monkmeyer*)

Conseils d'un ami

CONVERSATION

(*Georges lit le journal pendant que Marc se prépare à sortir.*)

Georges: Marc! Quelle est votre date de naissance?

Marc: (*de loin*) Le 13 (treize) novembre. (*Rentrant dans la chambre*) Dites, Georges. Quelle heure est-il?

Georges: Il est six heures dix. A quelle heure avez-vous rendez-vous?

Marc: A sept heures et demie.

Georges: Avec qui?

Marc: Avec la fille du pahrmacien en bas.

Georges: Qu'est-ce que vous allez faire?

Marc: Nous allons au concert et après au café! Mais, vous êtes d'une curiosité! Et pourquoi voulez-vous savoir ma date de naissance?

Georges: Je lis votre horoscope dans le journal. Soyez très prudent ce soir; faites très attention en traversant la rue; ne prenez pas le métro; et rentrez de bonne heure!

Marc: Merveilleux! J'ai très peu d'argent. Ce programme me va très bien!

PATTERN SENTENCES

MODÈLE: Quelle heure est-il? *Il est six heures dix.*

> Quelle heure est-il?

> Il est six heures dix.
> Il est midi.
> Il est six heures et demie.
> Il est une heure et demie.
> Il est cinq heures moins le quart.
> Il est quatre heures et quart.
> Il est huit heures moins cinq.

MODÈLE: Avec qui *sortez-vous?*

> Avec qui

> sortez-vous?
> parlez-vous?
> habitez-vous?
> allez-vous?

MODÈLE: Qu'est-ce que *vous voulez?*

> Qu'est-ce que

> vous voulez?
> tu veux?
> tu lis?
> Georges lit?
> tu vas faire?

GRAMMAIRE

1. Interrogative Pronouns (Pronoms interrogatifs)

In addition to the several ways of asking questions described in Chapter 3, interrogative pronouns at the beginning of a sentence indicate that a question is being asked.

Qui est là?   *Who is there?*
Que voulez-vous?   *What do you want?*
Avec **quoi** écris-tu?   *With what are you writing?*

(a) **Qui, qui est-ce que**

When the interrogative pronoun represents a person, whether subject or object, the pronoun **qui** is used.

Qui vous regarde?   (*subject*)   *Who is looking at you?*
Qui regardez-vous?   (*object*)   *Whom are you looking at?*

Qui est-ce que is used as object pronoun when the subject and verb are not inverted, as they are after **qui.**

Qui est-ce que vous regardez?   *Whom are you looking at?*
But:
Qui regardez-vous?   *Whom are you looking at?*

(b) **Quoi, qu'est-ce qui, qu'est-ce que, que**

When the interrogative pronoun represents something other than a person, the choice of pronoun depends on several factors: Does the pronoun serve as subject of the verb? object of the verb? object of a preposition? There are four interrogative pronouns which represent something other than a person: **quoi, qu'est-ce qui, qu'est-ce que, que.**

1. **Quoi**

   As interrogative pronoun, **quoi** is limited in function: It appears only as the object of a preposition (**à, avec, pour, par, de,** etc.) and when referring to an indefinite (unnamed) object.

   Avec quoi travailles-tu?   *What are you working with?*
   A quoi est-ce qu'il pense?   *What is he thinking about?*[1]

2. **Qu'est-ce qui**

   As the subject of the verb, **qu'est-ce qui** is used.

   Qu'est-ce qui se passe ici?   *What is going on here?*
   Qu'est-ce qui est sur la table?   *What is on the table?*

---

1. When the pronoun refers to a definite object with specific gender and number, **lequel, laquelle lesquels, lesquelles** are used.

Avec lequel de ces étudiants vas-tu?
Which one of these students are you going with?
Duquel de ces livres parles-tu?
Which one of these books are you talking about?

Note that **lequel, lesquels, lesquelles** contract with the prepositions **à** and **de: auquel, auxquels desquels,** etc.

3. **Qu'est-ce que, que**

Que and **qu'est-ce que** both function as the object of the verb, but after **qu'est-ce que** subject and verb are not inverted.

Que regardez-vous?   *What are you looking at?*
Qu'est-ce que vous regardez?   *What are you looking at?*

Que désire-t-il?   *What does he want?*
Qu'est-ce qu'il désire?   *What does he want?*

4. **Qu'est-ce que, qu'est-ce que c'est que**

Qu'est-ce que is also used when a definition is asked for.

Qu'est-ce que la démocratie?   *What is democracy?*
Qu'est-ce que la science politique?   *What is political science?*

This expression has an alternate form, **qu'est-ce que c'est que.**

Qu'est-ce que c'est que la démocratie?
Qu'est-ce que c'est que la science politique?

2. Second Family of -i̲r Verbs — Example: dormir

Although the majority of verbs whose infinitives end in **-ir** take on the present-tense endings **-is, -is, -it, -issons, -issez, -issent,** there is also a small group of common verbs whose endings follow a different pattern.   The six most important verbs of this family are: **dormir** (*to sleep*), **sortir** (*to go out*), **partir** (*to leave*), **mentir** (*to tell a lie*), **servir** (*to serve*), **sentir** (*to feel; to sense; to smell*).

	dormir	**sortir**	**partir**	**mentir**	**servir**	**sentir**
je	**dors**	sors	pars	mens	sers	sens
tu	**dors**	sors	pars	mens	sers	sens
il	**dort**	sort	part	ment	sert	sent
nous	**dormons**	sortons	partons	mentons	servons	sentons
vous	**dormez**	sortez	partez	mentez	servez	sentez
ils	**dorment**	sortent	partent	mentent	servent	sentent

Note that **-iss** is missing in the plural and that singular forms drop the final consonant of the stem.

3. Numbers (Adjectifs numéraux)

(a) Cardinal Numbers

(1)	un, une	(40)	quarante
(2)	deux	(41)	quarante et un
(3)	trois	(42)	quarante-deux
(4)	quatre	(50)	cinquante
(5)	cinq	(51)	cinquante et un
(6)	six	(52)	cinquante-deux
(7)	sept	(60)	soixante
(8)	huit	(61)	soixante et un
(9)	neuf	(62)	soixante-deux
(10)	dix	(70)	soixante-dix
(11)	onze	(71)	soixante et onze
(12)	douze	(72)	soixante-douze
(13)	treize	(73)	soixante-treize
(14)	quatorze	(80)	quatre-vingts
(15)	quinze	(81)	quatre-vingt-un
(16)	seize	(82)	quatre-vingt-deux
(17)	dix-sept	(90)	quatre-vingt-dix
(18)	dix-huit	(91)	quatre-vingt-onze
(19)	dix-neuf	(99)	quatre-vingt-dix-neuf
(20)	vingt	(100)	cent
(21)	vingt et un	(101)	cent un
(22)	vingt-deux	(200)	deux cents
(23)	vingt-trois	(201)	deux cent un[1]
(30)	trente	(299)	deux cent quatre-vingt-dix-neuf
(31)	trente et un	(300)	trois cents
(32)	trente-deux		

(1.000)	mille
(1.001)	mille un
(1.100)	mille cent
(1.793)	mille sept cent quatre-vingt-treize
	dix-sept cent quatre-vingt-treize
(1.800)	mille huit cents, dix-huit cents
(2.000)	deux mille
(1.000.000)	un million

---

1. While multiples of **cent** normally add **s** in the plural, this **s** is omitted when **cent** is followed by another numeral and in dates.

SOIXANTE ET ONZE

(b) Pronunciation

le huit; le onze: Note that the usual rules for contraction and liaison do not apply for these numbers.

In numbers from twenty to thirty, the final **-t-** is pronounced **(vingt et un, vingt-deux),** whereas it is not pronounced in numbers from eighty to ninety **(quatre-vingt /-un).**   Note however: **quatre-vingts_ans.**

(c) Round Numbers

When the number expressed is an approximate number (*about ten, about twenty*), the cardinal number becomes the stem to which **-aine** is added:

une **dizaine** de journaux	*about ten newspapers*
une **trentaine** de personnes	*about thirty people*
une **centaine** de livres	*about a hundred books*

(d) Ordinal Numbers

(1st)	**premier, première**	(11th)	**onzième**
(2nd)	**deuxième**	(12th)	**douzième**
(3rd)	**troisième**	(19th)	**dix-neuvième**
(4th)	**quatrième**	(20th)	**vingtième**
(5th)	**cinquième**	(21st)	**vingt et unième**
(6th)	**sixième**	(22nd)	**vingt-deuxième**
(7th)	**septième**	(30th)	**trentième**
(8th)	**huitième**	(40th)	**quarantième**
(9th)	**neuvième**	(50th)	**cinquantième**
(10th)	**dixième**	(100th)	**centième**

Napoléon Ier	**Napoléon premier**	*Napoleon the first*
Henri II	**Henri deux**	*Henry the second*
Louis XIV	**Louis quatorze**	*Louis the 14th*

NOTE: French uses cardinal numbers to indicate numerical titles of rulers. An exception is **premier** (*first*).

VOCABULAIRE

argent *m.*	money	**de bonne heure**	early
attention *f.*	care	**ce**	this
bas	low	**conseil** *m.*	advice
en bas	below, down-stairs	**concert** *m.*	concert
		curiosité *f.*	curiosity

date *f.*	date	prendre	to take
date de naissance	date of birth	se préparer	to get oneself
demi, demie	half		ready
dire	to say	programme *m.*	program
dites!	say!	prudent	careful,
fille *f.*	daughter; girl		cautious
heure *f.*	hour	rendez-vous *m.*	meeting;
quelle heure est-il?	what time is it?		"date"
journal *m.*	newspaper	rentrant	coming back
lire	to read	rentrer	to come back;
je lis	I read,		to come
	am reading		home
il lit	he reads, is	rue *f.*	street
	reading	savoir	to know
marque *m.*	make, brand	soir *m.*	evening
merveilleux, merveilleuse	marvelous	sortir	to go out
métro *m.*	subway	soyez *imperative*	be
naissance *f.*	birth	suédois, suédoise	Swedish
novembre *m.*	November	traversant	crossing
pendant	while	traverser	to cross
pharmacien *m.*	pharmacist		

EXERCICES

A. Verbes de la deuxième conjugaison. *Complétez les phrases suivantes par la forme convenable du verbe au présent.*

MODÈLE: **(servir)   Elle _____ du thé et des gâteaux.**
Elle sert du thé et des gâteaux.

1. (dormir)   Vous _____ encore?
2. (partir)   A quelle heure _____-vous?
3. (dormir)   Il _____ toujours le matin.
4. (sortir)   Tu _____ souvent avec tes amis.
5. (sortir)   Est-ce qu'ils _____ ensemble?
6. (mentir)   Mais est-ce qu'il _____ à ses parents?
7. (choisir)   Que _____-nous comme dessert?
8. (finir)   Il _____ toujours avant de partir.

B. *Exprimez à la forme interrogative (employez l'inversion).**

MODÈLE: **Marie va à sa classe d'anglais.**
Marie va-t-elle à sa classe d'anglais?

1. Charles va directement à l'université.
2. Tu habites en France.
3. Ils n'ont pas le temps.
4. Ma sœur et moi sommes en retard.
5. Un voyage en Europe est très cher.

C.   *Complétez les phrases par un pronom interrogatif.*

1. (*Who*) est cette femme qui parle si fort?
2. De (*whom*) parlez-vous?
3. (*Whom*) vous regardez?
4. (*Whom*) choisit-il?
5. (*Who*) va sortir ce soir?
6. (*What*) regarde-t-elle?
7. (*What*) veux-tu?
8. (*What*) elle sert?
9. (*What*) ne va pas?
10. A (*what*) penses-tu?

D.   *Paul a rendez-vous avec Éliane. Il arrive chez elle mais Éliane n'est pas encore prête. Le père d'Éliane reste au salon avec Paul en attendant et il pose des questions. (Remplacez les tirets par le pronom interrogatif convenable.)*

—Euh, . . . _____ faites-vous ce soir, Paul?

—Nous allons d'abord au concert à la Maison de Culture avec des amis.

—Ah oui? Alors, avec _____ sortez-vous?

—Nous sommes quatre: Marc et Jeanne, son amie, et Éliane et moi-même.

—_____ est-ce, ce Marc?

—C'est un jeune Américain qui fait ses études ici, un garçon assez sérieux.

—Bon! Alors, _____ vous allez faire après le concert?

—Après le concert nous allons rencontrer d'autres amis au café.

—Ah! Euh . . . dites-moi, Paul, _____ allez-vous prendre au café?

—Oh! Un coca-cola, peut-être avec des sandwiches. Entre nous, je n'ai pas beaucoup d'argent ce soir.

—Très bien! Ça ne fait rien, Paul. Oh! Je vois que vous avez une auto. Quelle marque de voiture est-ce?

—C'est une SAAB.

—Une SAAB? _____ c'est?

—C'est une petite voiture suédoise. C'est l'auto de mon frère. Je l'aime beaucoup.

—C'est vrai? (*Puis, très fort*) Éliane, _____ tu fais? Ce pauvre jeune homme t'attend. A _____ penses-tu? Tu es toujours en retard!

E. Écrivez en français.

MODÈLE: **13—treize**

1. 16	5. 48	9. 246
2. 24	6. 65	10. 883
3. 33	7. 57	11. 190
4. 12	8. 79	12. 1789

F. Addition. *Répondez par une phrase complète.**

MODÈLE: **6 + 9?**
        Six et neuf font quinze.

1. 2 + 2?	4. 5 + 8?
2. 11 + 7?	5. 3 + 2?
3. 19 + 8?	6. 4 + 10?

G. La soustraction. *Répondez par une phrase complète.**

MODÈLE: **9 − 6?**
        Neuf moins six égale trois.

1. 12 − 7?	4. 20 − 11?
2. 4 − 1?	5. 21 − 8?
3. 16 − 5?	6. 17 − 9?

H. *Exprimez en français.*

1. the first girl
2. the ninth street
3. the fourteenth chair
4. the seventh place
5. about forty
6. about ten
7. about twenty

LECTURE

Recette — Soupe à l'oignon[1] (deux personnes)

Pelez deux gros oignons. Coupez-les en deux, puis en tranches[2] fines. Allumez[3] le gaz (feu moyen). Posez la casserole dessus.[4] Mettez dans la casserole deux cuillères à soupe[5] de beurre,[6] deux cuillères à soupe d'huile. Quand le
5 beurre grésille,[7] ajoutez les oignons hachés[8] et une cuillère à soupe de farine.[9] Mélangez avec la cuillère en bois.[10] Laissez cuire[11] dix minutes. Ajoutez trois bols d'eau et quatre pincées de sel. Allumez le four (huit).[12] Coupez vingt tranches de pain rassis[13] (baguette).[14] Dans chacun des deux bols mettez trois tranches de pain, une cuillère à soupe de fromage râpé,[15] trois tranches de pain,
10 une cuillère à soupe de fromage râpé, quatre tranches de pain, deux cuillères à soupe de fromage râpé. Versez dans les deux bols sur une passoire[16] le contenu de la casserole.

Mettez les bols au four quinze minutes.

La Cuisine est un jeu d'enfants,
par Michel Oliver. Librairie Plon.

QUESTIONS

1. Comment fait-on la soupe à l'oignon?
2. Combien de temps les bols restent-ils au four?
3. Expliquez à un ami comment préparer la soupe à l'oignon.
4. De quel livre est la recette? Qui en est l'auteur?
5. Avez-vous une recette préférée? Qu'est-ce que c'est?

---

1. **oignon** *onion.* 2. **tranches** *slices.* 3. **allumez** *light.* 4. **dessus** *on it.* 5. **cuillère à soupe** *about one tablespoon.* 6. **beurre** *butter.* 7. **grésille** *is bubbling.* 8. **hachés** *chopped.* 9. **farine** *flour.* 10. **cuillère en bois** *wooden spoon.* 11. **laissez cuire** *allow to cook.* 12. **allumer le four (huit)** *heat the oven (hot) (French ovens indicate temperatures by numbers from one to ten.)* 13. **pain rassis** *day-old bread.* 14. **baguette** *long, narrow, loaf of bread.* 15. **fromage râpé** *grated cheese.* 16. **sur une passoire** *through a colander.*

Rencontre avec la concierge

CONVERSATION

(*Marc descend l'escalier, frappe à la porte de l'appartement de la concierge. La concierge ouvre la porte.*)

Concierge:	Bonjour, monsieur.
Marc:	Bonjour, madame. Avez-vous un téléphone?
Concierge:	Oui, monsieur. Le voici.
Marc:	Il faut que je téléphone à mon ami . . . vous permettez?
Concierge:	Mais, certainement. Préférez-vous que je téléphone à votre place?
Marc:	Merci, j'aime mieux que vous restiez ici pour m'aider!
Concierge:	D'accord. Savez-vous le numéro?
Marc:	Ah, non!
Concierge:	Voici l'annuaire. Vous pouvez le chercher.

(*Marc cherche le numéro.*)

Marc:	Je l'ai!
Concierge:	Alors, il est nécessaire d'abord que vous décrochiez le récepteur.
Marc:	(*décroche*) Oui.
Concierge:	Vous entendez la tonalité?
Marc:	Oui.
Concierge:	Alors, faites le numéro.
Marc:	(*fait le numéro*) Trois cent quarante-deux, soixante-trois, quatre-vingt-dix-neuf (342.63.99).
Concierge:	Il faut parler très fort, cette ligne est mauvaise.
Marc:	Allô? Allô? Je voudrais parler à Monsieur Georges Martin, s'il vous plaît. (*A la concierge*) Il y a du bruit sur la ligne . . . je ne comprends rien!

SOIXANTE-DIX-SEPT

La concierge joue un rôle très important dans la vie des locataires.
(*Roger Coster from Monkmeyer*)

Concierge: Alors, raccrochez. Il faut que nous recommencions!
Marc: Merci, madame, mais je crois qu'il vaut mieux que j'aille le voir. Il
                habite près d'ici et c'est moins compliqué!
Concierge: Comme vous voulez, monsieur.

PATTERN SENTENCES

MODÈLE: Préférez-vous que *je téléphone à votre place?*

Préférez-vous que (qu')	je téléphone à votre place? il téléphone à votre place? je reste ici? nous restions ici?

MODÈLE: J'aime mieux que *vous restiez ici.*

J'aime mieux que (qu')	vous restiez ici. nous restions ici. tu restes ici. elles restent ici.

MODÈLE: *Il faut que* nous recommencions.

Il faut que Il vaut mieux que Il est nécessaire que Préférez-vous que J'aime mieux que	nous recommencions.

GRAMMAIRE

1. Subjunctive (Subjonctif)

INDICATIVE: Il **est** heureux ici.
               He is happy here.
SUBJUNCTIVE: Je suis contente qu'il **soit** heureux ici.
               I'm glad that he's happy here.

INDICATIVE: Il ne **finit** jamais ses devoirs.
               He never finishes his homework.
SUBJUNCTIVE: Je regrette qu'il ne **finisse** jamais ses devoirs.
               I'm sorry that he never finishes his homework.

INDICATIVE: Elle **répond** aux questions du professeur.
               She is answering the teacher's questions.
SUBJUNCTIVE: Il faut qu'elle **réponde** aux questions du professeur.
               It's necessary that she answer the teacher's questions.

The sentences above illustrate two French verb *moods:* the indicative and the subjunctive. The indicative **(est, finit, répond)** expresses objectively a definite fact or state of being: *he is happy, he never finishes, she is answering.* The subjunctive mood, however, is subjective. It expresses an action, an event, or a state of being that is hypothetical, uncertain, doubtful, desirable, possible, or emotional. It is concerned with an attitude or response to the action expressed: *I am glad that, I am sorry that, it's necessary that.*

The subjunctive is normally used in a dependent clause following a main clause that contains these moods.

2. Formation of the Subjunctive (Formation du subjonctif)

The subjunctive has one set of endings in the present tense for all three conjugations, as well as for almost all irregular verbs; **être** and **avoir** are the only exceptions. The endings for present subjunctive verbs are **-e, -es, -e, -ions, -iez, -ent.** In all regular (and most irregular) verbs, these endings are attached to a stem derived from the *third person plural* of the indicative. Drop the **-ent** ending and add the subjunctive ending to this stem.

ils **donn**/   ils **finiss**/   ils **répond**/

Note that **-ir** verbs, such as **finir,** will retain **-iss** as part of the stem throughout the present subjunctive.

donner	finir	répondre
que je **donne**	que je **finisse**	que je **réponde**
que tu **donnes**	que tu **finisses**	que tu **répondes**
qu'il **donne**	qu'il **finisse**	qu'il **réponde**
que nous **donnions**	que nous **finissions**	que nous **répondions**
que vous **donniez**	que vous **finissiez**	que vous **répondiez**
qu'ils **donnent**	qu'ils **finissent**	qu'ils **répondent**

être	avoir
que je **sois**	que j'**aie**
que tu **sois**	que tu **aies**
qu'il **soit**	qu'il **ait**
que nous **soyons**	que nous **ayons**
que vous **soyez**	que vous **ayez**
qu'ils **soient**	qu'ils **aient**

3. Use of the Subjunctive (Emploi du subjonctif)

(a)   We pointed out that the subjunctive is generally used to express an action or state of being in a *dependent* clause, usually following **que**.

Je doute **qu'il soit heureux.**   *I doubt that he is happy.*
Penses-tu **qu'il comprenne?**   *Do you think (that) he understands?*

(b)   The subjunctive is used in a dependent clause only when the subject of the clause is different from the subject of the main clause.

Il préfère que **nous restions** ici.   *He prefers that we remain here.*
Je regrette qu'**elle soit** en retard.   *I'm sorry (that) she is late.*

If the subjects are the same, an infinitive is used in place of the dependent clause.

Il préfère rester ici.   *He prefers to remain here.*
Je regrette d'être en retard.   *I'm sorry to be late.*

(c)   In some instances the choice between subjunctive and indicative is difficult. The mood chosen usually depends on the degree of objectivity or certainty implied.

INDICATIVE: Je suis sûr qu'il **comprend** bien le professeur.
I am sure (that) he understands the teacher well.

SUBJUNCTIVE: Je ne suis pas sûr qu'il **comprenne** bien le professeur.
I'm not sure (that) he understands the teacher well.

Often these expressions in the main clause imply certainty in the affirmative and doubt or uncertainty in the negative or interrogative.

4. Specific Expressions Usually Followed by the Subjunctive (Expressions suivies par le subjonctif)

(a) Expressions of wishing

Je désire que tu sois heureux.   *I want you to be happy.*
Il veut que tu quittes Paris.   *He wants you to leave Paris.*

Note that **que** (*that*) is often omitted from the English sentence, even though it is always present in the French.   English often uses an infinitive (*to leave*), while French requires a subjunctive clause, literally "*He wishes that you leave Paris.*"

(b) Expressions of doubt or uncertainty

Je doute qu'il parle français.
I doubt that he speaks French.

Pensez-vous qu'elle soit heureuse?
Do you think she's happy?

Il cherche un appartement qui soit élégant mais pas très cher.
He's looking for an apartment which is elegant but not very expensive.
(Such an apartment may or may not exist.)

(c) Impersonal expressions which suggest an attitude or opinion about the action in the dependent clause

Il est bon que . . .	*It is good that*
Il est douteux que . . .	*It is doubtful that*
Il est étonnant que . . .	*It is surprising that*
Il est important que . . .	*It is important that*
Il est impossible que . . .	*It is impossible that*
Il est juste que . . .	*It is right that*
Il est nécessaire que . . .	*It is necessary that*
Il est possible que . . .	*It is possible that*
Il est peu probable que . . .	*It is unlikely that*
Il est rare que . . .	*It is rare that*
Il est temps que . . .	*It is time that*
Il faut que . . .	*It is necessary that, you must*
Il semble que . . .	*It seems that*

Il vaut mieux que . . .	*It is better that*
Il est souhaitable que . . .	*It is desirable that*
Il est naturel que . . .	*It is natural that*

(d) Expressions of emotion

Je regrette que . . .	*I regret that*
Je suis content que . . .	*I am glad that*
Je suis triste que . . .	*I am sad that*
Je m'étonne que . . .	*I am surprised that*
Il est dommage que . . .	*It is too bad that*
Je suis fâché que . . .	*I am angry that*
Je suis ravi que . . .	*I am delighted that*

(e) Subordinate conjunctions which suggest purpose, condition, or limitation

afin que . . .	*in order that*
pour que . . .	*in order that*
bien que . . .	*although*
quoique . . .	*although*
pourvu que . . .	*provided that*
à condition que . . .	*on condition that*
sans que . . .	*without*
avant que . . . ne[1]	*before*
jusqu'à ce que . . .	*until*
de peur que . . . ne . . .[1]	*for fear that*
de crainte que . . . ne . . .[1]	*for fear that*
à moins que . . . ne . . .[1]	*unless*

VOCABULAIRE

aider	to help	annuaire *m.*	telephone book
âllo	expression used only	bruit *m.*	noise
	when making contact	certainement	certainly
	by telephone	comme	as; like

---

1. The **ne** in these expressions is no longer considered essential in modern French, but it is still found in literature and in some conversation.

Il va partir demain **de peur que** ses amis **ne soient** inquiets.
He is going to leave tomorrow lest his friends be worried.

Je vais le faire vendredi **à moins que** Maurice **ne le fasse.**
I'm going to do it Friday unless Maurice does it.

compliqué	complicated	ouvrir	to open
comprendre	to understand	porte *f.*	door
croire	to think; to believe	pouvoir	to be able
je crois	I think	vous pouvez	you can
d'abord	first of all	préférer	to prefer
d'accord	OK	raccrocher	to hang up
décrocher	to take down; to unhook	récepteur *m.*	receiver
descendre	to descend	recommencer	to begin again
entendre	to hear	rencontre *m.*	encounter
escalier *m.*	stairway	rester	to remain
fort	loudly; strong	sur	on
frapper	to knock	téléphone *m.*	telephone
ligne *f.*	line	téléphoner	to telephone
mieux	better	tonalité *f.*	dial tone
moins	less	voici	here is
nécessaire	necessary	voudrais	would like
numéro *m.*	number		

EXERCICES

A. *Donnez l'équivalent au présent du subjonctif.**

MODÈLE: **nous donnons**
que nous donnions

1. nous commandons
2. tu es
3. vous avez
4. il demeure
5. elles restent
6. j'ai
7. nous sommes
8. vous finissez
9. il répond
10. elle choisit
11. je vais
12. nous allons
13. il veut
14. je sors
15. je vends

B. *In each of the sentences below, first identify the dependent clause and then the subject and verb of that clause.*

MODÈLE: **Il préfère que tu sois présent.**
(que tu sois présent).

1. J'aime mieux que vous restiez ici à côté de moi.
2. Pensez-vous qu'il arrive aujourd'hui?

3. Elle n'est pas sûre que vous soyez encore à l'université.
4. Il est nécessaire que nous parlions français en classe.

C. *Complétez les phrases suivantes par le subjonctif du verbe.*

MODÈLE: **(finir)   Il est nécessaire que tu _____ la leçon.**
Il est nécessaire que tu finisses la leçon.

1. (finir)   Il faut que je _____ l'histoire.
2. (quitter)   Charles ne désire pas que nous _____ Paris sans le voir.
3. (avoir)   Il regrette que tu n'en _____ pas.
4. (téléphoner)   Je préfère que vous me _____ à la maison.
5. (être)   Nous ne passons pas beaucoup de temps à l'université, bien que nous _____ étudiants.
6. (parler)   Je ne suis pas sûr qu'il _____ français.
7. (aimer)   Penses-tu qu'André m'_____?
8. (être)   Pierre téléphone à Michel afin qu'il _____ présent à la cérémonie.

D. *Répondez aux questions suivantes à la forme affirmative.**

MODÈLES: **Voulez-vous que je sorte à huit heures?**
Oui, je veux que vous sortiez à huit heures.

Faut-il sortir à huit heures?
Oui, il faut sortir à huit heures.

1. Faut-il que je téléphone à Marie?
2. Faut-il téléphoner à Marie?
3. Préférez-vous que nous allions en auto?
4. Préférez-vous aller en auto?
5. Est-il nécessaire que nous partions aujourd'hui?
6. Est-il nécessaire de partir aujourd'hui?

E. Subjonctif ou infinitif? *Complétez les phrases suivantes par la forme convenable.*

MODÈLES: **(partir)   Il faut que nous _____ tout de suite.**
Il faut que nous partions tout de suite.

(partir)   Il faut _____ tout de suite.
Il faut partir tout de suite.

1. (servir)   Faut-il _____ une tasse de café?

QUATRE-VINGT-CINQ

2. (servir)   Faut-il que je _____ une tasse de café?
3. (inviter)   Je suis heureuse qu'André m'_____ à sortir.
4. (sortir)   Je suis heureuse de _____ avec André.
5. (aimer)   Il est possible d'_____ la France autant que son pays.
6. (aimer)   Est-il possible que tu _____ la France autant que ton propre pays?

F.   *Remplacez l'infinitif par le subjonctif.*

Paul n'est pas heureux aujourd'hui. Il a beaucoup de problèmes. D'abord, il veut que ses parents (être) plus riches parce qu'il n'a pas d'argent. Il regrette aussi que ses amis (avoir) une belle nouvelle auto et qu'il n'en (avoir) pas une. Il désire que les jeunes filles l'(aimer) et qu'elles (sortir) avec lui aussi bien qu'avec ses amis. Et puis, bien qu'il (avoir) un appartement assez confortable, il en cherche un autre qui (être) plus joli, plus près de l'université et plus raisonnable. Il est nécessaire qu'il (étudier) un peu plus parce que ses notes sont assez mauvaises. Et avant qu'il (commencer) à étudier, il faut qu'il (se sentir) mieux parce qu'aujourd'hui il a mal à la tête. Pauvre Paul!

G.   *Exprimez en français.*

MODÈLE: **I want him to leave.**
        Je veux qu'il parte.

1. I prefer that you speak French.
2. Is it necessary that I choose?
3. I'm sorry to be late.

LECTURE

La concierge

Madame Truffaut, la concierge de l'immeuble où demeure Marc Gibson, joue un rôle[1] très important dans la vie des locataires.[2] Elle habite un petit appartement au rez-de-chaussée,[3] et tous les gens qui entrent dans la maison ou qui
5 quittent la maison passent devant sa porte.

---

1. **joue un rôle** *plays a role.* 2. **locataires** *tenants, renters.* 3. **rez-de-chaussée** *ground floor.*

De sa porte, elle observe tout.   Si Marc rentre après minuit, il faut qu'il sonne, et c'est Madame Truffaut qui ouvre la porte.   Si Marc désire que ses amis viennent à son appartement, c'est la concierge qui donne à ses amis le numéro de l'appartement.   Si Marc quitte la maison avant que le facteur soit là, Madame Truffaut lui donne ses lettres à son retour.   Elle est responsable de toute la vie de   10 l'immeuble, et elle aime bien sa position.

Bien que les locataires n'aiment pas qu'elle surveille leur vie privée de cette façon, ils la respectent.   Avec son chat[4] et son poste de télévision, elle est maîtresse de son monde.[5]

QUESTIONS

1. Qui est Madame Truffaut?
2. Où demeure-t-elle?
3. D'où observe-t-elle les gens qui entrent dans la maison?
4. Comment Marc entre-t-il dans la maison après minuit?
5. Qu'est-ce qu'un facteur?
6. Qui donne ses lettres à Marc?
7. Si les amis de Marc viennent à son appartement, qu'est-ce qui est nécessaire?
8. Qu'est-ce que les locataires n'aiment pas?
9. Qu'est-ce que c'est qu'une concierge?
10. Qu'est-ce qu'un locataire?
11. Qu'est-ce qu'un immeuble?

---

4. **chat**   *cat*.   5. **maîtresse de son monde**   *mistress of her world*.

A la préfecture de police (*J. Gerard Smith from Monkmeyer*)

A la préfecture de police

CONVERSATION

(*Scène: la préfecture de police. Marc veut obtenir une carte d'identité.*)

Employé: Asseyez-vous, monsieur. Remplissez ce formulaire.

Marc: Pardon, monsieur, mais je ne le comprends pas. Expliquez-le-moi, s'il vous plaît.

Employé: Eh bien, écrivez votre nom . . . et maintenant écrivez votre adresse à Paris.

Marc: Sur cette ligne-ci?

Employé: Non! Non! Ne la mettez pas là! Écrivez-la ici.

Marc: Voilà.

Employé: Mettez votre numéro de passeport.

Marc: Mais, je ne le sais pas, monsieur.

Employé: Alors, regardez votre passeport!

Marc: Mais, je ne l'ai pas sur moi, monsieur.

Employé: Pour obtenir une carte d'identité il faut que vous le présentiez. Retournez chez vous et cherchez-le.

Marc: Mais, il est tard!

Employé: Vous pouvez revenir demain pour finir.

Marc: (*avec un gros soupir*) Oui, monsieur.

PATTERN SENTENCES

MODÈLE: Je ne le *comprends pas.*

| Je ne le | comprends pas.
veux pas.
regarde pas.
finis pas.
vois pas.
sais pas. |

MODÈLE: *Expliquez*-le-moi.

| Expliquez-
Dites-
Écrivez-
Cherchez-
Donnez- | le-moi. |

MODÈLE: Ne le *mettez pas là*.

| Ne le | mettez pas là.
cherchez pas là.
posez pas là.
faites pas.
commandez pas. |

GRAMMAIRE

1. The Imperative (Impératif)

Giving commands in French is much like giving commands in English. The imperative (or command) form is generally the second-person (**tu** or **vous**) form of the verb, without subject. Just as in English, the pronoun subject *you* is understood, not stated.

Expliquez-le-moi.	*Explain it to me.*
Écrivez votre nom.	*Write your name.*
Marie, **finis** ta leçon.	*Mary, finish your lesson.*
Mademoiselle, **finissez** votre dîner.	*Finish your dinner, Miss.*

Paul, **réponds** au professeur.   *Paul, answer the teacher.*

Note that with verbs of the first conjugation (**-er**) the **-s** ending of the familiar form is dropped.

Julie, **donne** ton livre à Charles.   *Julie, give Charles your book.*
Marc, **parle** plus lentement.   *Marc, speak more slowly.*

The "let us" form of the imperative in English ("Let's visit the museum.") is expressed in French by the first-person plural form of the verb.

Visitons le musée.   *Let's visit the museum.*
Ne **parlons** pas à Marie.   *Let's not speak to Mary.*

(a)   Negative Commands

As with other verb forms, commands are made negative by placing **ne** in front of the verb and **pas** (or other negative forms) after the verb.

N'ouvre pas la porte.   *Don't open the door.*
Ne parlons plus.   *Let's not talk any more.*

(b)   **être, avoir, savoir, vouloir**

Although the imperative of irregular verbs is formed like that of regular verbs, there are four exceptions: **être, avoir, savoir** (*to know*), and **vouloir** (*to wish*).   **Être, avoir,** and **savoir** derive their imperative forms from the present subjunctive: **vouloir** (used very seldom and then primarily in set formal expressions in letters) takes its imperative from an old irregular form of the verb.

Ayez pitié.   *Have pity.*
Sache que je t'aime bien.   *Know that I like you very much.*
Ne **soyez** pas si triste.   *Don't be so sad.*
Veuillez agréer l'assurance de mes   *Yours truly.*
   sentiments distingués.

2.   Indirect Object Pronouns (Pronoms personnels, compléments indirects)

(a)   Function

Just as the direct object answers the question *whom?* or *what?*, the indirect object tells *to whom* or *for whom* something is intended.

DIR. OBJ. INDIR. OBJ.

Robert prête **son auto à Michel.**
Robert is lending his car to Michael.

DIR. OBJ. INDIR. OBJ.

Elle montre **le menu aux clients.**
She is showing the menu to the customers.

(b) Nouns as Indirect Objects

When the indirect object is a proper noun, that noun is directly preceded by the preposition **à.**

Hélène parle **à Claudine** et **à Maude.**
Helen is speaking to Claudine and Maude.

Il l'écrit **à Marie,** n'est-ce pas?
He's writing it to Mary, isn't he?

If the indirect object is a common noun, an article or adjective will generally precede the noun.

Il parle **au professeur.**   *He's speaking to the teacher.*
Elle l'explique **à son frère.**   *She is explaining it to her brother.*

(c) Pronouns as Indirect Objects

Indirect object pronouns resemble direct object pronouns in most forms and assume similar positions in the sentence.

1. Indirect object pronouns

SINGULAR		PLURAL	
me, m' (moi)	*(to) me*	**nous**	*(to) us*
te, t' (toi)	*(to) you*	**vous**	*(to) you*
lui (m. and f.)	*(to) him, her, it*	**leur**	*(to) them*

Elle **me** parle en français. *She speaks to me in French.*
Il **vous** explique la leçon. *He is explaining the lesson to you.*

3. Object Pronouns — Position (Position des pronoms compléments)

(a) The normal position of object pronouns is directly before the verb.

Il **vous l'**explique.	*He is explaining it to you.*
Tu ne **me l'**écris pas.	*You're not writing it to me.*
Le lui donne-t-il?	*Is he giving it to her?*
Ne **me la** montrez pas.	*Don't show it to me.*

(b) In affirmative commands, however, the object pronouns follow the verb and are attached to it by hyphens.

Expliquez-**le-moi.**	*Explain it to me.*
Donnez-**la-lui.**	*Give it to him.*
Écrivons-**lui.**	*Let's write to her.*
Assieds-**toi.**	*Sit down.*

Note that when an affirmative command ends in **me** or **te,** the more forceful **moi** or **toi** is substituted for emphasis.

(c) Order of Pronouns

1. In sentences in which the verb has both a direct and an indirect object, the indirect object normally precedes the direct object.

Elle **me le** donne.	*She is giving it to me.*
Louise **nous la** montre.	*Louise is showing it to us.*
Ne **vous les** explique-t-il pas?	*Doesn't he explain them to you?*
Ne **me le** dites pas!	*Don't tell it to me!*

Lui and **leur,** however, are exceptions: they follow the direct object.

Elle **le lui** donne.	*She gives it to him.*
Ne **les leur** explique-t-il pas?	*Doesn't he explain them to them?*

2. In affirmative commands, the normal word order is: VERB — DIRECT OBJECT — INDIRECT OBJECT.

Donnez-**les-moi.**	*Give them to me.*
Expliquez-**le-leur.**	*Explain it to them.*

3. **En** and **y** always follow other pronouns.

Montrez-**m'en.**	*Show me some.*
Il **y en** a quatre.	*There are four of them.*
Nous ne **leur en** donnons pas.	*We aren't giving any to them.*

QUATRE-VINGT-TREIZE

4. Normal position

me											
te		le		lui							
se	before	la	before		before	y	before	en	VERB
nous		les		leur							
vous											

5. Position in affirmative commands

			moi (m')						
			toi (t')						
	le		lui						
VERB	la	before	nous	before	y	before	en	
	les		vous						
			leur						

6. Learn this easy rule of thumb applying to all object pronouns except **y** and **en**:

When one of the object pronouns (whether direct or indirect) begins with **l-,** that pronoun is closest to the verb;

When both pronouns begin with **l-,** arrange them in alphabetical order.

4. Dates — Time — Seasons (Dates — Heure — Saisons)

(a) Dates

1. Days of the week

lundi	*Monday*	**vendredi**	*Friday*
mardi	*Tuesday*	**samedi**	*Saturday*
mercredi	*Wednesday*	**dimanche**	*Sunday*
jeudi	*Thursday*		

2. Months of the year

janvier	*January*	**avril**	*April*
février	*February*	**mai**	*May*
mars	*March*	**juin**	*June*

juillet	*July*	**octobre**	*October*
août	*August*	**novembre**	*November*
septembre	*September*	**décembre**	*December*

Quelle est la date aujourd'hui?

—C'est aujourd'hui lundi, le vingt-trois mai.
—C'est aujourd'hui samedi, le premier avril.
—C'est aujourd'hui mercredi, le quinze septembre.
—C'est aujourd'hui jeudi, le trente et un août.

Quelle est la date du commencement de la Révolution française?

—La date est le quatorze juillet, dix-sept cent quatre-vingt-neuf (mille sept cent quatre-vingt-neuf).

(b) Time

Il est midi.
Il est douze heures.
Il est minuit.
Il est vingt-quatre heures.

Il est une heure.
Il est treize heures.

Il est deux heures cinq.
Il est quatorze heures cinq.

Il est quatre heures
et demie.
Il est seize heures trente.

Il est sept heures
et quart.
Il est dix-neuf heures
quinze.

Il est huit heures
moins le quart.
Il est dix-neuf heures
quarante-cinq.

QUATRE-VINGT-QUINZE

Quelle heure est-il?

—Il est six heures.	*It's six o'clock.*
—Il est midi.	*It's noon.*
—Il est minuit.	*It's midnight.*
—Il est trois heures cinq.	*It's five minutes after three.*
—Il est cinq heures vingt.	*It's twenty minutes after five.*
—Il est neuf heures et demie.	*It's nine thirty.*
—Il est midi et demi.	*It's twelve thirty.*
—Il est six heures et quart.	*It's quarter after six.*
—Il est onze heures moins le quart.	*It's quarter to eleven.*
—Il est huit heures moins vingt.	*It's twenty minutes to eight.*
—Il est dix heures du matin.	*It's ten a.m.*
—Il est dix heures du soir.	*It's ten p.m.*
—Il est quatre heures de l'après-midi.	*It's four o'clock in the afternoon.*

(c) Seasons

Quelles sont les saisons de l'année?

—Les saisons de l'année sont: **le printemps** (*spring*), **l'été** (*summer*), **l'automne** (*autumn*), **l'hiver** (*winter*).

VOCABULAIRE

adresse *f.*	address	**obtenir**	to obtain
carte d'identité *f.*	identity card	**police** *f.*	police
demain	tomorrow	**pour**	for; in order to
expliquer	to explain	**préfecture** *f.*	police headquarters
formulaire *m.*	official application blank	**remplir**	to fill out
		retourner	to return (to a place)
gros, grosse	big	**revenir**	to come back
indiquer	to indicate	**soupir** *m.*	sigh
mettre	to put	**tard**	late
nom *m.*	name		

EXERCICES

A. *Donnez les trois formes de l'impératif.**

MODÈLE: **causer**

cause, causons, causez

1. choisir	5. prêter	9. étudier
2. entendre	6. remplir	10. être
3. passer	7. finir	11. avoir
4. commander	8. obéir	12. savoir

B. *Complétez les phrases par la forme impérative du verbe.*

MODÈLE: **(étudier)** _____ **votre leçon.**
Étudiez votre leçon.

1. (choisir) _____ le vin que vous préférez.
2. (finir) _____ tous les problèmes.
3. (prêter) _____-moi votre cravate bleue.
4. (être) _____ plus juste!
5. (écouter) _____ le guide.

C. *Répétez les phrases suivantes en remplaçant le complément par un pronom.**

MODÈLE: **Montrez la carte.**
Montrez-la.

1. Regardez ma lettre.   4. Choisissez un texte.
2. Commandez le dîner.   5. Oubliez Paul.
3. Apportez une chaise.

D. *Mettez les phrases suivantes à la forme négative.**

MODÈLE: **Préparez-le.**
Ne le préparez pas.

1. Regarde-moi.   4. Oubliez-nous.
2. Remplissez-la.   5. Choisissez-en.
3. Apportez-les.

E. *Dans les phrases suivantes, remplacez les compléments par des pronoms.*

MODÈLE: **Ne regardez pas son livre.**
Ne le regardez pas.

QUATRE-VINGT-DIX-SEPT

1. Ne préparez pas votre leçon.
2. Ne mangez pas la soupe.
3. Ne finissez pas les exercices.
4. Ne regardez pas ces photos.
5. Ne commandez pas de vin.

F. Compléments indirects. *Répondez aux questions suivantes en remplaçant le complément indirect par un pronom.**

MODÈLE: **Parles-tu à Charles?**
Oui, je lui parle.

1. Parles-tu à Colette?
2. Parles-tu à tes parents?
3. Parles-tu à Hélène et à moi?
4. Prêtez-vous ces habits à vos amis?
5. Donne-t-il ton roman à Marie?
6. Apportons-nous ce dessert à maman?

G. *Répondez aux questions suivantes en remplaçant les compléments par des pronoms.**

MODÈLES: **Prêtez-vous votre auto à René?**
Oui, je la lui prête.

Prêtez-vous des livres à René?
Oui, je lui en prête.

1. Vous donne-t-il des bonbons?
2. Leur montre-t-il des journaux?
3. Vous indique-t-il la salle de classe?
4. Prêtez-vous de l'argent à Robert?
5. Montres-tu ta lettre à Claudine?
6. Répétez-vous les questions aux élèves?
7. Apportes-tu ces cartes aux élèves?
8. Pose-t-il des questions à la classe?

H. *Exprimez en français ces dates.*

MODÈLE: **June 4, 1950**
le quatre juin, dix-neuf cent cinquante

1. October 12, 1492

2. July 14, 1789
3. December 25, 800
4. January 1, 1975
5. September 13, 1066

I. Quelle heure est-il?

MODÈLE: **2 :20**
> **Il est deux heures vingt.**

1. 3 :04   4. 12 :08
2. 11 :15   5. 8 :45
3. 6 :35   6. 1 :30

J. Composition dirigée. *Exprimez en français.*

Seasons of the Year

There are four seasons in the year: spring, summer, fall, and winter.   There are twelve months in the year.   December, January, and February are the winter months.   March, April, and May are the months of spring.   June, July, and August are the summer months, and September, October, and November are the months of autumn.

LECTURE

Lettre à un ami américain

Paris, le 14 octobre

Mon cher Doug,

Excuse-moi d'être si lent à t'écrire.   La vie ici est très gaie et les cours que je suis sont très intéressants.   Je suis bien logé dans un petit appartement et j'ai 5 déjà quelques amis sympathiques.

Aujourd'hui je vais à la préfecture de police.   Il faut que j'y aille[1] pour obtenir ma carte d'identité.   Il faut que chaque étranger en ait une.   La concierge

---

1. **aille**   *go.*

dit qu'il est nécessaire de répondre à plusieurs questions.   Par exemple, on va me
10 demander mon adresse ici à Paris et aussi aux États-Unis.   Il faut aussi que je
sache quelque chose sur mes parents.   Il est très possible même qu'on me demande
le lieu de naissance[2] de mon père et de ma mère et le nom de jeune fille[3] de ma
mère!   Que de complications!

    Écris-moi bientôt et raconte-moi tout ce que tu fais ces jours-ci.   Donne-moi
15 des nouvelles de ta famille et surtout de ta sœur.   Dis-lui «bonjour» de ma part.
Je vais t'écrire encore la semaine prochaine.

Meilleures amitiés
Marc

QUESTIONS

1. Comment Marc trouve-t-il la vie à Paris?
2. Pourquoi va-t-il à la préfecture?
3. Que faut-il qu'il sache?
4. Que désire-t-il de son ami?
5. Avez-vous une carte d'identité?
6. Aimez-vous écrire des lettres?

---

2. le lieu de naissance   *birthplace*.   **3. le nom de jeune fille**   *maiden name*.

Carte d'identité perdue

CONVERSATION

Marc: Dites donc Georges! Avez-vous vu ma carte d'identité?

Georges: Comment! Vous l'avez déjà perdue?

Marc: Je l'avais dans ma poche ce matin quand je suis sorti pour aller à ma classe.

Georges: Et après?

Marc: Après la classe j'ai passé quelques moments devant les bouquinistes où j'ai acheté un vieux bouquin pour mon père.

Georges: Où êtes-vous allé ensuite?

Marc: Voyons . . . Ensuite je suis allé au café. J'ai bu un café noir et j'ai mangé deux croissants.

Georges: Et vous m'avez téléphoné . . .

Marc: C'est ça. Je suis retourné à la maison vers dix heures. Je suis entré, j'ai rangé mes livres, et puis vous êtes arrivé.

Georges: Avez-vous bien cherché dans votre portefeuille?

Marc: Oui, oui, partout!

Georges: Mais Marc . . . quel est ce morceau de papier sous la table?

Marc: Ah! Quelle chance! Merci mille fois, mon ami! Vous avez trouvé ma carte d'identité!

J'ai passé quelques moments devant les bouquinistes. (*French Embassy Press & Information Division*)

PATTERN SENTENCES

MODÈLE: Avez-vous vu *ma carte d'identité?*

Avez-vous

| vu ma carte d'identité? |
| perdu votre carte? |
| acheté un bouquin? |
| cherché partout? |

MODÈLE: J'ai *perdu ma carte.*

J'ai

| perdu ma carte. |
| bu un café noir. |
| mangé deux croissants. |
| rangé mes livres. |
| trouvé votre carte. |

MODÈLE: Je suis *sorti.*

Je suis

| sorti. |
| allé en classe. |
| retourné à la maison. |
| entré. |
| arrivé. |

MODÈLE: Je l'ai *déjà perdue.*

Je l'ai

| déjà perdue. |
| déjà trouvée. |
| déjà vue. |
| bien cherchée. |
| bien regardée. |

GRAMMAIRE

1. Passé Composé

(a) Although French has several verb tenses expressing actions which occurred sometime in the past, the **passé composé** is the most frequently used. Actions such as "I ate two croissants," "I bought an old book" are expressed in French by the **passé composé** because they are *single actions completed in the past.* Actions such as "It rained " are also expressed by the **passé composé** when a definite completion of the action ("It rained until noon") is indicated. The **passé composé** is equivalent to any of the following three English expressions of past tense:

J'ai traversé l'océan Atlantique.
I crossed the Atlantic Ocean.
I have crossed the Atlantic Ocean.
I did cross the Atlantic Ocean.

(b) Formation

As the name suggests, this tense expresses actions or conditions of the past **(passé)**. **Composé** refers to the form: It is not (as the present tense is) a "simple" tense consisting of one word; rather, it is made up of two parts, an auxiliary verb and a past participle.

Il **a trouvé** son cahier.   *He found his notebook.*
Elles **ont fini** la classe.   *They finished the class.*

(c) Auxiliary Verb

The auxiliary verb most often used in the **passé composé** is the present tense of **avoir.**

J'ai traversé la rue.   *I crossed the street.*
Il **a choisi.**   *He has chosen.*
Nous **avons répondu.**   *We answered.*

In a negative or interrogative sentence, the *auxiliary* is inverted or negated.

A-t-il traversé la rue?   *Did he cross the street?*
Il **n'a pas** traversé la rue. *He didn't cross the street.*

(d) The Past Participle

The past participle has a dual function in French, as in English. It may be used as a verbal accompanied by an auxiliary, or it may serve as an adjective. As an adjective, it agrees both in gender and number with the noun it describes.

Il **a parlé** français avec le monsieur.
He spoke French with the man.

As a verbal, the past participle, **parlé,** is accompanied by an auxiliary, **a.**

Le français est la langue **parlée** en classe.
French is the language spoken in class.

As an adjective, **parlée** agrees with **langue** in gender and number.

To form the past participle of any regular verb, drop the ending of the infinitive **(-er, -ir, -re)** and add the participle ending: **-é, -i, -u.**

travers/er	**traversé**	*crossed*
chois/ir	**choisi**	*chosen*
répond/re	**répondu**	*answered*

(e) **être** and **avoir**—Past Participles

Irregular verbs, such as **être** and **avoir,** have irregular past participles which must be memorized. (The past participles of all irregular verbs are given in the list of irregular verbs in the appendix.)

Past participle of **être—été**
Past participle of **avoir—eu** (pronounced [y]).

2. Irregular Verb pouvoir (Verbe irrégulier pouvoir)

PRESENT TENSE:

je **peux**	*I can, I am able*
tu **peux**	*you can, you are able*
il **peut**	*he can, he is able*
nous **pouvons**	*we can, we are able*
vous **pouvez**	*you can, you are able*
ils **peuvent**	*they can, they are able*

In questions, or in sentences in which the subject and verb are inverted, **puis-je** is used for the first person singular. **Puis-je** vous accompagner? *May I go with you?*

PASSÉ COMPOSÉ: j'**ai pu**
PRESENT SUBJUNCTIVE: que je **puisse**

VOCABULAIRE

accompagner	to accompany	**morceau** *m.*	scrap, morsel
arriver	to arrive	**papier** *m.*	paper
bouquin *m.*	old book of doubtful value	**passer**	to spend time; to pass by
		perdu, perdue	lost
bouquiniste *m.*	second-hand book dealer	**père** *m.*	father
chance *f.*	luck	**poche** *f.*	pocket
classe *f.*	class	**portefeuille** *m.*	wallet
comment	what; how	**puis**	then
croissant *m.*	traditional crescent-shaped breakfast roll	**quand**	when
		ranger	to put away; to put in order
déjà	already		
devant	in front of	**sous**	under
dites donc	say!	**tout de suite**	right away
ensuite	then, following	**trouver**	to find
matin *m.*	morning	**vers**	toward
moment *m.*	moment		

EXERCICES

A. *Donnez le participe passé des verbes suivants.**

MODÈLE: **causer—causé**

1. donner
2. habiter
3. choisir
4. être
5. pouvoir

6. remplir
7. répondre
8. avoir
9. entendre
10. finir

B. *Employez le participe passé comme adjectif. Attention à l'accord.*

>   MODÈLE: **(inviter)   les femmes _____**
>   **les femmes invitées**

>   1. (visiter)   la cathédrale _____
>   2. (choisir)   les jeunes filles _____
>   3. (finir)   les leçons _____
>   4. (entendre)   la musique _____
>   5. (vendre)   les livres _____

C. *Dans les phrases suivantes, remplacez les mots en italiques par le participe passé convenable.*

>   MODÈLE: **Aimez-vous le roman que vous avez acheté hier?**
>   **Aimez-vous le roman acheté hier?**

>   1. Aimez-vous le veston *qu'il a acheté* hier?
>   2. Écoutez-vous le disque *qu'il vous a joué* hier?
>   3. Finissez-vous l'exercice *que le professeur a demandé* hier?
>   4. Regardez-vous le film *qu'ils ont recommandé?*
>   5. Mangez-vous le dessert *que nous avons commandé?*
>   6. Choisissez-vous le fromage *que nous avons préféré* hier soir?

D. *Complétez les phrases suivantes par la forme convenable de l'auxiliaire.*

>   MODÈLE: **Il _____ choisi la petite.**
>   **Il a choisi la petite.**

>   1. Ils _____ commandé leur dîner.
>   2. Tu n'_____ pas rempli ta valise.
>   3. Charles _____ voyagé en avion.
>   4. _____-vous trouvé beaucoup de théâtres à Paris?
>   5. Nous n'_____ pas été en France cet été.

E. *Exprimez au passé composé.**

>   MODÈLE: **Il répond à ses amis.**
>   **Il a répondu à ses amis.**

1. Je parle à mon cousin.
2. Nous choisissons nos propres amis.
3. Il prête son auto à Gérard.
4. Les enfants quittent la salle de classe.
5. Vous ne commandez pas de viande?
6. Julie répond à mes questions.
7. Donnes-tu le journal à papa?
8. Entend-il les mots du guide?
9. Maurice regarde-t-il la photo?
10. Les garçons écoutent-ils le disque?

F.   *Exprimez en français:*

1. But I did finish the lesson!
2. Have you visited France?
3. She gave the menu to the woman in the corner.

G.   *Répondez aux questions suivantes à la forme affirmative.**

   MODÈLE: **As-tu acheté un journal?**
   Oui, j'ai acheté un journal.

1. As-tu parlé à ton ami?
2. As-tu répondu à la lettre?
3. As-tu choisi les titres?
4. Ont-ils visité le Louvre?
5. A-t-elle trouvé l'adresse?

H.   *Répondez aux questions suivantes à la forme négative.*

   MODÈLE: **As-tu acheté la robe?**
   Non, je n'ai pas acheté la robe.

1. As-tu regardé le journal?
2. As-tu mangé tout le dessert?
3. As-tu préféré le camembert?
4. Ont-elles pu aller?
5. Claudine a-t-elle aimé la voiture?
6. Tes parents ont-ils remarqué le changement?

I. *Révision—les pronoms. Remplacez les compléments par les pronoms convenables.**

    MODELÈS : **Elle apporte ses livres au professeur.**
                Elle les lui apporte.

                Il prête de l'argent à ses amis.
                Il leur en prête.

  1. Il pose les questions à la classe.
  2. Les garçons vous apportent de jolies fleurs.
  3. Tu as beaucoup de patience.
  4. Donnez-moi un bon livre.
  5. Montrez la salle de classe aux élèves.
  6. Ne lui donnez pas votre place.

J. Révision—le subjonctif. *Complétez les phrases suivantes par la forme convenable du subjonctif, de l'indicatif ou de l'infinitif.*

    MODÈLE : **(partir)**   **Voulez-vous que je _____ tout de suite ?**
                    Voulez-vous que je parte tout de suite ?

  1. (choisir)   **Robert préfère que tu _____ la viande.**
  2. (répondre)   **Il est nécessaire que je _____ à sa lettre immédiatement.**
  3. (avoir)   **Il est bon d'_____ beaucoup de courage.**
  4. (aimer)   **Il dit qu'il n'_____ pas voyager en avion.**
  5. (arriver)   **Penses-tu que nous _____ dans deux heures?**
  6. (pouvoir)   **Il dit qu'elle _____ l'accompagner.**
  7. (sortir)   **Faut-il que nous _____ tous ensemble?**
  8. (demander) **Il faut _____ à Chantal le nom que tu cherches.**

LECTURE

Article d'un journal quotidien[1]

    Ce matin vers neuf heures un étudiant américain, un certain monsieur Marc Gibson, demeurant au cinquième arrondissement,[2] a signalé à la police locale le vol de sa nouvelle bicyclette rouge.   D'après ce que dit M. Gibson, il l'avait avec lui ce matin quand il est sorti de son appartement.   Madame Truffaut, la con- 5 cierge de l'immeuble, l'a constaté[3] également; elle a entendu le bruit que faisait M. Gibson en descendant son vélo.

---

1. **journal quotidien** *daily newspaper.* 2. **arrondissement** *city ward.* 3. **a constaté** *verified.*

M. Gibson est allé déjeuner dans un café du quartier[4] et ensuite il est allé en classe, à bicyclette. Il s'est arrêté deux fois en route—une fois pour parler avec
10 un ami, une fois pour acheter un paquet de cigarettes. Arrivant à la Faculté, M. Gibson a rangé[5] sa bicyclette dans le parc à vélos. Il l'a bien attachée avec une chaîne et un cadenas. Ensuite il est entré dans la salle de conférence.[6] Se méfiant[7] des enfants du voisinage, il a pris place près d'une fenêtre ouverte pour mieux surveiller sa machine. Durant l'heure suivante il n'a rien remarqué ni
15 entendu qui sortait de l'ordinaire. En sortant tout de suite[8] après la classe, M. Gibson a découvert la chaîne et le cadenas toujours bien fermés mais la belle bicyclette avait disparu. Enquête probable.[9]

QUESTIONS

1. Dans quelle partie de Paris M. Gibson demeure-t-il?
2. Comment est-il allé en classe?
3. Qu'est-ce qu'il a acheté en route?
4. Où a-t-il rangé sa bicyclette?
5. Qu'est-ce qu'il a remarqué qui sortait de l'ordinaire?
6. En sortant de la classe, qu'est-ce qu'il a découvert?
7. Avez-vous une bicyclette?
8. Avez-vous jamais perdu votre bicyclette? quand? où? comment?
9. Préférez-vous l'auto ou la bicyclette? Pourquoi?

---

4. **café du quartier** *neighborhood café.* 5. **a rangé** *parked.* 6. **salle de conférence** *lecture hall.* 7. **se méfiant** *mistrusting.* 8. **tout de suite** *immediately.* 9. **enquête probable** *investigation probable.*

Rencontre au café

CONVERSATION

(Marc et Georges se dirigent vers le Louvre. Tout à coup Marc entend son nom.)

Marc:	Attends, Georges! Quelqu'un m'appelle de cette terrasse de café.
Georges:	Oh, je doute fort qu'il y ait quelqu'un ici qui te connaisse.
Marc:	Mais, regarde cette belle jeune fille qui me fait signe!
Georges:	Eh bien! Approchons, donc!
Marc:	Bonjour, mademoiselle.
Karen:	Bonjour, Marc. Quelle coïncidence! Vous me reconnaissez?
Marc:	Ah, oui! Vous êtes Karen Bergstrom, et vous êtes venue faire des études de musique . . .
Karen:	C'est ça. Et voici mon amie Solange Fournier.
Marc:	Enchanté. Je vous présente mon ami Georges Martin.
Georges:	Mesdemoiselles!
Marc:	Nous allons au Louvre. Voulez-vous nous accompagner?
Karen:	Merci, Marc, mais j'ai des courses à faire . . .
Solange:	Et moi, j'ai rendez-vous à onze heures à la Cité universitaire.
Georges:	Vous demeurez là-haut?
Solange:	Oui, ce n'est pas mal du tout.
Marc:	Eh bien, au revoir. A bientôt, j'espère.
Karen et Solange:	Au revoir!

Nous allons au Louvre. (*French Embassy Press & Information Division*)

PATTERN SENTENCES

MODÈLE: Vous êtes venue *faire des études.*

Vous êtes venue

faire des études.
louer un appartement.
voir la concierge.
téléphoner à votre ami.
visiter le Louvre.

MODÈLE: Je vous présente *mon ami Georges Martin.*

Je vous présente

mon ami Georges Martin.
mon amie Solange Fournier.
mon frère Jacques.
Monsieur Dupont.

MODÈLE: Nous allons *au Louvre.*

Nous allons

au Louvre.
au cinéma.
en ville.
au café.
à la piscine.

GRAMMAIRE

1. Verbs Conjugated with <u>être</u> (Verbes conjugués avec <u>être</u>)

(a) Although **avoir** serves as auxiliary in the **passé composé** of most verbs, there is a special group of verbs which require **être** as auxiliary, and a few verbs which are conjugated sometimes with **être** and sometimes with **avoir,** depending on the way in which they are used. These verbs are called "intransitive verbs of motion," meaning that they do not normally have a direct object but are simply verbs of motion.

INFINITIVE	PAST PARTICIPLE	
aller	**allé**	*to go*
arriver	**arrivé**	*to arrive*
descendre	**descendu**	*to go down, descend*
devenir	**devenu**	*to become*
entrer	**entré**	*to enter*
monter	**monté**	*to go up, climb*
mourir	**mort**	*to die*
naître	**né**	*to be born*
partir	**parti**	*to leave*
passer	**passé**	*to pass, spend*
rentrer	**rentré**	*to return, go back home*
rester	**resté**	*to remain*
retourner	**retourné**	*to return, go back*
revenir	**revenu**	*to come back*
sortir	**sorti**	*to go out*
tomber	**tombé**	*to fall*
venir	**venu**	*to come*

In addition to the verbs listed above, a few intransitive verbs of motion (**courir** *to run*, **marcher** *to walk* are the most common) follow the regular rules for formation of the **passé composé** with **avoir** as auxiliary, in spite of their intransitive nature.

Il **a marché** vite pour le voir.   *He walked quickly in order to see it.*

(b)   **descendre, monter, passer, sortir**

Occasionally **descendre, monter, passer, sortir** are used with different meanings and acquire a direct object.   They are then no longer intransitive and follow the regular formation pattern for the **passé composé**, with **avoir** as auxiliary.   Compare the examples below.

Il **est sorti** à onze heures.   *He went out at eleven o'clock.*
Il **a sorti sa carte d'identité.**   *He took out his identification card.*

Je **suis** vite **descendu.**   *I came down quickly.*
J'ai descendu ma valise.   *I brought down my suitcase.*
J'ai descendu l'escalier.   *I came down the stairway.*

2.   Agreement of Past Participles (Accord des participes passés)

(a)   When the **passé composé** is made up of **avoir** plus past participle, the past participle is normally invariable—it does not change spelling or form.

There is one exception to this: If the verb is preceded by a *direct object*, the participle is influenced by that direct object and agrees with it in gender and number.   A preceding *indirect object* will not cause any change, however, nor will the indefinite pronoun **en.**

Avez-vous regardé **ces cahiers?**   *Have you looked at these notebooks?*
Oui, je **les** ai regard**és.**   *Yes, I looked at them.*

Avez-vous parlé **à ces garçons?**   *Have you spoken to these boys?*
Oui, je **leur** ai parlé.   *Yes, I spoke to them.*

M'avez-vous prêté **de l'argent?**   *Did you lend me some money?*
Oui, je vous **en** ai prêt**é.**   *Yes, I lent you some.*

(b)   The past participles of verbs conjugated with **être** reflect the *subject* of the verb and agree with it in gender and in number.

Elle est arriv**ée** à onze heures.   *She arrived at eleven o'clock.*
Les enfants sont part**is.**   *The children left.*

3. Subjunctive in the Past Tense (Passé du subjonctif)

que j'**aie donné**	que je **sois parti(e)**
que tu **aies donné**	que tu **sois parti(e)**
qu'il, qu'elle **ait donné**	qu'il **soit parti,** qu'elle **soit partie**
que nous **ayons donné**	que nous **soyons partis**
que vous **ayez donné**	que vous **soyez parti(e)(s)**
qu'ils, qu'elles **aient donné**	qu'ils **soient partis,** qu'elles **soient parties**

When the action of the subjunctive verb has already been completed at the time of the main verb, the past subjunctive is used.   It is formed like the **passé composé** of the indicative, except that the present subjunctive of the auxiliary is used with the past participle.

Je doute qu'**elle ait fini** la leçon.   *I doubt that she finished the lesson.*
Pensez-vous qu'**ils soient arrivés?**   *Do you think they've arrived?*

The same rules governing the agreement of the past participle in the indicative apply in the subjunctive as well.

Il est bon que vous **les** ayez fini**s.**
It is good that you have finished them.

J'aime mieux qu'**elle** soit partie avant que je vienne.
I prefer that she be gone before I come.

VOCABULAIRE

accompagner	to accompany	**fois** *f.*	time; moment
approcher	to approach	**Joconde** *f.*	Mona Lisa
attendre	to wait	**là-haut**	up there
Cité Universitaire *f.*	university residence complex	**Louvre** *m.*	Louvre museum
coïncidence *f.*	coincidence	**mal** *m. noun & adv.*	hurt; bad(ly)
connaître	to know; to be acquainted with	**mesdemoiselles** *f. pl.*	misses; plural of **mademoiselle**
course *f.*	errand	**musique** *f.*	music
demeurer	to reside	**piscine** *f.*	swimming pool
se diriger	to direct oneself	**poème** *m.*	poem
douter	to doubt	**quelqu'un**	someone
enchanté	delighted	**reconnaître**	to recognize
espérer	to hope	**signe** *m.*	sign; signal
		tout à coup	suddenly

EXERCICES

A. *Exprimez au passé composé.*

MODÈLE: **tu es — tu as été**

1. il a
2. nous choisissons
3. tu perds
4. elles arrivent
5. j'entre
6. Marie retourne
7. les femmes admirent
8. ils passent
9. descends-tu?
10. nous allons

B. *Répondez aux questions suivantes à la forme affirmative.* *

MODÈLE: **Êtes-vous sortie avec Jean?**
       Oui, je suis sortie avec Jean.

1. Es-tu sortie avec Jean hier soir?
2. Êtes-vous allés au cinéma?
3. Marie et Bernard sont-ils allés avec vous?
4. Avez-vous trouvé le film intéressant?
5. Êtes-vous allés au café après le film?
6. Avez-vous commandé quelque chose à boire?
7. Es-tu rentrée avant minuit?

C. *Répondez aux questions suivantes en remplaçant les compléments par des pronoms personnels, par **y** ou par **en**. Attention à l'accord du participe passé.**

MODÈLE: **A-t-il parlé à Charles?**
        Oui, il lui a parlé.

1. Léon a-t-il téléphoné à Charles?
2. A-t-il proposé une visite au Louvre à Charles?
3. Charles a-t-il accepté l'invitation de Léon?
4. Sont-ils allés au musée?
5. Ont-ils acheté des cartes postales au Louvre?
6. Ont-ils passé beaucoup de temps au musée?
7. Le guide a-t-il montré la Joconde aux visiteurs?
8. Ont-ils aimé ce beau portrait?
9. Ont-ils donné un pourboire au guide?
10. Sont-ils allés au Jardin des Tuileries après?

D. *Exprimez les phrases suivantes au négatif.**

MODÈLE: **J'ai donné le journal à Marc.**
        Je n'ai pas donné le journal à Marc.

1. Chantal a gagné le prix.
2. Louis est descendu tout de suite.
3. Il a prêté sa bicyclette à Jean-Claude.
4. J'ai montré la lettre de Paul à ma sœur.
5. Les enfants ont aimé les tableaux.
6. Le professeur a parlé italien à ses élèves.
7. Il est rentré bien après minuit.
8. Nous sommes allés au restaurant avec Jacques.

E. *Dans les phrases suivantes, remplacez le présent du subjonctif par le passé du subjonctif.*

MODÈLE: **Je doute fort qu'il ait son auto.**
        Je doute fort qu'il ait eu son auto.

1. Pensez-vous que Charles soit ici?
2. Il est bon qu'elle rentre avant minuit.
3. Je regrette qu'il ne finisse pas sa leçon.
4. Pensez-vous qu'ils arrivent à cinq heures?
5. Êtes-vous content que Jean-Paul réponde à la lettre?
6. Je ne suis pas sûr qu'elles entendent les phrases.

F. *Exercice de Révision. Remplacez les compléments dans les phrases suivantes par des pronoms.**

MODÈLE: **Donnez votre journal à Paul.**
          Donnez-le-lui.

1. Expliquez les phrases aux étudiants.
2. Apportez ces chaises à vos amis.
3. Montrez ces photos à Gervaise.
4. Donnez les bonbons sur la table à ces enfants.
5. Ne prêtez pas votre bicyclette à Bruno.
6. Ne passez pas de vin à Thérèse.
7. Ne chantez pas ces chansons d'amour à notre classe.
8. Parlez français aux commençants le premier jour de classe.

LECTURE

Deux poèmes de Jacques Prévert

Quartier libre[1]

J'ai mis mon képi[2] dans la cage
et je suis sorti avec l'oiseau[3] sur la tête
Alors
5   on ne salue[4] plus
a demandé le commandant[5]
Non
a répondu l'oiseau
Ah bon
10   excusez-moi je croyais[6] qu'on saluait[7]
a dit le commandant
Vous êtes tout excusé tout le monde peut se tromper[8]
a dit l'oiseau.

© Editions Gallimard.

---

1. **quartier libre** *leave; pass.* 2. **képi** *military hat.* 3. **l'oiseau** *the bird.* 4. **salue** *salute.*
5. **le commandant** *the major.* 6. **croyais** *thought.* 7. **saluait** *saluted.* 8. **tout le monde peut se tromper** *anyone can make a mistake.*

QUESTIONS

1. Où avez-vous mis votre képi?
2. Ensuite qu'est-ce que vous avez fait?
3. Qu'est-ce que le commandant a demandé?
4. Qui a répondu?
5. Quelle a été la réponse?

Déjeuner du Matin[9]

Il a mis le café
Dans la tasse[10]
Il a mis le lait[11]
Dans la tasse de café
Il a mis le sucre
Dans le café au lait
Avec la petite cuiller[12]
Il a tourné
Ii a bu[13] le café au lait
Et il a reposé[14] la tasse
Sans[15] me parler
Il a allumé[16]
Une cigarette
Il a fait des ronds
Avec la fumée[17]
Il a mis les cendres
Dans le cendrier[18]
Sans me parler
Sans me regarder
Il s'est levé[19]
Il a mis
Son chapeau sur sa tête
Il a mis son manteau de pluie[20]
Parce qu'il pleuvait[21]
Et il est parti
Sous la pluie

---

9. **déjeuner du matin** *breakfast*. 10. **tasse** *cup*. 1. **lait** *milk*. 12. **cuiller** *spoon*. 13. **il a bu**. *he drank*. 14. **a reposé** *set down*. 15. **sans** *without*. 16. **a allumé** *lit*. 17. **fumée** *smoke*. 18. **cendrier** *ashtray*. 19. **s'est levé** *got up*. 20. **manteau de pluie** *raincoat*. 21. **il pleuvait** *it was raining*.

Sans une parole
Sans me regarder
Et moi j'ai pris
Ma tête dans ma main
Et j'ai pleuré[22]

QUESTIONS

1. Qu'est-ce qu'il a mis dans la tasse?
2. Qu'est-ce qu'il a mis dans le café?
3. Qu'est-ce qu'il a fait avec la fumée de cigarette?
4. Où a-t-il mis les cendres?
5. Qu'est-ce qu'il a mis avant de partir?
6. Qu'est-ce que l'autre personne a fait?
7. Qui sont les personnes dans le poème?
8. Où sont-ils?

---

22. **ai pleuré** *wept.*

Prononciation– Consonnes

Consonants (Consonnes)

Although the differences between French and English consonant sounds are not so obvious as the differences in vowel sounds, there are a few basic rules which must be observed by American students if their speech is to resemble the speech of the French. Besides the more noticeable sound-pattern distinctions, the position of the tongue in pronouncing consonants can in itself make the sound un-French.

[b]

The French consonant **b** is pronounced much like English *b*, except that in French, especially when it appears at the beginning of a word, **b** is pronounced with much less force and much less air than in English. The sound should be softer, more gentle. Examples:

belle [bɛl]; **b**on [bõ]; **b**eauté [bote]; trou**b**le [tʀubl]

EXERCISES*

1. Cette **b**anane est très **b**onne.
2. Le **b**ateau là-**b**as est à Ro**b**ert.
3. Les **b**âtiments de **B**eauvais sem**b**lent **b**ien construits.

[ʃ]

While *ch* in English has several pronunciations (*architecture*, *church*, *machine*), in

French only the last sound (ma**ch**ine) occurs.   No matter what the word, **ch** in French is nearly always pronounced like *sh* in English.   Examples:

chapeau [ʃapo]; **ch**oisir [ʃwaziʀ]; **ch**ose [ʃoz]; **ch**anter [ʃɑ̃te]

EXERCISES*

1. J'ai **ch**oisi le **ch**apeau que j'ai a**ch**eté hier.
2. Les **ch**ansons des enfants étaient **ch**armantes.
3. L'ar**ch**itecture du **ch**âteau à **Ch**enonceaux est de la Renaissance.

[d]

d, like **b,** is pronounced less forcefully in French than in English.   An additional difference in French is the position of the tongue: Instead of the tip pushing against the ridge in back of the upper front teeth, French **d** is pronounced with the tip of the tongue pushing against the back of the upper front teeth.   Examples:

donne [dɔn]; **d**écider [deside]; **d**oute [dut]; **d**éfendre [defɑ̃dʀ]

EXERCISES*

1. Les **D**urand **d**emeurent **d**ans un appartement.
2. Ces **d**ames **d**emandent le **d**roit **d**e vous parler.
3. **D**'où viennent les étu**d**iants **d**ont il parle?

[f]

Both **f** and **ph** are pronounced [f] in French as in English.

[g]

When **g** is followed in French by **-a, -o, -u,** the pronunciation is the hard sound that one hears at the beginning of *garage* [g].   The tongue should be placed firmly against the back of the lower front teeth in producing this sound.

Note that in some words in which **g** is normally pronounced [g], the **g** is followed by an **-e** or an **-i,** which changes the pronunciation of the **g.**   This generally occurs in changing verb forms or in adjectives which add **-e,** for example, to indicate the feminine form.   In these instances, **-u** is often inserted immediately after **g** to keep the hard [g] sound (**long,** *m.*; **longue,** *f.*).

Note also that **g** followed immediately by **-n** is pronounced quite differently, rather

like the English -*ny*. This sound is represented phonetically [ɲ]: **montagne;**
Espagne; ligne. Examples:

garçon [gaʀsõ]; gare [gaʀ]; gâteau [gɑto]; gosse [gɔs]; glisser [glise]; guide [gid];
signe [siɲ(e)]

EXERCISES*

1. Les garçons n'ont rien **gagné** en mangeant ces **gâteaux.**
2. Le **guide** a si**g**nalé au **gr**oupe la **gr**ande église à **g**auche.
3. Le **g**ouvernement **grec** n'est **g**uère arrivé à changer la loi.

[ʒ]

When **g** is followed by the vowels -**e** or -**i,** the **g** is pronounced with the softer sound
represented by [ʒ], pronounced like the sound of *s* in *leisure* or *treasure*. This
same sound is often heard in the second **g** of *garage*. The French consonant **j** is
also pronounced [ʒ]. Examples:

garage [gaʀaʒ]; âge [ɑʒ]; légende [leʒɑ̃d]; linge [lɛ̃ʒ]; manger [mɑ̃ʒe];
jaune [ʒon]; jupe [ʒyp]

EXERCISES*

1. **J'**ai un **g**ara**g**e à louer.
2. La **j**eune fille en **j**aune est très **j**olie.
3. Ces **g**estes ont su**gg**éré beaucoup aux **g**ens qui observaient.
4. L'â**g**e d'André **G**ide et de Marcel Proust peut être **j**ugé maintenant.

[h]

The consonant **h** is never pronounced in French. It requires your attention, however, because it affects contraction and liaison in French. When a word beginning
with **h** appears in a vocabulary or dictionary accompanied by an asterisk, that **h-** is
said to be aspirate. Such an *****h** does not permit contraction in spelling **(Le Havre),**
nor does it blend in liaison **(les hasards).** If there is no asterisk preceding the word,
the vowel sound which follows is treated as any beginning vowel sound **(l'hôtel).**

EXERCISES* (mute h)

1. L'**h**orloge de l'**h**ôtel est une **h**orreur.
2. A tout à l'**h**eure!
3. **H**ier notre **h**éroïne a parlé sans **h**ésiter.

EXERCISES * (aspirate **h**)

1. Le **h**éros de ce roman aime Le **H**avre.
2. Est-ce que La **H**aye se trouve dans La **H**ollande?
3. Elle le **h**ait cordialement, mais la **h**auteur de ses sentiments est admirable!

[k]

Just as **-a, -o,** or **-u** following immediately after **g** make it the hard sound [g], these same vowels coming immediately after **c** cause **c** to be pronounced with the hard sound [k].   Like the consonant [g], French [k] sounds much like English [k], except that it is pronounced with less force.   The tongue should be pressed firmly against the back of the lower front teeth.   **Qu-** also is pronounced [k].   Examples:

quai [ke]; **c**ourt [kuʀ]; **c**ar [kaʀ]; **qu**i [ki]; **c**abine [kabin]

EXERCISES *

1. La **c**apitale du **C**anada est très **c**élèbre.
2. J'aime faire du **c**amping à la **c**ampagne ave**c** mes **c**ousins.
3. **Qu**and **qu**ittez-vous **C**alais?

[l]

The position of the tongue is most important in the pronunciation of French [l]. The tip of the tongue must touch the front teeth and never be allowed to flip up as it does in English.   The sound of French [l] is softer than English *l* in *bill* or *load* and never "rolled."   Examples:

difficile [difisil]; **l**es [le]; **l**aver [lave]; éga**l** [egal]

EXERCISES *

1. Les élèves trouvent leurs leçons faciles.
2. Il le lui a donné lundi matin.
3. La famille a loué une maison dans une ville tranquille.

   (Note that after the vowel **i, l** is often pronounced [j]: **famille** [famij], **fille** [fij], **soleil** [sɔlɛj].   In **ville** [vil], **village** [vilaʒ], **mille** [mil], and **tranquille** [tʀɑ̃kil], however, it remains [l].)

CENT VINGT-QUATRE

[m] [n]

These consonants are pronounced in French much as they are in English, except that in French they are usually sounded with less force.   When they occur after a vowel, the resulting sound is often the nasal vowel discussed in the section on nasal vowels (p. 64).   One further difference between French [n] and English [n] is that the tip of the tongue must touch the front teeth when pronouncing French [n]. Examples:

honneur [ɔnœʀ]; finir [finiʀ]; douzaine [duzɛn]; immédiate [imedjat]; immobile [imɔbil]

EXERCISES *

1. Nantes est une ville moderne.
2. Une douzaine d'étudiants sont venus me voir.
3. La bonne n'a aucune intention de travailler.

[p]

French **p** is pronounced as in English, except that the French consonant is sounded with less force and less air.   In addition, while the *p* of many words beginning with *ps* (*psychology*, *psalm*) is not pronounced in English, this **p** is pronounced in similar French words.   Examples:

psychologie [psikɔlɔʒi]; psaume [psom]; psychanalyse [psikanaliz]

EXERCISES *

1. Les parents de Paul préfèrent qu'il rentre.
2. Pourquoi permettez-vous ces placards?
3. Monsieur Gérard est-il psychanalyste ou psychologue?

[ʀ]

If you practice pronouncing the English word *air*, while making certain that the tip of the tongue stays down and is not allowed to flip up (the [ʀ] sound must come from the back of the mouth, produced by the uvula, not by the tongue), you will get the feel of the consonant called the Parisian **r.**   Although this sound exists in some other languages, such as German, it does not occur in English and must be learned.   The tongue position for French uvular [ʀ] is down, with the back of the tongue placed close to the soft palate and the tip placed firmly against the lower front teeth and kept there! When properly pronounced, the [ʀ] is scarcely heard. Care must also be exercised to insure that the sound of the vowel immediately preceding **r** is not deformed by pronouncing **r** too soon. Complete the sounding of the vowel before adding [ʀ]. Examples:

mère [mɛʀ]; Loire [lwaʀ]; route [ʀut]; écrire [ekʀiʀ]

EXERCISES *

1. Le frère d'Henri demeure à **R**ouen.
2. **R**egardez **R**ose, elle **r**it si heureusement.
3. **R**ichard **r**essemble beaucoup à son **r**iche frère.

[s]

Although a single **s** in a French word may sometimes be pronounced as [z] (when it occurs between two vowels) and sometimes as [s], **ss** always is pronounced as [s]. A **c** followed by **e** or **i** in French is pronounced as [s] also, as is the **t** in words such as **nation** and **démocratie**. Examples:

laisser [lɛse]; fausse [fos]; respecter [ʀɛspɛkte]; baisse [bɛs]; instruction [ɛ̃stʀyksjõ]; tendance [tɑ̃dɑ̃s]; ceci [səsi]

EXERCISES *

1. **S**es intentions **s**ont toujours pour le bien.
2. **C**eci est intéressant.
3. Laissez **c**ela jusqu'à **s**amedi.

[t]

French **t** is pronounced much as in English: **écrite** [ekʀit]; **autant** [otɑ̃]. Occasionally, **d** is also pronounced as [t] in French when it occurs at the end of a word joined to another by liaison: Quan**d** il [kɑ̃til].

[v]

French **v** is sounded more gently than English *v*. In addition to the spelling **v**, the consonant **w** is also frequently pronounced [v]. Since **w** is not a natural component of the French alphabet, words in which it occurs are usually borrowed from other languages. Whether **w** is sounded as [v] or [w] depends upon the language of origin. Examples:

wagon [vagõ] (German); week-end [wikɛnd] (English)

[z]

An s between two vowels, a z, or an x between vowels ordinarily are sounded in French like English z.   Examples:

rose [ʀoz]; les îles [lezil]; aux autos [ozoto]; treize [tʀɛz]

EXERCISES *

1. Ces enfants lisent leurs histoires sans parler.
2. Nous avons passé seize jours aux États-Unis.
3. Ils ont composé la lettre ensemble, pour faire plaisir aux enfants.

«Vous êtes gentille! » (*Gisèle Freund from Monkmeyer*)

Karen s'informe...

CONVERSATION

Karen: Avez-vous des sœurs, Georges?

Georges: Eh bien, oui! Quand j'étais petit, nous étions onze à la maison.

Karen: Onze! Mon Dieu! Quelle famille énorme!

Georges: Oui . . . Il y avait d'abord mon grand-père et ma grand-mère . . .

Karen: A la maison?

Georges: Oui, ils vivaient avec nous dans mon enfance.

Karen: Et puis?

Georges: Et puis il y avait mes parents; je ne connaissais pas bien mon père, il voyageait beaucoup . . .

Karen: Ça ne m'étonne pas!

Georges: . . . et il y avait moi-même, mes cinq sœurs, et enfin mon petit frère, Jean-Claude.

Karen: Alors, je comprends pourquoi vous savez si bien plaire aux jeunes filles.

Georges: Vous êtes gentille! Les Américaines peuvent être aussi charmantes que les Françaises!

QUESTIONS

1. La famille de Georges est-elle grande ou petite?
2. Combien de membres y a-t-il dans sa famille?
3. Où vivaient les grands-parents de Georges?
4. Que faisait le père de Georges?
5. Combien de sœurs Georges a-t-il?
6. Comment s'appelle le petit frère de Georges?

7. Quel est le compliment fait par Karen?
8. Comment Georges répond-il?

PATTERN SENTENCES

MODÈLE: Quand j'étais petit, *nous étions onze à la maison.*

Quand j'étais petit,

nous étions onze à la maison.
ils vivaient avec nous.
je ne connaissais pas bien mon père.
il voyageait beaucoup.

MODÈLE: *Ils vivaient avec nous* dans mon enfance.

Ils vivaient avec nous
Nous étions onze à la maison
Il voyageait beaucoup
Je ne connaissais pas bien mon père

dans mon enfance.

MODÈLE: Il y avait d'abord *mon grand-père et ma grand-mère.*

Il y avait d'abord

mon grand-père et ma grand-mère.
moi-même.
mes cinq sœurs.
mon petit frère.
mes parents.

GRAMMAIRE

1. Imperfect (Imparfait)

(a) Formation

The **imparfait** forms are the same for all three conjugations of regular verbs, and for irregular verbs as well. The first person plural (**nous** form) of the present indicative, minus the **-ons** ending, is the **imparfait** stem.

parl/ons   **finiss**/ons   **répond**/ons

The **imparfait** endings are:

	SINGULAR	PLURAL
FIRST PERSON	**-ais**	**-ions**
SECOND PERSON	**-ais**	**-iez**
THIRD PERSON	**-ait**	**-aient**

NOTE: The four endings **-ais, -ais, -ait, -aient** are pronounced exactly the same: [ɛ].

parler—Imparfait

je **parlais**	*I was speaking, I used to speak*
tu **parlais**	*you were speaking, you used to speak*
il **parlait**	*he was speaking, he used to speak*
nous **parlions**	*we were speaking, we used to speak*
vous **parliez**	*you were speaking, you used to speak*
ils **parlaient**	*they were speaking, they used to speak*

finir—Imparfait

je **finissais**	*I was finishing, I used to finish*
tu **finissais**	*you were finishing, you used to finish*
il **finissait**	*he was finishing, he used to finish*
nous **finissions**	*we were finishing, we used to finish*
vous **finissiez**	*you were finishing, you used to finish*
ils **finissaient**	*they were finishing, they used to finish*

répondre—Imparfait

je **répondais**	*I was answering, I used to answer*
tu **répondais**	*you were answering, you used to answer*
il **répondait**	*he was answering, he used to answer*
nous **répondions**	*we were answering, we used to answer*
vous **répondiez**	*you were answering, you used to answer*
ils **répondaient**	*they were answering, they used to answer*

(b) **être, avoir**—Imparfait

j'**étais**	*I was, I used to be*
tu **étais**	*you were, you used to be*
il **était**	*he was, he used to be*

nous **étions**	*we were, we used to be*
vous **étiez**	*you were, you used to be*
ils **étaient**	*they were, they used to be*

j'**avais**	*I had, I used to have*
tu **avais**	*you had, you were having*
il **avait**	*he had, he was having*
nous **avions**	*we had, we were having*
vous **aviez**	*you had, you were having*
ils **avaient**	*they had, they were having*

(c)   Use of the **imparfait**

Like the **passé composé,** the **imparfait** expresses an action, a state of being, or a condition that occurred in the past.   Actions expressed in the **passé composé** are always single completed actions, while those expressed in the **imparfait** are not necessarily complete.   When neither the beginning nor the end of an action is indicated, it is usually expressed by the **imparfait.**

1.   Generally, when a past action was continuous or habitual, it is expressed in French by the **imparfait.**

Quand il **était** petit, il **parlait** bien le français.
When he was little, he spoke (used to speak) French well.

Je **passais** des heures ici.
I used to spend hours here.

2.   Since the idea of incompletion is inherent in the term "imperfect," the **passé composé** is used to express a single fact or completed action. Compare:

IMPARFAIT: Il **était** étudiant à la Sorbonne.
He was a student at the Sorbonne.
PASSÉ COMPOSÉ: Il **a été** étudiant à la Sorbonne de 1970 jusqu'à 1972.
He was a student at the Sorbonne from 1970 to 1972.

3.   Verbs describing past mental activity—knowing, thinking, believing, feeling happy, feeling warm—are ordinarily in the **imparfait** in French, since these activities generally occur over a period of time and not in a single, specific action.   In the **passé composé,** these verbs often indicate a change.

J'**avais froid** dans la maison.
I was cold in the house.
J'**ai eu froid** quand je suis entré dans la maison.
I became cold when I entered the house.

Elle **savait** bien combien je désirais obtenir ce poste.
She knew well how I wanted that job.
Elle **a su** combien je désirais obtenir ce poste.
She learned how much I wanted that job.

Nous **pensions** qu'elle serait avec nous.
We thought she would be with us.
Nous **avons pensé** qu'elle serait avec nous.
It occurred to us that she would be with us.

4. Descriptions of people, weather, settings, etc., are usually expressed in the **imparfait.**

   Quand il **était** enfant, il **ètait** beau.
   When he was young, he was handsome.

   Il **faisait** si beau!
   It was so nice out!

   But (stating a fact or occurrence):

   Il **a plu** jusqu'à midi.
   It rained until noon.

5. The **imparfait** and the **passé composé** are often used together in a story or an account, with the **imparfait** setting the stage or describing the situation and the **passé composé** telling the actions and events which took place against the backdrop of that setting.

   Le 21 mai, **j'ai visité** l'école élémentaire de la ville.   Tous les élèves
           (passé composé)
   étaient dans la salle de classe quand je **suis arrivé.** Ils **étudiaient**
   (imparfait)   (passé composé)   (imparfait)
   leurs leçons et le professeur les **aidait. J'ai regardé** le professeur et
                           (imparfait) (passé composé)
   je l'**ai reconnu** tout de suite—c'**était** mon ancien ami Maurice.
   (passé composé)   (imparfait)

   On May 21, I visited the elementary school of the city.   All the students were in the classroom when I arrived.   They were studying their lessons and the teacher was helping them. I looked at the teacher and I recognized him immediately—he was my old friend Maurice.

2. Irregular Verb <u>faire</u> (to do, make) (Verbe irrégulier <u>faire</u>)

PRESENT TENSE: je **fais**   nous **faisons**

　　　　　　　　tu **fais**   vous **faites**

　　　　　　　　il **fait**   ils **font**

PRESENT SUBJUNCTIVE (irregular):

　　　　que je **fasse**   que nous **fassions**

　　　　que tu **fasses**   que vous **fassiez**

　　　　qu'il **fasse**   qu'ils **fassent**

(a) The verb **faire** is one of the most common verbs in French. Not only does it represent the literal meaning of *to do* or *to make* but it is used in many idioms as well. You have already met **faire** in constructions such as **faire attention à** (*to pay attention to*), **des courses à faire** (*errands to run*), and in expressions describing the weather.

Il fait beau.	*It's nice out.*
Il fait froid.	*It's cold out.*
Il fait chaud.	*It's hot.*
Il fait du soleil, du vent.	*It's sunny, windy.*
Quel temps fait-il?	*What's the weather like?*

3. Causative Construction (Verbe factitif)

Faire, when followed by an infinitive, expresses an action that the subject of the sentence is causing to be performed, rather than performing it himself.

Il fait bâtir une maison.	*He is having a house built.*
Le roi a fait construire ce château.	*The king had this castle built.*
Elle se fait faire une robe.	*She is having a dress made for herself.*
Georges a fait arrêter la voiture.	*George made the car stop.*
Je l'ai fait partir.	*I made him leave.*

Note that in each example the verb **faire** is followed immediately by the infinitive of the second verb. If there are object pronouns or reflexive pronouns the pronouns *precede* **faire**. The past participle of **faire** remains invariable. Note also that when the infinitive has a direct object, the one performing the action of the infinitive is expressed as an *indirect object*.

Je **lui** ai fait écrire **une lettre.**	*I made him write a letter.*
Je **leur** ai fait chanter **une jolie chanson.**	*I had them sing a pretty song.*

VOCABULAIRE

Américain, Américaine	an American	**Français, Française**	a Frenchman; a Frenchwoman
bûche *f.*	log		
charmant, charmante	charming	**frère** *m.*	brother
enfance *f.*	childhood	**gentil, gentille**	nice, kind
enfin	finally	**grand-mère** *f.*	grandmother
enfoui	buried	**grand-père** *m.*	grandfather
énorme	enormous	**maison** *f.*	house, home
étonner	to astonish	**nuage** *m.*	cloud
il s'éveillait	he woke up	**parents** *m. pl.*	parents; relatives
famille *f.*	family	**si**	so
		vivre	to live

EXERCICES

A. *Exprimez à l'imparfait les verbes suivants.**

MODÈLE: **j'ai**
   j'avais

1. je suis
2. nous arrivons
3. il a
4. vous parlez
5. ils choisissent
6. nous ne finissons pas
7. avez-vous?
8. elles vont
9. tu fais
10. on peut

B. *Répondez aux questions suivantes à la forme négative.**

MODÈLE: **Aimais-tu étudier?**
   Non, je n'aimais pas étudier.

1. Quand vous étiez jeune, aimiez-vous travailler?
2. Alliez-vous souvent au cinéma?
3. Regardiez-vous souvent la télévision?
4. Parliez-vous couramment le français?
5. Étudiiez-vous beaucoup?
6. Aviez-vous assez d'argent?
7. Faisiez-vous toujours vos devoirs?
8. Pouviez-vous faire tout ce que vous vouliez?

CENT TRENTE-CINQ

C. *Exprimez d'abord à l'imparfait, ensuite au passé composé.*

MODÈLE: **elle veut**
  elle voulait, elle a voulu

1. je vais
2. nous faisons
3. elle dort
4. vous voulez
5. ils attendent
6. nous sommes

D. *Exprimez en français.*

1. The boy was very small.
2. He looked at the letter immediately.
3. You used to speak French fluently.
4. They were crossing the street.

E. Imparfait ou passé composé. *Complétez les phrases suivantes par la forme convenable du passé composé ou de l'imparfait des verbes entre parenthèses.*

MODÈLE: **Je (faire) mes devoirs quand je (entendre) quelqu'un à la porte.**
  Je faisais mes devoirs quand j'ai entendu quelqu'un à la porte.

Je (*commencer*) mon voyage à Paris le 22 août.   Quand je (*arriver*) à Orly, il (*faire*) très beau.   Je (*être*) fatigué, mais je ne (*avoir*) pas le temps de dormir parce que mes amis me (*attendre*).   Je (*chercher*) un taxi et quand j'en (*trouver*) un, je (*donner*) l'adresse au chauffeur.   Nous (*arriver*) vite, et à onze heures dix, je (*entrer*) dans l'hôtel.   Mes amis (*être*) déjà là, et ils (*être*) très contents de me voir.

F. **Faire**—causative construction. *Répondez aux phrases suivantes. La personne mentionnée a déjà fait le travail.**

MODÈLES: **Faites-le travailler.**
  Il a déjà travaillé.

  Faites-lui acheter ce livre.
  Il a déjà acheté ce livre.

1. Faites-le entrer.
2. Faites-la étudier.
3. Faites-les commencer.

4. Faites-lui finir les devoirs.
5. Faites-lui ranger sa chambre.
6. Faites-leur chercher les papiers.

G. Faire. *Répondez aux questions suivantes. A cause de vous, on a déjà fait la chose demandée.**

MODÈLES: **A-t-elle répondu?**
Oui, je l'ai fait répondre.

A-t-elle étudié sa leçon?
Oui, je lui ai fait étudier sa leçon.

1. Ont-ils fini?
2. A-t-elle écouté?
3. Sont-elles allées tout de suite?
4. A-t-il visité le musée?
5. Les élèves ont-ils écouté le poème?
6. Votre frère a-t-il vendu sa bicyclette?

H. *Complétez les phrases suivantes par la forme convenable du verbe* **faire.** *Ensuite, traduisez la phrase en anglais.*

MODÈLE: **Il _____ du vent, n'est-ce pas?**
Il fait du vent, n'est-ce pas?
It's windy out, isn't it?

1. Il _____ si chaud aujourd'hui.
2. Je me _____ faire un pull-over.
3. _____-vous du ski?
4. _____-ils du sport?
5. Je regrette qu'il ne _____ pas ses devoirs.
6. Ils ne peuvent pas _____ marcher leur voiture.
7. Nous le _____ aller en classe.
8. Quel temps _____-il aujourd'hui?

CENT TRENTE-SEPT

LECTURE

Les fantômes du chapelier,[1] de Georges Simenon

Georges Simenon, born in 1903, is one of the best-known and most prolific of contemporary writers. He is a master of mystery and detective fiction and his character Inspector Maigret is as well known in Europe as Sherlock
5   *Holmes is in the United States. The following excerpt is a description of the regular morning activities of the hatmaker, the principal character in the book.*

Il ne faisait pas sonner le réveil: il s'éveillait de lui-même[2] à cinq heures et demie du matin.   La grosse Louise[3] dormait encore, enfouie dans son lit moite[4];
10   elle devait l'entendre se lever, aller chercher des bûches sur le palier, refermer la porte, allumer son feu.   Après un moment, ce matin-là, il remarqua[5] que quelque chose manquait, et c'était le crépitement[6] de la pluie, le bruit de l'eau dans la gouttière.   Il faisait encore trop noir pour voir le ciel, mais on devinait le vent du large[7] qui chassait les nuages vers l'intérieur des terres.
15   Il lui fallait faire son lit, mettre de l'ordre dans la chambre, poser dehors le seau[8] avec les cendres du foyer[9]; pour tout cela, il avait des mouvements précis, qu'il effectuait[10] dans un ordre minutieusement étudié.

Extrait de *Les fantômes du chapelier*, par Georges Simenon,
Les Presses de la Cité, Paris, 1954.

QUESTIONS

1. A quelle heure le chapelier s'éveillait-il?
2. Qu'est-ce qu'il a remarqué ce matin-là?
3. Quel temps faisait-il?
4. Décrivez ce que faisait le chapelier chaque matin.

---

1. **les fantômes du chapelier**   *the phantoms of the hatmaker.*   2. **de lui-même**   *of his own accord.*
3. **la grosse Louise**   *big Louise* (*the housemaid in the next room*).   4. **moite**   *moist.*   5. **remarqua**
noticed.   6. **crépitement**   *patter.*   7. **le vent du large**   *wind from the sea.*   8. **le seau**   *pail.*
9. **les cendres du foyer**   *ashes from the hearth.*   10. **effectuait**   *carried out.*

Réflexions sur un bon dîner

CONVERSATION

(Georges pose sa tasse vide et met sa serviette sur la table. Marc se balance légèrement en arrière.)

Marc: Quel bon dîner!

Georges: Oui, c'est vrai. J'ai été bien gâté ce soir!

Marc: Les escargots étaient superbes!

Georges: C'est la première fois que tu en manges?

Marc: Oui, mais pas la dernière.

Georges: Moi, j'ai bien choisi. Le canard rôti avec petits pois était exquis.

Marc: Mais je crois que le garçon s'est trompé.

Georges: Comment! Ton steak était trop cuit?

Marc: Non, mais il m'a apporté des frites sans me demander.

Georges: C'est tout naturel. Ici on en mange toujours avec le bifteck.

Marc: Il est toujours difficile de choisir un dessert. Je me suis enfin décidé pour le baba au rhum.

Georges: Moi pour un bon camembert et un café noir.

Marc: Ah oui, toujours du café.

Georges: Dommage que tu n'aimes pas le vin. Il te fallait un bon Bordeaux rouge.

Marc: Patience, mon ami! Tu vas peut-être apprendre à aimer le lait.

Georges: Mon Dieu, quelle idée! Mais chacun à son goût. Garçon, l'addition, s'il vous plaît!

Il est toujours difficile de choisir. (*United Press International Photo*)

PATTERN SENTENCES

MODÈLE: Je me suis *enfin décidé pour le baba.*

Je me suis

enfin décidé pour le baba. bien amusé aujourd'hui. bien reposé hier. enfin levé à midi.

MODÈLE: *Je crois que le garçon* s'est trompé.

Je crois que le garçon Je crois que le concierge Je crois que l'étudiant Je crois que le contrôleur

s'est trompé.

MODÈLE: Dommage que tu n'aimes pas *le vin.*

Dommage que tu n'aimes pas

le vin. les escargots. le baba au rhum. le canard rôti. les petits pois.

GRAMMAIRE

1. Reflexive Verbs (Verbes pronominaux)

Reflexive verbs are always accompanied by an object pronoun, either direct or indirect, which is the same person as the subject.

Je me regarde.   *I look at myself.*
Nous nous admirons.   *We are admiring ourselves.*

The distinguishing object pronoun is sometimes omitted in English and simply understood: *He shaved* (*himself*). *She was getting* (*herself*) *up.*

In French, however, the reflexive pronoun—like any other object pronoun—is never merely understood but must always be expressed in the regular object pronoun position.

2. Reflexive Pronouns (Pronoms réfléchis)

Since reflexive verbs reflect the action back to the subject, either directly or indirectly, the reflexive pronoun must correspond to the subject of the verb.

Je m'habille.　　*I dress myself.*
Nous nous levons.　*We are getting up.*
Marie se parle.　　*Mary talks to herself.*

The reflexive pronouns are:

	SINGULAR	PLURAL
FIRST PERSON:	**me (m')**	**nous**
SECOND PERSON:	**te (t') (toi)**	**vous**
THIRD PERSON:	**se (s')**	**se**

3. Word Order (Ordre des mots)

Reflexive pronouns follow the same rules of word order as do all other direct or indirect object pronouns: The normal position is immediately *preceding* the verb, except in an affirmative command.

PRESENT TENSE:　Les enfants **se** couchent.
　　　　　　　　The children are going to bed.

NEGATIVE:　　　Les enfant**s** ne **se** couchent pas.
　　　　　　　　The children are not going to bed.

INTERROGATIVE:　Les enfants **se** couchent-ils?
　　　　　　　　Are the children going to bed?

IMPERATIVE:　　Couchez-**vous**!
　　　　　　　　Go to bed!

NOTE: As in all commands, the subject is omitted—only the reflexive object pronoun remains.

PASSÉ COMPOSÉ: Les enfants **se** sont couchés.
The children went to bed.

4. Uses of Reflexive Verbs (Empois des verbes réfléchis)

(a) A few verbs are always reflexive; they exist only as reflexive verbs and must always be accompanied by a reflexive pronoun.

Je me souviens bien de sa lettre.   *I remember well his letter.*
Il s'est suicidé hier.   *He committed suicide yesterday.*

(b) In the plural forms, the reflexive is often used to describe a "reciprocal" action.

Nous nous sommes rencontrés au café.   *We met each other at the café.*
Ils se sont vus.   *They saw each other.*

Since this construction is ambiguous, the last example may mean either *they saw each other* or *they saw themselves*. The expression **l'un l'autre** or **l'une l'autre** is often added for clarity when the situation is reciprocal: **Ils se sont vus l'un l'autre.**

(c) Some verbs which may be used either reflexively or nonreflexively have different meanings.

attendre: **Il attend** sa fiancée.
               He's waiting for his fiancée.

s'attendre à: **Il s'attend à** une lettre de sa fiancée.
               He's expecting a letter from his fiancée.

demander: **J'ai demandé** le chemin au gendarme.
               I asked the gendarme the way.

se demander: **Je me demande** quoi faire.
               I wonder what to do.

5. Reflexive Verbs in the Passé Composé (Verbes réfléchis au passé composé)

Reflexive verbs require **être** as an auxiliary in the **passé composé.** The word order in the sentence is the same as any other sentence in the **passé composé,** with the reflexive pronoun preceding the auxiliary. Since the reflexive pronoun serves generally as a direct-object pronoun, and since this object pronoun precedes the past participle, the past participle agrees with the object (reflexive) pronoun.

Elle **s'**est lav**ée.**   *She washed herself.*
Ils **se** sont habill**és.**   *They dressed themselves.*

Occasionally, however, the reflexive pronoun represents an *indirect* object rather than a *direct* object.   When this occurs, there is no agreement.

Elle **s'**est parlé doucement.   *She spoke softly to herself.*[1]
Elle **s'**est lavé les mains.   *She washed her hands.*

6. Irregular Verbs—<u>écrire, dire</u> (to write; to say, tell) (Verbes irréguliers <u>écrire</u>, <u>dire</u>)

PRESENT TENSE:

j'**écris**	je **dis**
tu **écris**	tu **dis**
il **écrit**	il **dit**
nous **écrivons**	nous **disons**
vous **écrivez**	vous **dites**
ils **écrivent**	ils **disent**

PAST PARTICIPLE: **écrit**   PAST PARTICIPLE: **dit**

VOCABULAIRE

addition *f.*	bill in a restaurant	**Bordeaux**	French seaport; wine from the Bordeaux area
apporter	to bring (something)		
apprendre	to learn	**se brosser**	to brush oneself
arrière	behind	**camembert** *m.*	a popular cheese
en **arrière**	backwards	**canard** *m.*	duck
baba au rhum *m.*	a variety of rum cake	**chacun**	each one
		choisir	to choose
se balancer	to rock oneself	**cuit**	cooked; well done
bifteck *m.*	beef steak	**se décider**	to make up one's mind

---

1. To clarify reciprocal action involving indirect reflexive pronouns, **l'un à l'autre** is added: **Ils se sont parlé l'un à l'autre.**

demander	to ask	**naturel**	natural
dernier, dernière	last	**patience** *f.*	patience
dessert *m.*	dessert	**petits pois** *m. pl.*	green peas
difficile	difficult	**poser**	to place; to ask
dîner *m. noun & verb*	dinner; to eat dinner	**réflexions** *f. pl.*	thoughts
dommage	too bad	**rôtir**	to roast
escargot *m.*	snail	**serviette** *f.*	napkin
exquis	exquisite	**steack** *m.*	beef steak
facilement	easily	**se suicider**	to commit suicide
frites *f. pl.*	French fries	**superbe**	superb
garçon *m.*	waiter; boy	**tasse** *f.*	cup
gâter	to spoil	**toujours**	always
goût *m.*	taste	**se tromper**	to make a mistake
idée *f.*	idea	**utile**	useful
lait *m.*	milk	**vide**	empty
légèrement	slightly; lightly	**vin** *m.*	wine
		vrai	true; right

EXERCICES

A. *Dans les phrases suivantes remplacez l'infinitif par le présent du verbe.*

1. (écrire) Thomas _____ une lettre à son ami.
2. (écrire) Qu'est-ce que tu _____?
3. (écrire) Les hommes n'_____ jamais de lettres!
4. (dire) Que _____-vous?
5. (dire) Nous ne _____ rien du tout.
6. (être) Nous _____ bien en retard.
7. (dire) Je ne _____ pas que Michel m'aime.
8. (pouvoir) Que _____-ils faire?
9. (avoir) Tu _____ tant de problèmes!
10. (avoir) Qu'_____-t-il?

B. *Répondez aux questions suivantes à la forme affirmative.**

MODÈLE: **Vous lavez-vous?**
Oui, je me lave.

1. Vous couchez-vous?
2. Se parle-t-elle?
3. Les enfants s'habillent-ils?

4. Te brosses-tu?
5. Louis se rase-t-il?
6. Nous lavons-nous?

C. *Exprimez à la forme interrogative.**

MODÈLE: **Nous nous levons à sept heures.**
Nous levons-nous à sept heures?

1. Nous nous habillons vite.
2. Vous vous regardez dans la glace.
3. Michel se brosse les dents.
4. Tu te perds dans le travail.
5. Les enfants se parlent l'un à l'autre.
6. Il se répète toujours.
7. Elle s'est levée tout de suite.
8. Le chef s'est suicidé.
9. Les Pyrénées se trouvent entre la France et l'Espagne.
10. Nous nous rencontrons au café.

D. *Répondez aux questions suivantes à la forme négative.**

MODÈLE: **T'habilles-tu toujours tout de suite?**
Non, je ne m'habille pas toujours tout de suite.

1. Te couches-tu toujours à onze heures du soir?
2. Se rase-t-il avant le petit déjeuner?
3. Vous perdez-vous facilement dans les grandes villes?
4. Se sont-ils parlé très longuement?
5. Est-ce que je me suis habillé assez vite?
6. Nous trompons-nous sur l'adresse de Charles?

E. *Exprimez en français.*

1. I'm brushing my teeth.
2. They're talking to each other.
3. What time did you get dressed?
4. I'm sorry he didn't write you.
5. She goes to bed at midnight.

F.   *Composition dirigée.*

Le paragraphe suivant est une page du journal intime de Marcel.   Il n'est pas content de sa vie de tous les jours et il exprime ici ses bonnes intentions pour le futur.   Lisez le journal, puis écrivez la suite.

Cher journal,

Que je suis mécontent de ma vie! Je perds mon temps à faire des choses ridicules et je ne fais rien d'utile.   Alors, ça va changer! Voici mes intentions pour cette semaine.   D'abord, je vais me lever à sept heures du matin pour ne pas perdre toute la journée au lit.   Je vais me laver et me brosser les dents, me raser et m'habiller tout de suite.   (Trop souvent, je trouve que c'est l'après-midi ou même le soir quand finalement je me rase, et ça, c'est dégoûtant!)   Je vais manger un bon déjeuner et puis je vais lire tout le journal pour apprendre les nouvelles du jour.   Comme ça je vais être toujours au courant! Après, je vais faire mon lit et ranger ma chambre, parce que mes affaires sont toujours en désordre.   L'après-midi je vais faire du travail et passer mon temps à faire des choses instructives—visiter le musée, lire de la bonne littérature, aider des amis, écrire des lettres (surtout à mes parents), etc.   Le soir, je ne vais pas rester à la maison pour regarder la télévision: je vais aller au théâtre voir une bonne pièce, ou au concert ou même, peut-être, écouter une conférence intellectuelle.   Et finalement, je vais rentrer à onze heures sans aller au café boire avec des camarades et je vais me coucher tout de suite.   Comme ça, je peux me lever tôt le lendemain.

Voici comment je vais passer la semaine.   Je vais t'écrire encore lundi prochain pour enregistrer mes succès! A lundi.

Écrivez la page de lundi.   Commencez par «Quel désastre!»   Vous n'avez pas du tout réussi dans vos intentions—au contraire.   Écrivez tout au passé composé.

LECTURE

Le chef se suicide, ou la mort de Vatel

Cela se passait[1] en l'année 1671, le Prince de Condé avait décidé d'inviter chez lui, dans son magnifique château de Chantilly, le roi Louis XIV.

La cuisine de Chantilly à cette époque était très renommée.   Le Prince avait

---

1. **Cela se passait** *it happened.*

5 comme maître d'hôtel l'incomparable artiste culinaire—Vatel. Alors, Vatel a composé des menus superbes pour la visite royale.

Le premier jour tout s'est bien passé. Les invités se sont bien amusés et le dîner a été délicieux. Mais le lendemain, tout est allé de travers.[2] Peu de temps avant le déjeuner, Vatel a découvert que le poisson n'était pas arrivé, et il n'y avait
10 pas moyen d'en obtenir d'autre! Vatel a été au désespoir.

Toute la compagnie lui a assuré que le manque de poisson n'était pas important, mais Vatel est resté inconsolable. Enfin il est monté dans sa chambre. Là, accablé de honte,[3] croyant sa réputation ruinée, Vatel s'est jeté sur son épée. La France a perdu un virtuose.
15 Une demi-heure après, le poisson est arrivé.

---

2. **tout est allé de travers**   *everything went wrong.*   3. **accablé de honte**   *overwhelmed with shame.*

QUESTIONS

1. Qui est-ce que le Prince de Condé a invité chez lui?
2. Pourquoi la cuisine de Chantilly était-elle renommée à cette époque?
3. Pourquoi Vatel s'est-il cru déshonoré?
4. Comment s'est-il suicidé?
5. Quand le poisson est-il arrivé?

Portrait de Louis XIV

Voici un beau portrait du roi Louis XIV par le peintre Rigaud. Il se tient debout dans ses belles robes bleues et blanches.

Sur la tête[1] le roi porte une belle perruque. Il a le front[2] serein, les sourcils[3] noirs, et de petits yeux[4] pénétrants. Louis a le nez[5] long et droit—ce qu'on appelle un nez «typiquement français»! Sa bouche[6] sévère indique l'orgueil et l'amour-propre. Juste sous le menton,[7] autour du cou,[8] il porte un ravissant jabot en dentelle. Il se passionnait pour les beaux habits.

Le roi étend le bras[9] droit d'un geste impérial et il empoigne de sa main[10] le sceptre royal. On ne voit pas bien ses doigts,[11] mais il portait toujours des bagues.

---

1. **la tête** *head.* 2. **le front** *forehead.* 3. **les sourcils** *eyebrows.* 4. **les yeux** *eyes.* 5. **le nez** *nose.* 6. **la bouche** *mouth.* 7. **le menton** *chin.* 8. **le cou** *neck.* 9. **le bras** *arm.* 10. **la main** *hand.* 11. **les doigts** *fingers.*

Portrait de Louis XIV par le peintre Rigaud.
(*French Embassy Press & Information Division*)

Par-dessus l'épaule[12] gauche cascadent les plis d'un magnifique manteau d'hermine et de velours brodé.   Il pose avec le pied[13] gauche élégamment placé pour mieux nous montrer ses belles jambes.[14]   Il en était très fier et il portait toujours des bas de soie blanche.   Il porte aussi des jarretières jaunes sous les genoux[15] pour attirer l'œil[16] de l'admirateur.   De jolis souliers, fermés par des rubans roses autour de la cheville,[17] complètent ce costume extraordinaire.   Louis le Grand était en vérité un très bel homme.   Il s'est toujours considéré un monarque de droit divin; même aujourd'hui son attitude impérieuse est impressionnante.

---

12. **l'épaule** *shoulder.*   13. **le pied** *foot.*   14. **les jambes** *legs.*   15. **les genoux** *knees.*   16. **l'œil** *eye.*   17. **la cheville** *ankle.*

La jeune fille que vous avez vue

CONVERSATION

Georges: Marc, comment s'appelle la jeune fille que nous avons vue hier?

Marc: La blonde que nous avons rencontrée au café?

Georges: Non. La petite brune que nous avons vue sur le boulevard.

Marc: Ah! Tu veux dire Peggy . . . Peggy Williams.

Georges: Est-ce que tu la connaissais aux États-Unis?

Marc: Non. Je l'ai rencontrée ici, en classe.

Georges: Est-ce que tu la connais bien?

Marc: Oh . . . assez . . .

Georges: Est-ce que c'est elle qui t'a téléphoné hier soir?

Marc: Non! Mais, mon Dieu, Georges! Pourquoi me poses-tu tant de questions?

Georges: Oh rien, rien . . . je voulais seulement savoir . . . c'est-à-dire . . . je pensais . . . enfin . . .

Marc: Enfin, je comprends! Téléphone-lui! Elle est très gentille; vous allez vous amuser ensemble!

DIALOGUE

1. Demandez à votre voisin comment s'appelle la jeune fille qui est assise de l'autre côté.
2. Demandez à votre voisin qui est la petite brune que vous avez vue avec lui dans la classe d'anglais.
3. Demandez à votre voisin s'il la connaissait avant de venir à l'université.
4. Demandez à votre voisine si c'est elle qui a téléphoné à votre camarade de chambre hier soir.

La petite brune que nous avons vue sur le boulevard . . .
(*Shelton from Monkmeyer*)

PATTERN SENTENCES

MODÈLE: Comment s'appelle la jeune fille *que nous avons vue?*

| Comment s'appelle la jeune fille |

| que nous avons vue?
que nous avons rencontrée?
que vous avez remarquée?
que vous avez saluée? |

MODÈLE: Est-ce que c'est elle *qui t'a téléphoné hier soir?*

| Est-ce que c'est elle |

| qui t'a téléphoné hier soir?
qui t'a écrit?
qui était au café?
qui demeure près d'ici?
qui s'appelle Peggy? |

GRAMMAIRE

1. Relative Pronouns (Pronoms relatifs)

Voilà le professeur **qui** vous a donné une mauvaise note.
There is the teacher who gave you a bad grade.

Comment s'appelle la jeune fille **que** vous avez vue au café?
What's the name of the girl whom you saw at the café?

Both of the sentences above contain a main clause and a dependent clause.

MAIN CLAUSE   DEPENDENT CLAUSE
Voilà le professeur / qui vous a donné une mauvaise note.

MAIN CLAUSE   DEPENDENT CLAUSE
Comment s'appelle la jeune fille / que vous avez vue au café?

Whether main or dependent, each clause must contain a subject and a verb. The difference is that the dependent clause cannot stand alone; it is dependent on some part of the main clause. The two clauses above are joined by a pronoun (**qui** or **que**) called a relative pronoun, which has several functions in the sentence. First of all, it is a pronoun—it normally stands for a noun, and its antecedent is in the main clause.

Voilà **le professeur qui** vous a donné une mauvaise note.
Comment s'appelle **la jeune fille que** vous avez vue au café?

To relate the dependent clause to the main clause is the second function of the relative pronoun. And finally, the relative pronoun has a special role within the dependent clause, in which it usually serves either as the subject or the direct object of the verb.

              SUBJ.   VERB   D.O.
Le monsieur [**qui** traverse la rue] est très riche.
The man who is crossing the street is very rich.

            D.O. SUBJ.   VERB
Les garçons [**que** vous avez remarqués] sont absents.
The boys (that) you noticed are absent.[1]

Note that the verb in the second example above is in the **passé composé**; because the preceding direct object in the clause is plural, the past participle must agree with it.

2. Forms of the Relative Pronoun (Formes des pronoms relatifs)

(a) **qui, que (qu')**

The most frequently used relative pronouns are **qui** and **que**: **qui** when the relative pronoun serves as the subject in the dependent clause, **que** when it is the direct object.

Les enfants [**qui** chantent] sont très jeunes.
The children who are singing are very young.
Les enfants [**qu'**il regarde] sont très jeunes.
The children (that) he is looking at are very young.

(b) **lequel, laquelle, lesquels, lesquelles**

Lequel, laquelle, lesquels, and **lesquelles** are used when the relative pronoun with a definite antecedent follows a preposition.

Le stylo [**avec lequel** j'écris] ne marche pas bien.
The pen I am writing with does not work well.

La porte [**derrière laquelle** j'étais] s'est soudain fermée.
The door I was standing behind closed suddenly.

---

1. Contrary to English, a relative pronoun may never be omitted in French.

Les amis [**pour lesquels** j'ai acheté les billets] sont très gentils.
The friends for whom I bought the tickets are very nice.

This last example may also be expressed:

Les amis [**pour qui** j'ai acheté les billets] sont très gentils.

Unless the more specific **lequel** is necessary for clarity, **qui** is normally used after a preposition when referring to people.

(c) **où**

When the relative pronoun expresses place or time, **où** (*where* or *when*) is used.

L'appartement [**où** il demeure] est petit.
The apartment where he is living is small.

Le moment [**où** tu arrives], téléphone-moi.
The moment you arrive, call me.

(d) **ce qui, ce que (ce qu')**

Qui and **que** are often combined with **ce (ce qui, ce que)** when the antecedent of the relative pronoun is indefinite.   This use corresponds to the English expression "that which."

Dites-moi [**ce qui** est si amusant].   *Tell me what is so amusing.*
Dites-moi [**ce que** vous cherchez].   *Tell me what you are looking for.*

[**Ce qui** est intéressant], c'est sa façon de parler.
What is interesting is his way of speaking.

NOTE: When a relative clause beginning with **ce qui** or **ce que** is the subject of the sentence, the pronoun **ce** is often repeated in the main clause for clarity.

(e) **quoi**

Quoi is used as object of a preposition when the antecedent is indefinite.

Dites-moi [**de quoi** il parle].   *Tell me what he is talking about.*

(f) **dont**

The special relative pronoun **dont** (*whose, of whom, of which*) is normally used in place of **de qui, duquel, de laquelle, desquels, desquelles.**

La femme [**dont** je parle] s'appelle Marie Durand.
The woman I am talking about is named Marie Durand.

La maison [**dont** vous désirez l'adresse] est à vendre.
The house whose address you wish is for sale.

Like **qui** and **que, dont** may be used with **ce** as object of a verb followed by **de,** referring to an indefinite antecedent.

[**Ce dont** vous parlez] est fort intéressant!
What you are talking about is very interesting.

In each of these examples, the word order following **dont** is the same: **dont**—subject—verb.

3. Irregular Verb mettre (to put, place) (Verbe irrégulier mettre)

PRESENT TENSE:

je **mets**	nous **mettons**
tu **mets**	vous **mettez**
il **met**	ils **mettent**

PASSÉ COMPOSÉ: j'ai **mis**

Mettre is used in many special locutions.

J'ai mis mon imperméable.	*I put on my raincoat.*
Ils se sont mis à table.	*They sat down at the table.*
Elle l'a mis au courant.	*She informed him of the situation.*
Mettez que je n'ai rien dit.	*Forget what I said.*
Il s'est mis à parler.	*He began to speak.*

VOCABULAIRE

s'amuser	to have a good time	**gant** *m.*	glove
blonde *f.*	blond girl or woman	**hier**	yesterday
		mannequin *m.*	model
brune *f.*	brunette girl or woman	**mener**	to lead
		mince	thin
camarade de chambre *m or f.*	roommate	**montagne** *f.*	mountain
		penser	to think
c'est-à-dire	that is to say	**question** *f.*	question
conférencier *m.*	lecturer	**Suisse** *f.*	Switzerland
court	short	**tant**	so many; so much
ensemble	together	**très**	very
États-Unis *m. pl.*	United States	**vouloir dire**	to mean

EXERCICES

A. *Complétez les phrases suivantes par le pronom convenable:* **que** *ou* **qui.**

MODÈLES: **La réponse _____ vous donnez n'est pas bonne.**
La réponse que vous donnez n'est pas bonne.

Le conférencier _____ parle n'est pas très intéressant.
Le conférencier qui parle n'est pas très intéressant.

1. La robe _____ je mets est trop courte.
2. J'aime beaucoup le livre _____ vous avez là.
3. La montagne _____ il monte est en Suisse.
4. Nous avons trouvé le restaurant _____ vous cherchiez.
5. Le garçon _____ est là ne parle pas français.
6. Les monuments _____ sont intéressants sont surtout à Paris.
7. Les enfants _____ se mettent à table ne se sont pas lavés.
8. Le mannequin _____ est dans la photo est trop mince.
9. Le guide _____ nous mène attend un pourboire.
10. Les croissants _____ sont servis dans ce café sont délicieux!
11. Donnez-moi la tarte _____ vous avez commandée.
12. Les journaux _____ sont sur le bureau n'ont rien d'intéressant.
13. Avez-vous vu la petite brune _____ a acheté ces gants?
14. Les femmes _____ vous avez remarquées dans le magasin sont italiennes.
15. Les lettres _____ j'ai écrites hier soir ont disparu!

B. Pronoms relatifs indéfinis (**ce que, ce qui, quoi**). *Complétez les phrases suivantes par la forme convenable du pronom relatif.*

MODÈLE: **_____ est intéressant, c'est sa façon de parler.**
Ce qui est intéressant, c'est sa façon de parler.

1. _____ vous dites est amusant.
2. Je n'aime pas _____ il fait.
3. Elle étudie _____ est nécessaire.
4. Dites-moi sur _____ elle écrit.
5. Il regarde _____ il a acheté.

C. Pronoms relatifs après une préposition (**lequel, lesquels, laquelle, lesquelles**). *Complétez les phrases suivantes par le pronom convenable.*

MODÈLE: **Le journal dans _____ il a trouvé l'article est sur la table.**
Le journal dans lequel il a trouvé l'article est sur la table.

1. La machine sur _____ il travaille ne marche pas.

2. Le livre dans _____ il a trouvé la carte est à la maison.
3. Les papiers sont sur le bureau derrière _____ il est assis.
4. Les photos avec _____ le livre est illustré ne sont pas à propos.
5. Le journal pour _____ il écrit est bien connu.

D. *Complétez les phrases suivantes par le pronom convenable.*

1. Aimez-vous l'auto _____ il a achetée?
2. La femme _____ je parle est ma tante.
3. Le bureau _____ Paul travaille est dans cet édifice.
4. Croyez-vous _____ il dit?
5. Les journaux dans _____ j'ai lu ces articles ne sont pas récents.
6. Voilà l'ami _____ la sœur est très jolie.
7. La rue _____ se trouve le café est dans le cinquième arrondissement.
8. _____ m'intéresse est son style.
9. Il a regardé le crayon avec _____ j'ai écrit.
10. Le monsieur _____ la femme est malade est M. Nelson.
11. _____ vous dites est intéressant, mais pas très amusant!
12. Je ne sais pas de _____ il va parler.

E. *Exprimez en français.*

1. The street she is crossing . . .
2. The man who is speaking . . .
3. The apartment where he lives . . .
4. The woman of whom I spoke . . .
5. What I prefer . . .
6. What is interesting . . .
7. The table on which . . .
8. What you are doing . . .

F. *Révision. Exprimez les phrases suivantes au passé composé.**

1. J'écris une lettre à ma mère.
2. Elle se couche à huit heures du soir.
3. La jeune fille que vous regardez est très jolie.
4. A quelle heure arrive-t-il?
5. Elle descend le Mont-Blanc.
6. Tu te laves les mains.

G. *Exprimez en français.*

1. Did you answer the teacher?
2. Have you written a letter?

3. Did you go to France?
4. Have you filled your suitcase?
5. Did you arrive this morning?
6. Did you go to bed early?

LECTURE

La maison de Jacques

Voici la maison que Jacques a bâtie.

Voici le blé qu'on a mis[1] dans la maison que Jacques a bâtie.

Voici le rat qui a mangé le blé qu'on a mis dans la maison que Jacques a bâtie.

Voici le chat qui a chassé le rat qui a mangé le blé qu'on a mis dans la maison que 5
Jacques a bâtie.

Voici le chien qui a mordu le chat qui a chassé le rat qui a mangé le blé qu'on a
mis dans la maison que Jacques a bâtie.

Voici la vache qui a blessé le chien qui a mordu le chat qui a chassé le rat qui a
mangé le blé qu'on a mis dans la maison que Jacques a bâtie.   10

Voici la laitière qui a trait[2] la vache qui a blessé le chien qui a mordu le chat qui
a chassé le rat qui a mangé le blé qu'on a mis dans la maison que Jacques a
bâtie.

Voici le grand gars[3] qui a embrassé la laitière qui a trait la vache qui a blessé le
chien qui a mordu le chat qui a chassé le rat qui a mangé le blé qu'on a mis dans 15
la maison que Jacques a bâtie.

Voici le prêtre qui les a mariés: le grand gars qui a embrassé la laitière qui a trait
la vache qui a blessé le chien qui a mordu le chat qui a chassé le rat qui a mangé
le blé qu'on a mis dans la maison que Jacques a bâtie.

QUESTIONS

1. Qui a bâti la maison où l'on a mis le blé?
2. Qu'est-ce que le chien a fait?
3. Qui a embrassé la laitière?
4. Qu'a fait le prêtre?

---

1. **le blé qu'on a mis** *the wheat which was put (lit., which one put)*. 2. **la laitière qui a trait** *the milkmaid who milked*. 3. **le grand gars** *the big fellow*.

Le Message

La porte que quelqu'un a ouverte
La porte que quelqu'un a refermée
La chaise où quelqu'un s'est assis
Le chat que quelqu'un a caressé
Le fruit que quelqu'un a mordu
La lettre que quelqu'un a lue
La chaise que quelqu'un a renversée
La porte que quelqu'un a ouverte
La route où quelqu'un court encore
Le bois que quelqu'un traverse
La rivière où quelqu'un se jette
L'hôpital où quelqu'un est mort

Jacques Prévert. © Editions Gallimard.

QUESTIONS

1. Qui est ce «quelqu'un» dont on parle dans ce poème?
2. Quelle porte ouvre-t-il?
3. Que dit la lettre?
4. Pourquoi «quelqu'un» se jette-t-il dans la rivière?
5. Quel est le message?

La blanchisserie se trompe

CONVERSATION

(*Solange est passée par la blanchisserie pour chercher les vêtements de Karen. Ensuite elle les lui a apportés.*)

Karen: Mais, à qui est cette blouse? Je n'ai pas de blouse en crêpe, moi!

Solange: Elle est très jolie, ne vous plaignez pas!

Karen: Et ces mouchoirs? Je ne leur en ai donné que cinq et en voici quinze!

Solange: C'est un miracle! Ces choses n'arrivent pas à tout le monde!

Karen: Regardez cette robe! Orange à pois!

Solange: C'est assez gai, vous ne trouvez pas?

Karen: Et ces chaussettes! Cette paire-ci est énorme et ces autres sont des socquettes d'enfant. D'ailleurs, je n'en avais point!

Solange: Cette fois la blanchisserie s'est bien trompée!

Karen: C'est dommage — ce chemisier bleu est joli, mais il est trop petit.

PATTERN SENTENCES

MODÈLE: Mais, à qui est *cette blouse?*

Mais, à qui est	cette blouse? cette chaussette? cette robe? ce chemisier? ce mouchoir?

MODÈLE: *Cette paire-ci est énorme* mais ces autres me vont très bien.

Cette paire-ci est énorme Cette robe-ci est petite Ces socquettes noires sont trop longues Ce chemisier bleu est trop petit	mais ces autres me vont très bien.

GRAMMAIRE

1. Simple Past (Passé simple)

Le 17 juin 1940, le maréchal Pétain **annonça** à une nation démoralisée qu'il avait demandé l'armistice; le même jour, Charles de Gaulle, sous-secrétaire d'État, **accompagna** un ami à l'aérodrome, et quand l'avion **commença** à rouler sur la piste, de Gaulle et son aide de camp **sautèrent** à bord.

June 17, 1940, Marshall Pétain announced to a demoralized nation that he had requested an armistice; the same day, Charles de Gaulle, Undersecretary of State, accompanied a friend to the airport, and when the plane began to roll down the runway, de Gaulle and his assistant leaped on board.

(a)   General Usage of **Passé Simple**

The **passé composé,** which is used to describe single, specific, completed actions in the past, is often replaced in formal writing by the **passé simple** (or **passé défini**).   The **passé simple** occurs primarily in literature, where the descriptive setting is given in the **imparfait,** while the events which take place against that setting are given in the **passé simple.**   It corresponds to the simple past in English (*I want, she spoke, they stayed*), except that its use is more limited and occurs most often in the third person singular and plural.   Rarely (only in some parts of Normandy and in the South) will the **passé simple** be heard in spoken French. It is above all a literary tense.   Let us read a bit more of the passage above ...

Le jour suivant, il était en Angleterre, et à six heures du soir, devant un micro de la B. B. C. où de Gaulle employait toute son éloquence dans un appel passionné à tous ses amis en France de venir en Angleterre continuer la résistance française.   Il se **trouva** tout seul, mais par ses efforts il **créa** une France libre avec une armée, les Forces Françaises libres.   Il était détesté par beaucoup—des Anglais, des Américains, même des Français, mais l'honneur de la France, c'était lui.

(b) Formation of the **Passé Simple**

The **passé simple** is formed much like the present indicative. The stem for regular verbs is the present-tense stem:

FIRST CONJUGATION: **parl** / er
SECOND CONJUGATION: **fin** / ir
THIRD CONJUGATION: **entend** / re

To the stem are added the appropriate **passé simple** endings.

FIRST CONJUGATION		SINGULAR		PLURAL
First Person	-ai	je **parlai**	-âmes	nous **parlâmes**
Second Person	-as	tu **parlas**	-âtes	vous **parlâtes**
Third Person	-a	il **parla**	-èrent	ils **parlèrent**

SECOND AND THIRD CONJUGATIONS

First Person	-is	je **finis, perdis**	-îmes	nous **finîmes, perdîmes**
Second Person	-is	tu **finis, perdis**	-îtes	vous **finîtes, perdîtes**
Third Person	-it	il **finit, perdit**	-irent	ils **finirent, perdirent**

Irregular verbs have a special stem which must be learned for each verb. Sometimes this stem resembles the past participle of the verb:

INFINITIVE	PAST PARTICIPLE	PASSÉ SIMPLE
boire	**bu**	je **bus**
dire	**dit**	je **dis**

Many irregular verbs and most verbs whose infinitives end in **-oir (pouvoir, vouloir),** add these endings to form the passé simple:

First Person	-us	je **voulus**	-ûmes	nous **voulûmes**
Second Person	-us	tu **voulus**	-ûtes	vous **voulûtes**
Third Person	-ut	il **voulut**	-urent	ils **voulurent**

(c) **Passé Simple** of **être, avoir**

être	**avoir**
je **fus**	j'**eus**
tu **fus**	tu **eus**
il **fut**	il **eut**
nous **fûmes**	nous **eûmes**
vous **fûtes**	vous **eûtes**
ils **furent**	ils **eurent**

2. Demonstrative Adjectives (Adjectifs démonstratifs)

Comment trouvez-vous **cette** robe? *How do you like this dress?*
Je n'aime pas **ces** journaux.   *I do not like these newspapers.*

Demonstrative adjectives are modifiers which point out a specific noun. Like other adjectives, these must agree with the noun they describe in gender and number: **cette robe; ces journaux.**

The demonstrative adjectives are:

ce   *this* or *that* before a masculine singular noun beginning with a consonant

cet   *this* or *that* before a masculine singular noun beginning with a vowel sound

cette   *this* or *that* before a feminine singular noun

ces   *these* or *those* before plural nouns, masculine or feminine

Note that French does not distinguish between *this—that, these—those,* as English does. To differentiate between two objects, people, or ideas, or to distinguish what is near from what is far, or simply to provide added stress, the adverbs **ci** and **là** are often joined to the noun by a hyphen.

Cette femme-ci est plus belle que **cette femme-là.**
This woman is more beautiful than that woman.

Préférez-vous **ces livres-ci** ou **ces livres-là**?
Do you prefer these books or those books?

VOCABULAIRE

aller	to fit, suit	**orange**	orange colored
blanchisserie *f.*	laundry	**paire** *f.*	pair
blouse *f.*	blouse	**se plaindre**	to complain; to pity oneself
crêpe *m.*	crepe fabric		
chaussette *f.*	sock	**(à) pois**	polka-dotted
chemisier *m.*	woman's shirt	**regarder**	to look at
d'ailleurs	besides	**robe** *f.*	dress
enfant *m.*	child	**socquette** *f.*	child's sock
miracle *m.*	miracle	**vêtements** *m. pl.*	clothing
mouchoir *m.*	handkerchief		

EXERCICES

A. *Verbes irréguliers au présent. Complétez les phrases suivantes par la forme convenable de l'indicatif ou du subjonctif.*

1. (faire)   Que _____-tu maintenant?
2. (faire)   Ils ne _____ jamais rien!
3. (écrire)   Il est bon qu'elle _____ une lettre à sa mère.
4. (pouvoir) Nous ne _____ pas le faire.
5. (dire)   Il ne _____ rien.
6. (être)   Pensez-vous qu'il _____ là?
7. (faire)   Nous _____ nos devoirs ensemble.
8. (pouvoir) Je regrette que tu ne _____ pas y aller.

B. *Exprimez au passé composé.*

MODÈLE: **Ce matin je me levai de bonne heure.**
Ce matin je me suis levé de bonne heure.

Ce matin-là je me levai de bonne heure. J'allai à la fenêtre et je regardai le soleil qui se levait. Il faisait très beau, et je restai là à la fenêtre assez long-temps. Puis, je m'habillai et je descendis pour aller prendre le petit déjeuner. La concierge me regarda passer, mais elle ne dit rien. Je sortis. Au coin, je rencontrai mon ami Jean-Claude, et ensemble nous allâmes au café où nous mangeâmes des croissants et nous bûmes du café. Ensuite, Jean-Claude partit pour son travail. Moi aussi je quittai le café, et je rentrai pour étudier.

C. *Exprimez au passé simple.*

MODÈLE: **il a causé**
il causa

1. tu as causé
2. vous avez choisi
3. elle a entendu
4. je suis monté
5. nous ne sommes pas passés
6. tu n'as pas été
7. ils ont eu
8. se sont-elles couchées?

D. Adjectifs démonstratifs. *Répondez aux questions suivantes en vous servant d'un adjectif démonstratif.**

MODÈLE: **Quelle blouse avez-vous achetée?**
J'ai acheté cette blouse-ci.

CENT SOIXANTE-CINQ

1. Quelle robe avez-vous achetée?
2. Quelles lettres avez-vous écrites?
3. Quels livres avez-vous lus?
4. Quel chemisier avez-vous choisi?
5. Quel musée avez-vous visité?
6. Quels enfants regardez-vous?
7. Quelles leçons étudiez-vous?
8. Quel disque avez-vous écouté?

E.   *Révision. Répondez aux questions suivantes à l'imparfait.*

MODÈLE: **Allais-tu en ville?**
    Oui, j'allais en ville.

1. Allions-nous ensemble?
2. Écriviez-vous une lettre?
3. Finissais-tu ta leçon?
4. Perdiez-vous votre temps?
5. Disiez-vous la vérité?
6. Faisais-tu tes devoirs?

LECTURE

Le courrier du cœur[1]

En France, comme ailleurs, il arrive au cours de la vie[2] qu'on ait besoin de conseils. Si on n'a pas de confident ou de confidente,[3] on s'adresse[4] très souvent à ces oracles des magazines,[5] les journalistes qui se spécialisent dans
5   *les affaires de cœur.[6]*

Chère tante Amalie,

J'ai dix-neuf ans et la femme que j'aime a vingt-trois ans. Nous habitons la même ville où moi je suis garagiste[7] et elle est sténodactylo.[8] Nous voulons nous marier, mais ma famille y est très opposée, donnant comme raison[9] la différence
10 d'âge. Qu'est-ce que vous en pensez?

Maurice

---

1. **courrier du cœur** *advice column in magazines.* 2. **au cours de la vie** *in the course of life.* 3. **confident ou de confidente** *confidant(e).* 4. **s'adresse** *addresses oneself to, turns to.* 5. **oracles des magazines** *magazine oracles.* 6. **affaires de cœur** *affairs of the heart, romantic involvements.* 7. **garagiste** *garage owner and mechanic.* 8. **sténodactylo** *secretary-typist.* 9. **donnant comme raison** *giving as a disadvantage.*

Cher Maurice,

Aujourd'hui un homme peut se marier avec une femme plus âgée que lui sans être critiqué ou calomnié.[10] Au fait, donnant le taux de mortalité masculine,[11] il serait peut-être prudent de choisir une épouse plus âgée que soi. D'ailleurs, 15 avec le temps la différence d'âge disparaît. Pourtant il est possible que vos parents sachent autre chose sur cette jeune femme mais hésitent à vous le dire. Parlez-leur très franchement avant de prendre une décision.[12]

Chère tante Amalie,

Il y a trois ans je me mariai avec l'homme de mes rêves.[13] Il était gentil, beau, 20 et même assez riche! Il avait une bonne situation[14] et l'avenir[15] lui semblait favorable. La première année de notre vie conjugale[16] fut parfaite. Nous faisions tout ensemble; nous ne nous séparâmes pas un instant sauf pendant ses heures de bureau.[17] Après six mois nous achetâmes une jolie petite villa avec un jardin. Je fus très contente et je passai tout mon temps à bien tenir la maison[18] et à faire 25 la cuisine.[19] Je tins la maison immaculée[20]—l'ordre et la propreté[21] comptent beaucoup pour moi. Je préparais de très bons repas—j'aime beaucoup faire la cuisine—et je les servais toujours promptement à l'heure.[22] Je me souciais de ses habits,[23] qu'ils soient toujours impeccables, et je me concernais de sa santé[24]— je lui persuadai de ne plus fumer. En somme, je fis tout mon possible[25] pour être 30 une bonne épouse.

Malgré[26] mes efforts, il semble que je ne réussisse pas. Depuis un an il fréquente de moins en moins[27] notre petit foyer.[28] Il part tôt[29] le matin et il rentre tard[30] le soir. Il me dit que son bureau l'oblige à voyager[31] souvent, surtout à Londres. Dans l'espace d'un mois,[32] il a passé trois week-ends en voyage, dont 35 l'un en Angleterre. J'aimerais beaucoup l'accompagner, mais il ne m'invite jamais. Qu'est-ce que je dois faire?

Madame L.

---

10. **calomnié** *slandered*. 11. **le taux de mortalité masculine** *the male mortality rate*. 12. **prendre une décision** *making a decision*. 13. **l'homme de mes rêves** *the man of my dreams*. 14. **avait une bonne situation** *held a good job*. 15. **l'avenir** *future*. 16. **la vie conjugale** *married life*. 17. **heures de bureau** *office hours*. 18. **tenir la maison** *keeping house*. 19. **faire la cuisine** *to cook, do the cooking*. 20. **immaculée** *immaculate*. 21. **la propreté** *cleanliness*. 22. **à l'heure** *on time*. 23. **me souciai de ses habits** *worried about his clothes*. 24. **me concernai de sa santé** *concerned myself with his health*. 25. **tout mon possible** *all I could possibly do*. 26. **malgré** *in spite of*. 27. **de moins en moins** *less and less*. 28. **le foyer** *home*. 29. **tôt** *early*. 30. **tard** *late*. 31. **l'oblige à voyager** *obliges him to travel*. 32. **dans l'espace d'un mois** *in the space of one month*.

. . . il fréquente de moins en moins
notre petit foyer. (*John J. Long*)

Chère Madame L.,

Ce qui saute aux yeux[33] c'est que vous êtes préoccupée par les affaires de 40
ménage.[34]   Laissez un peu la vaisselle,[35] lisez plutôt un bon roman; sortez de
votre cuisine; intéressez-vous aux affaires de votre mari, non seulement à ses
vêtements!   Il commence à vous trouver ennuyeuse;[36] c'est à vous de lui prouver
que vous ne l'êtes pas!

QUESTIONS

1. Pourquoi la famille de Maurice est-elle opposée à son projet de mariage?
2. Quels conseils tante Amalie donne-t-elle à Maurice?
3. Est-ce que Madame L. est une bonne épouse?
4. Pourquoi son mari la trouve-t-il ennuyeuse?
5. Êtes-vous d'accord avec les conseils de tante Amalie?

---

33. **saute aux yeux** *leaps to one's attention.*   34. **le ménage** *housekeeping.*   35. **la vaisselle**
the dishes.   36. **ennuyeuse** *dull, boring.*

Erreur au cabaret

CONVERSATION

(*Marc et Georges cherchent leurs affaires au vestiaire.*)

Marc:	Hélas, mademoiselle! J'ai perdu le jeton!
Georges:	Mais quelle chance! Je les vois d'ici! Mademoiselle, ce pardessus là-bas à gauche est le sien, et celui-ci est le mien.
Marc:	C'est possible, mais je crois que tu te trompes. Celui-ci n'est pas le mien, c'est le tien . . .
Georges:	Mais regarde ce bouton—le mien n'en a plus. C'est le tien.
Demoiselle:	Si ce ne sont pas les vôtres, messieurs, il faut les rendre!
Un monsieur:	Ne discutez plus, messieurs—ce sont les miens, merci!
Marc:	Georges, je viens de m'en souvenir: les nôtres sont chez nous. Nous ne les avons pas portés aujourd'hui!
Georges:	Ah!

PATTERN SENTENCES

MODÈLE: Ce pardessus là-bas est *le sien.*

Ce pardessus là-bas est	le sien.
	le mien.
	le tien.
	le vôtre.

MODÈLE: *Si ce ne sont pas les vôtres*, il faut les rendre.

Si ce ne sont pas les vôtres, Si ce ne sont pas les nôtres, Si ce ne sont pas les leurs, Si ce ne sont pas les tiens,	il faut les rendre.

MODÈLE: Ne discutez plus—ce sont *les miens!*

Ne discutez plus—ce sont	les miens! les siens! les vôtres! les leurs! les tiennes!

GRAMMAIRE

1. Possessive Pronouns (Pronoms possessifs)

Possessive pronouns are used in French to replace a possessive adjective + noun. The pronoun has two parts: The appropriate definite article **le, la, les** (which follows normal rules of contraction) and another part which resembles somewhat the possessive adjective. Both parts must reflect the number and gender of the noun they replace.

mes livres   **son cahier**
my books   *his notebook*

Ce sont **mes livres.**   Voilà **son cahier.**
These are my books.   *There is his notebook.*

Ce sont **les miens.**   Voilà **le sien.**
These are mine.   *There is his.*

The possessive pronouns are:

SINGULAR		PLURAL		
MASCULINE	FEMININE	MASCULINE	FEMININE	
le mien	**la mienne**	**les miens**	**les miennes**	*mine*

le tien	la tienne	les tiens	les tiennes	*yours*
le sien	la sienne	les siens	les siennes	*his, hers, its*
le nôtre	la nôtre	les nôtres	les nôtres	*ours*
le vôtre	la vôtre	les vôtres	les vôtres	*yours*
le leur	la leur	les leurs	les leurs	*theirs*

2. Ce—Demonstrative Pronoun (Ce—Pronom démonstratif)

(a) **Ce,** which you have already met as a demonstrative *adjective*, is also used as a demonstrative pronoun preceding the verb **être.** It replaces a subject which has already been referred to.

Qui est-ce? **C'est** Georges Renaud.
Who is that? It's Georges Renaud.

Voyez-vous cet homme? **C'est** le propriétaire.
Do you see that man? He's the owner.

Chambord? **C'est** un immense château de style Renaissance.
Chambord? It's an immense castle of Renaissance style.

Note that in the examples above **être** is followed by a predicate noun and its modifiers: **le propriétaire, un immense château.**

(b) **Ce** always precedes **être** before a pronoun.

Ce livre? **C'est le mien.**
This book? It's mine.

When **ce** precedes **moi, toi, lui, elle, nous, vous, eux, elles,** it gives emphasis to the personal pronoun.

Mais **c'est vous** qu'il cherche!
But it's you he's looking for!

C'était lui qui était responsable.
It was he who was responsible.

(c) Although **être** may vary in tense (it is usually present or imperfect), it seldom changes in person. **Ce** is always followed by the third person singular form **(est, était)** or the third person plural form **(sont, étaient).**

C'est moi.	*It is I.*
Est-ce vous?	*Is it you?*
C'étaient nous qui l'avons fait.	*It was we who did it.*
Ce sont elles qui ont téléphoné.	*It is they who called.*
C'étaient les enfants qui l'ont fini.	*It was the children who finished it.*

(d) In addition to pointing out specific things or people, **ce** also may replace an idea.

On dit qu'il est très riche, mais **ce** n'est pas vrai.
They say he's very rich, but that's not true.

Vas-tu demain à Chartres?—**C'**est possible.
Are you going to Chartres tomorrow?—It's possible.

3. Il, elle, ils, elles

The pronouns **il, elle, ils, elles** are used instead of **ce** when the verb **être** is followed by an adjective or an adverb, or a prepositional phrase which functions as an adjective or adverb, modifying a specific antecedent whose gender and number are known.

Il est immense.	*It (or he) is huge.*
Elle est très jolie.	*It (or she) is very pretty.*
Il est à Paris.	*It (or he) is at Paris.*

(**à Paris,** a prepositional phrase which serves here as adverb)

Elle est de New-York.	*She is from New York.*
Ils sont ici.	*They are here.*

When nouns of profession, religion, or nationality follow the verb **être** and are not modified in any way, they are regarded as adjectives rather than nouns.

Il est professeur.	*He is a teacher.*
C'est un bon professeur.	*He is a good teacher.*

Elle est française.	*She is French.*
C'est une Française.	*She is a Frenchwoman.*

4. Croire, voir — Present Tense

croire *to believe*	voir *to see*
je **crois**	je **vois**
tu **crois**	tu **vois**
il **croit**	il **voit**
nous **croyons**	nous **voyons**
vous **croyez**	vous **voyez**
ils **croient**	ils **voient**

PAST PARTICIPLE: **cru**   PAST PARTICIPLE: **vu**

VOCABULAIRE

affaires f. pl.	things, belongings	**messieurs** m. pl.	gentlemen; plural of
bouton m.	button		**monsieur**
cabaret m.	night club	**paraître**	to appear; to seem
chez	at the home of; at the	**pardessus** m.	man's overcoat
	place of	**porter**	to wear; to carry
demoiselle f.	young woman	**remettre**	to put back
discuter	to discuss	**restaurant** m.	restaurant
erreur f.	error	**se souvenir**	to remember
(à) gauche	on the left	**venir de** + inf.	to have just . . .
hélas	alas	**vestiaire** m.	cloakroom
jeton m.	token; check		

EXERCICES

A. *Verbes irréguliers au présent. Complétez les phrases suivantes par la forme convenable du présent.*

MODÈLE: **(croire)** _____-tu à son innocence?
Crois-tu à son innocence?

1. (croire)   _____-vous cette histoire?
2. (avoir)   Ils n'_____ pas d'argent.
3. (pouvoir)   Elle _____ bien aller à Paris.
4. (voir)   Le _____-tu?
5. (lire)   Que _____-il?
6. (croire)   Je _____ que vous avez raison.
7. (s'écrire)   Elles _____ l'une à l'autre en français.
8. (croire)   Elles ne le _____ pas.

B. *Remplacez les mots en italiques par le pronom possessif.* *

MODÈLE: **Je n'aime pas ma classe.**
Je n'aime pas la mienne.

1. Je n'aime pas *ma voiture*.
2. A-t-il lu *son livre?*
3. Marie a vu *ses amies*.
4. Elles n'ont pas *leurs stylos*.
5. Regardes-tu *tes lettres?*
6. Tu as trouvé *ta lettre* et *ma lettre* aussi.

C. *Répondez aux questions suivantes à la forme négative, disant que vous préférez les vôtres.**

    MODÈLE: **Voulez-vous mon livre de français?**
           Merci, je préfère le mien.

    1. Voulez-vous mon livre d'espagnol?
    2. Voulez-vous ma chaise?
    3. Voulez-vous ces journaux?
    4. Voulez-vous cet appareil?

D. *Répondez aux questions suivantes à la forme affirmative, remplaçant le nom sujet par un pronom.**

    MODÈLES: **Votre mère est-elle ici?**
            Oui, elle est ici.

            Versailles est-il un grand palais?
            Oui, c'est un grand palais.

    1. Ta sœur est-elle absente?
    2. Ces livres sont-ils intéressants?
    3. Paris est-il (en) France?   *proposition, Oui il est en France.*
    4. La Tour Eiffel est-elle très haute?
    5. Le Louvre est-il un grand musée?
    6. M. Dupont est-il un bon professeur?
    7. Ces livres sont-ils des romans policiers?
    8. *L'Humanité* est-il un journal communiste?

E. *Complétez les phrases suivantes par le pronom convenable.*

    MODÈLES: _____ **est le plus grand musée du monde.**
            C'est le plus grand musée du monde.

            _____ **sont très longues.**
            Elles sont très longues.

    1. _____ est un grand théâtre à Paris.
    2. _____ était une bonne position.
    3. _____ est très brave.
    4. Connaissez-vous ce garçon? _____ est américain.
    5. Vois-tu cette cathédrale? _____ est à Paris.
    6. Regardez cette auto. _____ est une Dauphine.
    7. Voulez-vous ce livre? _____ est un roman policier.

8. Connaissez-vous M. Dupont? _il_ est médecin.
9. _C'est_ est un très bon médecin.
10. _Ce_ sont mes amis. _Ils_ sont à la maison.
11. _C'_ est possible que les enfants soient en classe.
12. _c'_ était une merveilleuse chanson.

F. Exercice de révision. *Complétez les phrases suivantes par la forme convenable de l'adjectif.*

> MODÈLE: **(mon)** _____ **frères sont dans la salle de conférence.**
> **Mes frères sont dans la salle de conférence.**

1. (mon)   _____ sœur Chantal est chez nous.
2. (ce)   Je n'aime pas _____ élèves stupides!
3. (son)   Il trouve _____ professeurs bien intéressants.
4. (heureux)   Les femmes _____ sont toujours plus jolies.
5. (beau)   Ce _____ homme est mon cousin.
6. (gentil)   Tu es très _____, Marie.
7. (bon)   Quelles _____ nouvelles!
8. (tout)   _____ les autos sont belles cette année.
9. (bleu, beau)   Ces chapeaux _____ sont _____, n'est-ce pas?
10. (vieux)   Ce _____ homme porte un _____ manteau et une _____ chemise.

G. *Répondez aux questions suivantes en employant des pronoms démonstratifs.*

> MODÈLE: **Qu'est-ce que la Marseillaise?**
> **C'est l'hymne national de France.**

1. Qu'est-ce que la Sorbonne?
2. Qu'est-ce que la Seine?
3. Qu'est-ce qu'un concierge?
4. Qu'est-ce que Paris?
5. Qu'est-ce que le français?
6. Qu'est-ce qu'un étudiant?

LECTURE

Le cynique

Il est dans la nature de l'Homme de s'intéresser surtout aux choses qui lui appartiennent et de toujours vouloir surpasser ou dénigrer[1] celles des autres.

---

1. **dénigrer** *to disparage.*

En voici des exemples: Si ma femme est jolie, la vôtre est belle, mais la sienne est ravissante; si mes enfants sont gentils, les vôtres sont charmants, mais les siens 5 sont adorables; si mon petit chien sait faire le beau,[2] le vôtre est bien dressé,[3] mais le sien est champion; si mes idées ne sont pas mauvaises, les vôtres ont une certaine valeur, mais les siennes dénotent le génie; et ainsi de suite.[4]

Seulement quand il s'agit de[5] ce qu'il ne désire pas, accorde-t-il aux autres la possibilité de succès—ses péchés[6] sont tout petits, les vôtres sont graves, mais 10 les miens sont irrémissibles![7]

QUESTIONS

1. A quoi l'Homme s'intéresse-t-il surtout?
2. Si nos enfants sont gentils, comment sont les siens?
3. Quand permet-il aux autres la possibilité de succès?
4. Êtes-vous cynique? Pourquoi (pas)?

---

2. **faire le beau** *sit up and beg.* 3. **bien dressé** *well trained.* 4. **ainsi de suite** *and so forth.*
5. **il s'agit de** *it is a question of.* 6. **ses péchés** *his sins.* 7. **irrémissibles** *unpardonable.*

Prononciation– Intonation

A. Introduction

Of all the elements that make up what we commonly call "a foreign accent," there is none so important as intonation—or the melody of speaking that foreign language. Pronunciation of vowels and consonants can be discussed fairly objectively and in a rather definite manner through the use of phonetic symbols, but how can one describe accurately in print the rise and fall in pitch of the voice? An additional problem in French intonation is that there is seldom one single "correct" way of saying a phrase: The same French person might well say a sentence one way on one occasion and quite differently on another, depending on the sense which he wishes to convey, or the mood he is in or, quite simply, to gain variety in his speech.

The best guide is your ear. The visual indications in this lesson are only aids and approximations. Stress, duration, rhythm, and other factors which are often a part of an intensive study of intonation will not be considered in this introduction except for one word of caution: Because the French and the English languages share many basic words, you may have a tendency to use the same stress pattern on a French word as you are accustomed to using on its English look-alike. In a phrase such as **il est arrivé,** being used to saying *ar-rive* you may well remember the French pronunciation of the vowel **i** but forget that the stress is no longer on that sound. Rather, you must say **ar-ri-vé;** and if there is to be any stress at all, it must now be on **-vé.**

B. Sentence Patterns

Just as the statement "You are going to class" can be made a question simply by raising the voice at the end: "You are going to class?," so French patterns of intonation often differ with the kind of sentence.   Three basic kinds of sentences are: declarative or descriptive sentences, questions, and exclamations.

1. Declarative or Descriptive Sentences

In most declarative sentences, particularly very simple sentences, two voice progressions can be distinguished: a rising and a falling progression. This does not mean, of course, that it is a matter of straight lines mounting in a steady, regular progression from one low pitch to a relatively high pitch.   Such a singsong pattern would be easy to diagram but extremely monotonous and unpleasant to listen to:

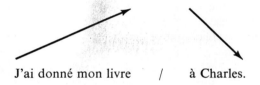

J'ai donné mon livre   /   à Charles.

Rather, there will always be modulation varying from one speaker to another but adding to the interest and variety of the sentence. In actual practice, the sentence above might well be illustrated this way:

J'ai donné mon livre   /   à Charles.

Note that this time, instead of a voice progression of a single ascending line followed by a descending line, the voice now dips and rises to allow much more variety.   Obviously, the amount of variety possible in any one sentence depends on the length of the sentence and on the rapidity with which it is spoken.   An expanded sentence such as: **Ce matin, j'ai donné mon livre de français, qui a été écrit par un professeur à la Sorbonne, à Charles, qui est l'ami de mon frère** permits much more variety than the brief **J'ai donné mon livre à Charles.**

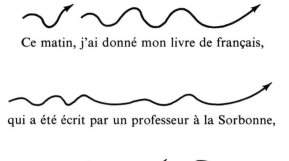

Ce matin, j'ai donné mon livre de français,

qui a été écrit par un professeur à la Sorbonne,

à Charles, qui est l'ami de mon frère.

Another difference in intonation which becomes apparent in the longer sentence is that of the grouping of words. **Ce matin** forms a small group separated from the rest of the sentence by a comma, which normally indicates a brief pause or break. The second group is made up of **j'ai donné mon livre de français,** followed by a comma which separates it from the relative clause **qui a été écrit par un professeur à la Sorbonne; à Charles** is the third group, with the identifying clause **qui est l'ami de mon frère** making up still a fourth group. Separating words into groups, while admittedly artificial and bordering on the mechanical, can offer valuable practice to those for whom listening alone is not sufficient. Although these groupings are seldom arbitrary, the sense of the sentence will dictate certain groups, while further divisions will depend on the speaker.

In listening to the sentence above pronounced by a native speaker, several observations can be made. First of all, the sentence begins on a relatively low tone, and normally, at the final period, the speaker's voice is back on that tone, indicating the completion of the idea. Each word group begins on a tone just a little lower in pitch than that on which the preceding group ended. In the sentence above, for example, **j'ai** begins just a little lower in pitch than **-tin,** and **qui** is slightly lower than **-çais.** Contrary to English intonation, which often drops in pitch at a comma or other break, French intonation rises until the last syllable of the last group, when the voice returns to the low point at which it began.

J'ai donné mon livre de français à Charles, l'ami de mon frère.

Le treize mai il est parti avec ses parents, au bord de la mer.

Les élèves étudiaient le français, l'anglais, la géographie et l'histoire.

2. Interrogative Sentences

Listening to a native French speaker as he asks questions suggests that the intonation pattern for questions depends somewhat on the way in which the question is phrased. If, for example, the question can be answered with a simple yes or no, the intonation may well resemble that of a similar English question: Beginning on a fairly low note, the voice rises until the end.

Va-t-il à Paris?   Voulez-vous du pain?

Questions which begin with an interrogative pronoun or adjective follow a different pattern, with the interrogative word (if that seems to be the most important word) generally high in pitch and the rest of the question dropping.

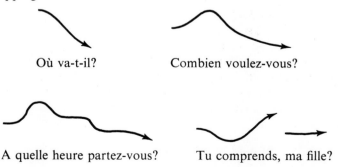

Où va-t-il?   Combien voulez-vous?

A quelle heure partez-vous?   Tu comprends, ma fille?

3. Exclamatory Sentences

Perhaps the best way of illustrating the intonation pattern of exclamatory sentences is to refer to the arrows:

Quelle horreur!   Oh! quelle belle robe!   Par exemple!

EXERCISES—DECLARATIVE SENTENCES *

 1. Il n'aime pas le vin.
 2. Les élèves sont en classe.
 3. Elles vont en ville ensemble.
 4. M. Digras voyage toujours par avion.
 5. Elle a acheté des oranges, des pommes, du fromage et du pain.
 6. Je me lève tous les jours à huit heures.
 7. Il a vu la Tour Eiffel, le Louvre, l'Arc de Triomphe et la Madeleine.
 8. Aujourd'hui nous avons passé toute la journée à l'université.
 9. J'aime beaucoup les pieces de théâtre, mais je déteste les romans.
10. Son frère, qui est assez intelligent mais paresseux, est étudiant ici.
11. Ce matin comme toujours, l'enfant s'est levé à sept heures.
12. On pardonne toujours à ceux que l'on aime.

EXERCISES—INTERROGATIVE SENTENCES *

 1. Quand partirez-vous?
 2. Que veut-il faire?
 3. Avec quoi écrivez-vous?
 4. Voulez-vous aller en France?
 5. Est-ce que vous voulez aller en France?
 6. Ne voulez-vous pas venir?
 7. Pourquoi cherche-t-il le professeur?
 8. Comment va-t-il le faire?
 9. Combien de cours suivez-vous?
10. De qui parlez-vous?

EXERCISES—EXCLAMATORY SENTENCES *

1. Comment!
2. Par exemple!
3. Donnez-le-moi!
4. N'y touchez pas!
5. Cherchez-le!
6. Dites-le-nous!
7. Répondez à la question!
8. Ne la regardez pas!

«Comment! Vous n'enseignerez pas?» (*John J. Long*)

Projets d'avenir

CONVERSATION

Solange:	Que ferez-vous quand vous finirez vos études?
Marc:	Je ne sais pas encore. Sûrement, je voyagerai.
Solange	Vous ne ferez pas comme tous les jeunes Américains?
Marc:	Comment?
Solange:	Vous n'allez pas vous installer tout de suite dans une petite ville du Mid-West avec votre père?
Marc:	Mon Dieu, non! Bien sûr, j'irai lui rendre visite, mais je n'y resterai pas. D'ailleurs, tous les jeunes Américains ne font pas comme ça. Et pourquoi me demandez-vous ça?
Solange:	Oh, pour rien!
Marc:	Que ferez-vous?
Solange:	Oh, ça dépend. Je deviendrai peut-être dactylo — comme ça je serai plus libre.
Marc:	Comment! Vous n'enseignerez pas?
Solange:	Oh si, si, si . . . mais pas tout de suite.
Marc:	Je ne comprends pas.
Solange:	Non! Les hommes ne comprennent jamais.

PATTERN SENTENCES

MODÈLE: Que ferez-vous quand vous *finirez vos études?*

Que ferez-vous quand vous	finirez vos études? voyagerez en France? irez lui rendre visite? enseignerez?

MODÈLE: *J'irai lui rendre visite,* mais je n'y resterai pas.

J'irai lui rendre visite, J'irai voir le Mid-West, J'enseignerai à Paris, Je voyagerai en France,	mais je n'y resterai pas.

MODÈLE: *Je deviendrai dactylo*—comme ça je serai plus libre.

Je deviendrai dactylo— Je finirai mes études— Je voyagerai en été— Je ferai comme vous—	comme ça je serai plus libre.

GRAMMAIRE

1. Future Tense (Futur)

(a) General Functions of the Future Tense

Actions which will take place at a future point in time are expressed in several ways in French. You have already used the verb **aller** for this purpose.

Il **va partir** tout de suite! *He is going to leave immediately.*

Actions which will definitely take place, or those which will take place in the very near future, are sometimes expressed by the present indicative (as in English).

Je **pars** à trois heures.   *I am leaving at three o'clock.*

Generally, however, actions which will take place in the future are expressed by the future tense.

(b) Formation

All French verbs use the same set of endings to form the future tense.

	SINGULAR	PLURAL
FIRST PERSON	**-ai**	**-ons**
SECOND PERSON	**-as**	**-ez**
THIRD PERSON	**-a**	**-ont**

In all regular verbs and many irregular verbs, these endings are attached to the infinitive form of the verb.   Third conjugation verbs (**perdre, répondre, entendre),** drop the final **-e** before adding the future tense ending.

je **parlerai**	*I will speak*	je **finirai**	*I will finish*
tu **parleras**	*you will speak*	tu **finiras**	*you will finish*
il **parlera**	*he will speak*	il **finira**	*he will finish*
nous **parlerons**	*we will speak*	nous **finirons**	*we will finish*
vous **parlerez**	*you will speak*	vous **finirez**	*you will finish*
ils **parleront**	*they will speak*	ils **finiront**	*they will finish*
j'**entendrai**	*I will hear*	je **partirai**	*I will leave*
tu **entendras**	*you will hear*	tu **partiras**	*you will leave*
il **entendra**	*he will hear*	il **partira**	*he will leave*
nous **entendrons**	*we will hear*	nous **partirons**	*we will leave*
vous **entendrez**	*you will hear*	vous **partirez**	*you will leave*
ils **entendront**	*they will hear*	ils **partiront**	*they will leave*

(c) Irregular Verb Stems

Some verbs have an irregular future stem, and these must be learned for each verb.   The regular future-tense endings are then added to this stem. The most common of these verbs are:

INFINITIVE	FUTURE STEM	EXAMPLE
aller	**ir-**	**j'irai** *I will go*
avoir	**aur-**	**j'aurai** *I will have*
courir	**courr-**	**je courrai** *I will run*

devoir	devr-	je devrai *I will owe*
envoyer	enverr-	j'enverrai *I will send*
être	ser-	je serai *I will be*
faire	fer-	je ferai *I will do, make*
falloir	faudr-	il faudra *it will be necessary*
mourir	mourr-	je mourrai *I will die*
pleuvoir	pleuvr-	il pleuvra *it will rain*
pouvoir	pourr-	je pourrai *I will be able to*
savoir	saur-	je saurai *I will know*
tenir	tiendr-	je tiendrai *I will hold*
venir	viendr-	je viendrai *I will come*
voir	verr-	je verrai *I will see*
vouloir	voudr-	je voudrai *I will want*

(d)   Uses of the Future Tense

1.   In a clause beginning with **quand** (*when*), **lorsque** (*when*), **aussitôt que** (*as soon as*) or **dès que** (*as soon as*), a verb expressing a future action must be in a future-tense form.

Quand vous irez en ville, vous verrez de magnifiques magasins.
When you go downtown, you will see magnificent stores.

Dès que j'arriverai, je lui téléphonerai.
As soon as I arrive, I will telephone him.

2.   Since the subjunctive mood does not have a future-tense form, an action normally expressed by the future is expressed by the regular present subjunctive in a subjunctive clause.

Pensez-vous qu'il s'**en aille**?   *Do you think he will go away?*

2.   Future Perfect Tense (Futur antérieur)

The future perfect is used to describe an action which will take place in the future, but which will have been completed ("perfect") at a particular moment in time or before another action begins.   It is a compound tense, made up of the future tense of the auxiliary and the regular past participle of the verb.

Tu **auras** déjà **fini** ta leçon.
You will have already finished your lesson.

Je **serai** déjà **parti** quand tu arriveras.
I will have already left when you arrive.

VOCABULAIRE

avenir *m.*	future	franchement	frankly
ça (cela)	that	s'installer	to settle down
car	because	jamais	ever
dactylo *f.*	typist	ne . . . jamais	never
d'ailleurs	besides	projets *m. pl.*	projects
se dépêcher	to hurry	rendre visite	to (pay a) visit
dépendre	to depend upon	rester	to remain
devenir	to become	sûrement	surely, of course
enseigner	to teach	tout de suite	immediately
finir	to finish	visite *f.*	visit

EXERCICES

A. *Complétez les phrases suivantes par le futur du verbe.*

MODÈLE: **(faire)**   **Que _____-t-il ici?**
Que fera-t-il ici?

1. (faire)   Que _____-vous à Londres?
2. (parler)   Il ne _____ pas franchement.
3. (choisir)   Que _____-ils?
4. (répondre)   Les élèves _____ ensemble.
5. (finir)   Nous ne _____ jamais!
6. (être)   Où _____-tu?
7. (pouvoir)   Elles _____ bien venir.
8. (avoir)   _____-tu le temps de revenir?
9. (vouloir)   Il _____ le voir quand il arrivera.
10. (voir)   _____-vous ce film?

B. *Exprimez les verbes suivants au futur antérieur.**

MODÈLE: **il va**
il sera allé

1. ils iront   6. nous entendrons
2. tu feras   7. je tomberai
3. j'entendrai   8. vous partirez
4. l'enfant aura   9. ils perdront
5. elles ne seront pas   10. elles viendront

C. *Répondez aux questions suivantes à la forme affirmative.**

MODÈLE: **Si je vous écris, répondrez-vous?**
Oui, si vous m'écrivez, je vous répondrai.

1. Si je t'écris, me répondras-tu?
2. Si je vous le demande, le ferez-vous?
3. Si elle t'invite, iras-tu avec elle?
4. Si tu sais la réponse, la diras-tu?
5. Si vous avez assez d'argent, pourrez-vous y aller?
6. Si nous t'aidons, auras-tu le temps?
7. Arriveras-tu à l'heure si tu pars à midi?
8. Pourra-t-il étudier si nous partons maintenant?

D. *Remplacez les verbes entre parenthèses par la forme convenable de l'indicatif (présent ou futur) ou du subjonctif.*

—Dites-moi, Jeanne, que (faire)-vous pendant les vacances? (Aller)-vous en Italie?
—Alors, ça dépend. Si j'ai assez d'argent, sûrement je (aller) en Italie, mais si je n'en ai pas, je (rester) ici et je (travailler).
—Quelle partie de l'Italie (vouloir)-vous visiter?
—Un jour je (visiter) tout le pays, mais cette fois je (aller) dans les Alpes italiennes pour faire du ski.
—Quelle chance! Est-il possible que je (pouvoir) vous accompagner? J'ai toujours voulu faire du ski dans les Alpes!
—Mais, si vous m'accompagnez, où (demeurer)-vous, Louise?
—Est-ce que je ne (pouvoir) pas rester avec vous?
—Mon Dieu, non, car j'y (rencontrer) Michel Hébert et il m'a promis que lorsque je (être) en Italie, je (pouvoir) demeurer avec sa famille. Il est si sympathique!
—Alors, je comprends. Bon voyage, Jeanne, et je vous (téléphoner) à votre retour.

E. *Complétez les phrases suivantes par la forme convenable du verbe entre parenthèses.*

1. (aller) Quand il _____ en France, il passera un jour à Lyon.

2. (aller)   Quand il _est allé_ en France, il a passé un jour à Lyon.
3. (aller)   Quand vous _allez_ en France, passez-vous beaucoup de temps à
             Lyon?
4. (être)   Lorsque je _suis_ en France, je suis heureuse.
5. (être)   Lorsque je _serai_ en France, je serai heureuse.
6. (être)   Lorsque j'_étais_ en France, j'étais heureuse.
7. (faire) Aussitôt que vous _faites_ vos devoirs, vous partez.
8. (faire) Aussitôt que vous _ferez_ vos devoirs, partez-vous?
9. (finir) Dès que je l'_ai fini_, je suis parti.
10. (finir) Dès que je l'_aurai fini_, je partirai.

F. *Exprimez en français.*

1. Do you think she will be able to hear?
2. It is good that she will arrive tomorrow.
3. When he has finished the book, give it to me.
4. As soon as he writes, I will tell you.
5. They will be happy when we arrive.

LECTURE

Sonnet à Hélène

*En 1578, le poète Pierre de Ronsard a fait paraître un recueil de poèmes
dédiés à Hélène de Surgères. Cette jeune fille belle et méprisante était fille
d'honneur de la reine-mère, Catherine de Médicis, et le dernier amour de
Ronsard. Dans le sonnet suivant, il la prévient de la tristesse d'une vieillesse* 5
solitaire et d'une vie manquée.

Sonnet à Hélène

Quand vous serez bien vieille, au soir à la chandelle,[1]
Assise auprès du feu, dévidant et filant,[2]
Direz, chantant mes vers, en vous émerveillant: 10
«Ronsard me célébrait du temps que j'étais belle.»

---

1. **à la chandelle** *by candlelight.* 2. **dévidant et filant** *winding and spinning.*

Lors vous n'aurez servante oyant[3] telle nouvelle,
Déjà sous le labeur à demi sommeillant[4]
Qui au bruit de mon nom ne s'aille réveillant,

15   Bénissant votre nom de louange immortelle,

Je serai sous la terre et fantôme sans os
Par les ombres myrteux je prendrai mon repos:
Vous serez au foyer une vieille accroupie,

Regrettant mon amour et votre fier dédain.

20   Vivez, si m'en croyez,[5] n'attendez à demain:
Cueillez dès aujourd'hui[6] les roses de la vie.

QUESTIONS

1. Qui était Hélène?
2. Que dira-t-elle quand elle sera vieille?
3. Quel conseil Ronsard lui donne-t-il?

---

3. **oyant** *hearing (archaic).*   4. **à demi sommeillant** *half asleep.*   5. **si m'en croyez** *if you believe me; "take my word for it."*   6. **cueillez dès aujourd'hui** *gather from this day on; starting from today.*

L' incomparable

CONVERSATION

Marc: A quoi penses-tu?
Georges: Demande-moi plutôt «à qui».
Marc: Eh bien, à qui?
Georges: Alors, je pense à . . .
Marc: Toi-même!
Georges: . . . la personne la plus sage . . .
Marc: Socrate!
Georges: . . . la personne la plus courageuse . . .
Marc: Napoléon!
Georges: . . . la personne la plus noble . . .
Marc: Charlemagne!
Georges: . . . le meilleur diplomate . . .
Marc: Franklin!
Georges: . . . le meilleur financier . . .
Marc: J. P. Morgan!
Georges: . . . le meilleur général . . .
Marc: Enfin, ça ne peut être que De Gaulle!
Georges: Mais tu te trompes en tout, cher ami, je pense à ma mère!

PATTERN SENTENCES

MODÈLE: Je pense à *la personne la plus sage.*

Je pense à	la personne la plus sage. la personne la plus courageuse. la personne la plus noble. la personne la plus gentille. la personne la plus intelligente.

MODÈLE: Ma mère est *le meilleur diplomate.*

Ma mère est	le meilleur diplomate. le meilleur financier. le meilleur général.

GRAMMAIRE

1. Comparison of Adjectives (Comparaison des adjectifs)

(a)   In addition to simply describing or modifying nouns, adjectives can also indicate to what degree that quality is possessed.

1. Positive

   Marie-Hélène est **intelligente.**
   Marie-Hélène is intelligent.

2. Comparative

   Elle est **plus intelligente que** Claude.
   She is more intelligent than Claude.

   Elle est **moins intelligente que** Claude.
   She is less intelligent than Claude.

   Elle est **aussi intelligente que** Claude.
   She is as intelligent as Claude.

3. Superlative

C'est l'étudiante **la plus intelligente** de sa classe.
She is the most intelligent student in her class.

C'est l'étudiante **la moins intelligente** de sa classe.
She is the least intelligent student in her class.

(b) Structure of Comparatives and Superlatives

1. The comparative is formed by placing **plus** (*more*), **moins** (*less*), or **aussi** (*as*) before the adjective and **que** immediately following. The adjective must agree with the subject in gender and number.

In negative sentences, **si** often replaces **aussi** in a comparative of equality.

Tu n'es pas **si** fort que Jean.
You're not as strong as Jean.

2. In a superlative construction, the position of the adjective may vary.

Chambord est **le plus grand château** de la Touraine.
Chambord is the largest castle in the Touraine.

Chambord est **le château le plus élégant** de la Touraine.
Chambord is the most elegant castle in the Touraine.

Since the normal position of the adjective is immediately following the noun it describes, the superlative phrase — definite article + **plus** (**moins**) + adjective — also follows the noun. When the superlative adjective is one of those mentioned in Chapter 2 which normally precedes the noun, the superlative phrase also precedes the noun, as in the first example above (**le plus grand).**

(c) Irregular Comparatives and Superlatives

1. **bon** becomes **meilleur** and **le meilleur.**

M. Renaud est un **bon** professeur.
Mr. Renaud is a good teacher.

M. Larcher est un **meilleur** professeur que M. Renaud.
Mr. Larcher is a better teacher than Mr. Renaud.

M. Larcher est **le meilleur** professeur du lycée.
Mr. Larcher is the best teacher in the lycée.

2. **mauvais** may become either **plus mauvais** or **pire.**

C'est un **mauvais** garçon.
He is a bad boy.

Il est **plus mauvais** que René.
Il est **pire** que René.
He is worse than René.

C'est **le plus mauvais** garçon du monde!
C'est **le pire** garçon du monde!
He is the worst boy in the world!

(d) Many adjectives carry inherently the value of a comparative or superlative: **suprême, minime, supérieur, excellent.** As in English, correct usage avoids the addition of **plus . . . que, moins . . . que, le plus . . ., le moins . . .** with words already comparative or superlative in meaning.

Comme coiffeur, il est vraiment **excellent.**
As a hairdresser, he is really excellent.

2. penser à — penser de

(a) **penser à** *to think about*

A quoi pensez-vous?   *What are you thinking about?*
Je pense à ma mère.   *I'm thinking about my mother.*

(b) **penser de** asks for an evaluation or a judgment

Que pensez-vous de Gérard?   *What do you think of Gerard?*

VOCABULAIRE

bâtiment *m.*	building	**meilleur**	better
bavarder *m.*	to chat	**le meilleur**	the best
courageux, courageuse	courageous	**noble**	noble
diplomate *m.*	diplomat	**personne** *f.*	person
élevé	high	**plus**	more
en face	opposite, across the street	**le, la, les plus**	the most
		reçu	received
financier *m.*	financier	**sage**	wise
		toi-même	yourself

EXERCICES

A. *Complétez les phrases suivantes par le présent de l'indicatif ou du subjonctif.*

MODÈLES: **(vouloir)** _____-**tu m'aider?**
Veux-tu m'aider?

(pouvoir) C'est dommage que tu ne _____ pas aller.
C'est dommage que tu ne puisses pas aller.

1. (vouloir) _____-vous m'accompagner?
2. (aller) Je _____ à l'université le mardi.
3. (aller) Il préfère que tu _____ directement à Paris.
4. (faire) Tu ne _____ jamais rien!
5. (se coucher) A quelle heure _____-vous?
6. (finir) Voulez-vous que je *finisse* la dictée?
7. (s'écrire) Nous *nous écrivons* l'un à l'autre chaque semaine.
8. (pouvoir) Elle ne *peut* rien faire.
9. (voir) _____-vous ce bouton?
10. (dire) Qu'est-ce qu'il _____?

B. *Complétez les phrases suivantes par le futur du verbe.*

MODÈLE: **(être) Quand il _____ en Italie, il passera par Rome.**
Quand il sera en Italie, il passera par Rome.

1. (être) Quand je _____ en France, j'irai à Brest.
2. (pouvoir) Si Marie vous invite, _____-vous y aller?
3. (vouloir) A quelle heure _____-vous dîner?
4. (faire) Que _____-t-il?
5. (aller) Elles _____ aussi à Rome.
6. (avoir) Nous n'_____ pas l'occasion de le voir.
7. (avoir) Dès que vous _____ le temps, téléphonez-moi.

C. *Marie-Thérèse et Louise bavardent. Mais aujourd'hui Louise est difficile et elle insiste toujours sur le contraire de ce que dit Marie-Thérèse. Complétez ses réponses.*

MODÈLE: **Marie-Thérèse: Tu sais que Louis a reçu des notes merveilleuses dans ce cours. Sans doute c'est le garçon le plus intelligent de la classe.**

Louise: Mais comment peux-tu dire ça, Marie? Je le con-
                    nais bien et je trouve que c'est le garçon le moins
                    intelligent de la classe.

Marie-Thérèse: Dis-donc, Louise, est-ce que tu as vu le film au Monde cette
                    semaine? On dit que c'est le meilleur film de l'année.

Louise: Mais n'as-tu pas lu les critiques, Marie? Tout le monde est
                    d'accord, _____.

Marie-Thérèse: Au moins, il est meilleur que le film de la semaine passée.
                    J'ai trouvé ce film très mauvais.

Louise: Comment peux-tu dire ça, Marie? Moi aussi j'ai vu ce film
                    et _____.

Marie-Thérèse: Alors, c'est peut-être que j'ai vu le film avec Léon Dumas, et
                    il me semble que Léon est le garçon le moins charmant du
                    monde. Franchement, je le déteste, et c'est pour ça que j'ai
                    trouvé le film si mauvais.

Louise: Tu étais au cinéma avec Léon? Mais quelle chance! Je
                    l'adore, et je t'envie! Léon est _____.

Marie-Thérèse: N'en parlons plus, Louise. Tu est très difficile ce soir et je te
                    parlerai un autre jour quand tu seras plus commode. Au
                    revoir!

D. *Répondez aux questions suivantes à la forme affirmative.**

MODÈLE: **Rome est-il la plus grande ville d'Italie?**
        Oui, Rome est la plus grande ville d'Italie.

1. Paris est-il la plus jolie ville d'Europe?
2. Le Luxembourg est-il un des plus petits pays d'Europe?
3. Londres est-il la ville la plus connue d'Angleterre?
4. Le Président de la Republique est-il l'homme le plus important de France?
5. Les Alpes sont-elles les montagnes les plus élevées d'Europe?

E. *Complétez ces phrases par le comparatif ou le superlatif de l'adjectif.*
Attention à la forme de l'adjectif.

MODÈLES: **(difficile)   Cette leçon-ci est _____ que les autres leçons.**
          Cette leçon-ci est plus difficile que les autres leçons.

          (joli)   Jacqueline est _____ fille de sa classe.
          Jacqueline est la plus jolie fille de sa classe.

1. (facile)   Ces leçons-ci sont _____ que ces leçons-là.

2. (intéressant)   Ma concierge est _____ que la vôtre.
3. (élevé)   Ce bâtiment est _____ que l'édifice d'en face.
4. (beau)   Hélène est _____ femme que j'aie jamais vue.[1]
5. (bon)   M. Richard est _____ professeur de l'université.
6. (mauvais)   Ce film est _____ que le film que j'ai vu vendredi soir.

F. *Exprimez en français.**

1. She is my best friend.
2. Whom are you thinking about?
3. What do you think of this movie?
4. It's the best film I have ever seen.

[1] Note that a superlative in the main clause requires the subjunctive in the dependent clause because of the element of doubt implicit in a superlative expression.

LECTURE

Lettre de Madame de Sévigné à M. de Coulanges

Marie de Rabutin-Chantal (1626–1696) eut une enfance élégante et intellectuelle. Elle allait souvent à la cour d'Anne d'Autriche, et elle fit des études très avancées pour une fille de cette époque. En 1644, à l'âge de dix-huit ans, elle se maria avec le Marquis Henri de Sévigné. Grâce à son éducation 5 *supérieure, Madame de Sévigné était capable de bien écrire. Elle était très au courant de tous les sujets d'intérêt contemporain, et elle entretenait une correspondance très étendue. Ses lettres nous restent en témoignage de ce talent littéraire. En voici une:*

A Paris, ce vendredi 15 décembre (1670) 10

A M. de Coulanges

Je m'en vais vous mander[1] la chose la plus étonnante, la plus surprenante, la plus merveilleuse, la plus miraculeuse, la plus triomphante, la plus étourdissante, la plus inouïe, la plus singulière, la plus extraordinaire, la plus incroyable, la plus imprévue, la plus grande, la plus petite, la plus rare, la plus commune, la plus 15 éclatante, la plus secrète jusqu'aujourd'hui, la plus brillante, la plus digne d'envie; enfin une chose dont on ne trouve qu'un exemple dans les siècles passés, encore cet exemple n'est-il pas juste, une chose que l'on ne peut pas croire à Paris (com-

---

1. **je m'en vais vous mander**   *I'm going to tell to you.*

ment pourrait-on la croire à Lyon?); une chose qui fait crier miséricorde[2] à tout
20 le monde; une chose qui comble de joie[3] Mme de Rohan et Mme d'Hauterive;
une chose enfin qui se fera dimanche, où ceux qui la verront croiront avoir la
berlue;[4] une chose qui se fera dimanche, et qui ne sera peut-être pas faite lundi.
Je ne puis me résoudre à la dire; devinez-la; je vous le donne en trois. Jetez-vous
votre langue aux chiens? Eh bien! il faut donc vous la dire: M. de Lauzon[5] épouse
25 dimanche au Louvre, devinez qui? Je vous le donne en quatre, je vous le donne
en dix, je vous le donne en cent. Mme de Coulanges dit: Voilà qui est bien difficile
à deviner; c'est Mme de La Vallière. —Point du tout, Madame. —C'est donc
Mlle de Retz. —Point du tout, vous êtes bien provinciale. —Vraiment nous
sommes bien bêtes, dites-vous, c'est Mlle Colbert. —Encore moins. —C'est
30 assurément Mlle de Créquy! —Vous n'y êtes pas. Il faut donc à la fin vous le
dire: il épouse dimanche, au Louvre, avec la permission du Roi, Mademoiselle,
Mademoiselle de . . . Mademoiselle . . . devinez le nom: il épouse Mademoiselle,
ma foi! par ma foi! ma foi jurée! Mademoiselle, la Grande Mademoiselle;[6]
Mademoiselle, fille de feu Monsieur; Mademoiselle, petite-fille de Henri IV;
35 mademoiselle d'Eu, mademoiselle de Dombes, mademoiselle de Montpensier,
mademoiselle d'Orléans; mademoiselle, cousine germaine du Roi; Mademoiselle,
destinée au trône; Mademoiselle, le seul parti de France qui fût digne de Monsieur.
Voilà un beau sujet de discourir. Si vous criez, si vous êtes hors de vous-même,
si vous dites que nous avons menti, que cela est faux, qu'on se moque de vous, que
40 voilà une belle raillerie, que cela est bien fade à imaginer; si enfin vous nous dites
des injures: nous trouverons que vous avez raison; nous en avons fait autant que
vous.

Adieu; les lettres qui seront portées par cet ordinaire[7] vous feront voir si
nous disons vrai ou non.

QUESTIONS

1. Quelle nouvelle Mme de Sévigné envoie-t-elle à M. de Coulanges?
2. Comment s'appelle la femme dont elle parle?
3. Avec qui la femme se marie-t-elle?

---

2. **miséricorde** *mercy!* 3. **comble de joie** *overwhelms with joy.* 4. **avoir la berlue** *to have blurred vision; to see things incorrectly.* 5. **M. de Lauzon** *(1632–1723) also spelled "Lauzun"; the Duke of Lauzun; an able, successful, and long-lived courtier in the court of Louis XIV.* 6. **la Grande Mademoiselle** *(1627–1693) Louise d'Orléans, duchess of Montpensier, first cousin of Louis XIV. She was known as "la Grande Mademoiselle." At the age of forty-two, she was secretly married in Paris to the Duke of Lauzun.* 7. **cet ordinaire** *the regular mail.*

Savez-vous faire du ski?

CONVERSATION

Karen: Dites, Solange . . . savez-vous faire du ski?
Solange: Non, mais je sais jouer du piano . . .
Karen: Soyez sérieuse!
Solange: Alors, non. Mais je connais un garçon qui sait très bien skier.
Karen: Est-ce qu'il donne des leçons?
Solange: Je ne crois pas, mais vous pouvez toujours lui demander.
Karen: Comment s'appelle-t-il? Savez-vous son numéro de téléphone?
Solange: Mais vous le savez vous-même. Vous connaissez très bien ce garçon.
Karen: Pas possible! Marc ne sait que jouer aux cartes.
Solange: Mais ne savez-vous pas que Georges vient de Chamonix, le pays du ski?
Karen: Georges? Mais quelle chance! Solange, vous êtes un ange!
Solange: On verra . . .

PATTERN SENTENCES

MODÈLE: Dites, Solange . . . savez-vous *faire du ski?*

Dites, Solange . . . savez-vous

faire du ski?
jouer du piano?
jouer aux cartes?
monter à cheval?

«Ne savez-vous pas que Georges vient de Chamonix, le pays du ski?»
(*John J. Long*)

MODÈLE: Je connais un garçon *qui sait très bien skier.*

Je connais un garçon	qui sait très bien skier. qui donne des leçons. qui sait monter à cheval. qui sait jouer aux cartes.

MODÈLE: Savez-vous *son numéro de téléphone?*

Savez-vous	son numéro de téléphone? son adresse? son prénom? son nom de famille?

GRAMMAIRE

1. Stressed (Disjunctive) Personal Pronouns (Pronoms personnels toniques)

(a) Forms

	SINGULAR	PLURAL
FIRST PERSON	**moi**	**nous**
SECOND PERSON	**toi**	**vous**
THIRD PERSON	**lui, elle** **soi** (indefinite)	**eux, elles**

(b) Stressed (disjunctive) pronouns are used as follows

1. In English, a stressed pronoun might be underlined in writing or pronounced more loudly, slowly, or distinctly. In French, the stressed pronoun is substituted for the subject or object pronoun or used in addition to it.

Elle veut venir.	*She wants to come.*
Lui veut venir aussi.	*HE wants to come, too.*
Moi, je veux venir.	*I want to come.*
Je le leur ai donné à **eux.**	*I gave it to THEM.*

DEUX CENT TROIS

2. Following **c'est** or **ce sont.**

Est-ce **vous** qui chantez?
Is it YOU who is singing?

Ce sont **eux** qui ont cette belle auto.
It's THEY who have this beautiful car.

Note that only the third person plural pronouns **elles** and **eux** are preceded by **ce sont.**   **C'est** is used with all others, singular and plural.

3. Standing alone, without a verb, as a brief response to a question or featured in a fragment.

Qui entre?   —**Lui.**
Who is coming in?   —HE is.

Elle ne vient pas.   —**Moi** non plus.
She's not coming.   I'm not either.

4. In compound subjects or objects.

Marie et lui sont partis ensemble.
He and Marie left together.

Toi et moi, nous sommes allés au théâtre.
You and I went to the theater.

Nous les avons vus, **Paul et elle,** au musée.
We saw Paul and her at the museum.

Note that when one of the stressed pronouns is **moi, nous** is added to collect and group the compound subject.

5. Replacing a subject pronoun when it is separated from the verb.

Lui aussi est coupable.
He also is guilty.

Eux, pourtant, n'ont pas réussi.
They, however, didn't succeed.

6. Following prepositions.

Chez lui, on est toujours à l'aise.
At his house, one is always comfortable.

Il est allé **avec elles.**
He went with them.

Parle-t-il **pour elle?**
Is he speaking for her?

Entre nous, je n'aime pas cette femme.
Just between us, I don't like that woman.

When the preposition is **à** or **de,** however, stressed pronouns are used only to refer to people. Either **y** or **en** is used to refer to things.

Il pense **à vous.**	*He's thinking about you.*
Il **y** pense.	*He's thinking about it.*
Tu te souviens **de moi?**	*You remember me?*
Tu t'**en** souviens?	*You remember it?*

7. In comparisons.

Ils sont plus riches que **nous.**	*They are richer than we are.*
Chantal est plus jolie que **toi.**	*Chantal is prettier than you.*

8. In conjunction with **-même.**

On ne peut pas le faire **soi-même.**	*One cannot do it oneself.*
Je l'ai vu **moi-même.**	*I saw it myself.*

9. In imperatives. The stressed pronouns **moi** and **toi** are used in an affirmative command instead of **me** and **te** only when the pronoun is the final word in the command.

Donnez-le-**moi.**	*Give it to me.*
Donnez-**m'**en.	*Give some to me.*
Lève-**toi.**	*Get up.*
Ne **te** lève pas.	*Don't get up.*

2. savoir — connaître

Although both of these verbs have the general meaning of *to know*, they are not synonymous; **connaître** means *to be acquainted with* or *to be familiar with;* **savoir** means *to know how to, to know by heart, to know from study.*

Connaissez-vous cette femme?	*Do you know that woman?*
Il ne connaît pas Londres.	*He is not familiar with London.*
Je l'ai connue en France.	*I became acquainted with her in France.*
Savez-vous conduire?	*Do you know how to drive?*
Il ne sait pas sa leçon.	*He doesn't know his lesson.*
Je sais cette histoire par cœur.	*I know this story by heart!*

	savoir	connaître
	je **sais**	je **connais**
	tu **sais**	tu **connais**
	il **sait**	il **connaît**
	nous **savons**	nous **connaissons**
	vous **savez**	vous **connaissez**
	ils **savent**	ils **connaissent**

IMPERATIVE:	**sache, sachons, sachez**	**connais, connaissons, connaissez**
SUBJUNCTIVE:	**que je sache** ✓	**que je connaisse**
PASSÉ COMPOSÉ:	**j'ai su**	**j'ai connu**

VOCABULAIRE

ange *m.*	angel	**parapluie** *m.*	umbrella
faire du ski	to ski	**patron** *m.*	employer, boss
invitation *f.*	invitation	**pays** *m.*	country
jouer aux cartes	to play cards	**prénom** *m.*	first name
jouer du piano	to play the piano	**propriétaire** *m.*	landlord
leçon *f.*	lesson	**sérieux, sérieuse**	serious
mensonge *m.*	lie	**skier**	to ski
monter à cheval	to ride horseback	**solution** *f.*	solution
nom de famille *m.*	surname		

EXERCICES

A. *Complétez ces phrases par le présent du verbe.*

MODÈLE: **(connaître)**   **Est-ce que tu _____ cette fille?**
Est-ce que tu connais cette fille?

1. (savoir)   Que _____-il de cette histoire?
2. (connaître)   Je ne _____ pas ses amis.
3. (savoir)   _____-vous la réponse?
4. (faire)   _____-ils leurs devoirs?
5. (aller)   Les enfants _____ si lentement.
6. (lire)   Elles _____ tous ces livres.
7. (connaître)   _____-vous bien le propriétaire?
8. (croire)   Ne _____ pas ses mensonges!
9. (pouvoir)   Ils ne _____ jamais faire cela!
10. (écrire)   Pourquoi ne m'_____-tu pas?

B. *Exprimez en français.*

savoir

1. we know
2. we used to know
3. we have known
4. we will know
5. we will have known
6. that we know (subj.)
7. that we knew (subj.)
8. we knew (passé simple)

pouvoir

1. Can they? (Are they able to?)
2. Were they able to?
3. Have they been able to?
4. Could they? (passé simple)
5. Will they be able to?
6. Will they have been able to?
7. that they are able to (subj.)
8. that they were able to (subj.)

C. *Complétez ces phrases par le pronom tonique convenable. Dans chaque cas, expliquez pourquoi il faut un pronom tonique.*

MODÈLE: **(he)** **Jean-Claude et _____ lisent cela ensemble.**
Jean-Claude et lui lisent cela ensemble. (compound subject)

1. (I) Qui est à la porte? _____.
2. (we) Ils sont beaucoup plus intelligents que _____.
3. (he) _____ aussi trouve les problèmes difficiles.
4. (I) Hélène et _____ nous allons en classe à bicyclette.
5. (they, *m.*) _____ sont plus difficiles à comprendre que nous.
6. (us) Pourquoi n'allez-vous pas avec _____?
7. (them, *f.*) Je parle d'_____.
8. (you) Est-ce _____ qui chantez?
9. (you, *fam.*) Ils m'ont dit qu'ils préfèrent aller chez _____.
10. (oneself) On doit faire _____ autant que possible.

D. *Donnez l'équivalent français des pronoms entre parenthèses.*

MODÈLE: **(to her)** **Nous _____ prêtons nos livres.**
Nous lui prêtons nos livres.

1. (to him) Je _____ donne mon livre de français.
2. (them) Il ne _____ aime pas.
3. (some) Donnez-m'_____.
4. (them) Pensez-vous à _____?
5. (she, he) Gérard et _____ aiment mieux le basketball que _____.
6. (her) _____ avez-vous remarquée?

7. (them, *f.*)   Qui est assis près d'_____?

8. (whom)   La femme _____ j'ai vue chez vous était plus jolie.

E.   Révision—passé composé, imparfait. *Choisissez entre l'imparfait et le passé composé en mettant cette histoire au temps passé.*

1. Pierre lui envoie une invitation à dîner.   2. Marie répond et l'accepte avec plaisir.   3. Le jour du dîner arrive enfin.   4. Il fait très beau pendant toute la journée, mais soudain il commence à pleuvoir.   5. Marie n'a ni parapluie ni voiture, et elle ne sait même le nom de la rue où se trouve le restaurant. 6. Elle finit par rester chez elle, mais elle n'est pas du tout contente quand elle pense au bon dîner manqué!

F.   *Suivez les indications en posant des questions.**

MODÈLE: **Demandez à votre voisin s'il sait faire du ski.**
Savez-vous faire du ski?

1. Demandez à votre voisin s'il sait faire du ski-nautique.
2. Demandez à votre voisin s'il sait jouer aux cartes.
3. Demandez à votre voisin s'il sait jouer du piano.
4. Demandez à votre voisin s'il connaît Lenore Dupont.
5. Demandez à votre voisin s'il connaît son voisin.
6. Demandez à votre voisin s'il connaît le journal *Le Monde*.

G.   *Répondez aux questions suivantes à la forme négative, en remplaçant les compléments par des pronoms.**

MODÈLE: **As-tu prêté le roman à ton ami?**
Non, je ne le lui ai pas prêté.

1. As-tu dit la vérité à l'agent de police?
2. As-tu expliqué le problème à Jacqueline?
3. As-tu montré la lettre à tes parents?
4. As-tu donné cette merveilleuse cravate à Gérard?
5. As-tu proposé une solution à ton patron?

LECTURE *lisez marti*

Pour vous demain . . . Votre horoscope

Taureau (21 avril au 20 mai)

Les problèmes matériels, négligés depuis trop longtemps, vont trouver leurs solutions. Vous, vous serez très aidé par les natifs du Capricorne et de la Vierge. Vous qui rêvez peu, vous ferez un étrange rêve prophétique, que vous ne pourrez 5 expliquer que par[1] l'argent, les économies, un héritage, une affaire immobilière.[2] Vous entrez dans une période faste[3] où le moindre de vos efforts sera récompensé.

Lion (23 juillet au 22 août)

Votre santé, et notamment votre tension, étant redevenue meilleure, votre humeur sera au beau fixe.[4] Jupiter, lui, est toujours près de vous et son influx est 10 puissant. Vos proches, vos amis, et tout ceux qui travaillent avec vous tentent de suivre votre sillage.

Capricorne (21 décembre au 19 janvier)

Vous, vous avez sans doute trouvé une solution aux problèmes sentimentaux qui ont compromis votre été. Vous avez su faire le partage entre vos instincts un 15 peu fous et votre désir de mener une vie raisonnable. Soyez aimable pour vos voisins . . . eux, ils n'ont pas votre capacité d'accepter les retours de la fortune. Soyez indulgent et ne cachez pas votre tendresse pour la personne qui vous inspire de l'amour.

QUESTIONS

1. Si vous êtes natif du Lion, comment vous portez-vous?
2. Les natifs du Taureau entrent-ils dans une période favorable ou difficile?
3. Connaissez-vous un natif du Capricorne?

---

1. **ne pourrez expliquer que par** *will only be able to explain by.* 2. **une affaire immobilière** *a real-estate transaction.* 3. **faste** *fortunate.* 4. **au beau fixe** *on an even keel.*

. . . je choisirais les côtelettes les plus succulentes . . . (*John J. Long*)

Petite discussion familiale

CONVERSATION

Femme: Dis donc, chéri! Tu ne pourrais pas me prêter quelques sous jusqu'à dimanche?

Mari: Mais, mon amour! Je viens de t'en donner ce matin!

Femme: Oui, oui, je sais . . . mais il y avait cet adorable petit chapeau . . . je n'ai pas pu y résister . . .

Mari: Où ça? Chez le boucher? Tu vas me ruiner.

Femme: Coco . . . ne sois pas méchant!

Mari: Et si je te donnais encore de l'argent, qu'est-ce que tu en ferais?

Femme: Si j'avais cinq cent francs, j'irais tout de suite au marché. J'achèterais tout ce qu'il faut pour un bon dîner: je trouverais le meilleur vin, je prendrais les plus jolis légumes, je choisirais les côtelettes les plus succulentes, je . . .

Mari: Arrête! Stop! De grâce! Tu sais très bien ce que tu ferais. Tu courrais directement chez la modiste, et tu t'achèterais trois chapeaux de plus!

Femme: Oh alors! A quoi bon . . . quand on a affaire à un avare . . .

PATTERN SENTENCES

MODÈLE: Si je te donnais encore de l'argent, *qu'est-ce que tu en ferais?*

> Si je te donnais encore
> de l'argent,

> qu'est-ce que tu en ferais?
> qu'est-ce que tu achèterais?
> qu'est-ce que tu choisirais?
> qu'est-ce que tu prendrais?

MODÈLE: Si j'avais cinq cent francs, *j'irais tout de suite au marché.*

> Si j'avais cinq cent francs,

> j'irais tout de suite au marché.
> j'achèterais un chapeau.
> je trouverais le meilleur vin.
> je choisirais des côtelettes.

GRAMMAIRE

1. Conditional (Conditionnel)

(a) Formation of the Conditional

The conditional tense is formed like the future tense. The stem is the same: Regular verbs use the infinitive while the irregular stems learned in Lesson 16 also form the stems for the conditional. The following endings are added:

	SINGULAR	PLURAL
FIRST PERSON	**-ais**	**-ions**
SECOND PERSON	**-ais**	**-iez**
THIRD PERSON	**-ait**	**-aient**

These endings (which are identical to those of the **imparfait**) are for all conditional forms, regular or irregular.

parler	je **parlerais**	*I would speak*
finir	je **finirais**	*I would finish*
répondre	je **répondrais**	*I would answer*
être	je **serais**	*I would be*
avoir	j'**aurais**	*I would have*

(b) The conditional is most often used as a substitute for the future tense in a sentence whose main clause describes an action in the past, while the action of the dependent clause occurs in the future.   This use is generally similar to English.

Je **pense** qu'il **ira** en France. (present) (future)	*I think he will go to France.*
Je **pensais** qu'il **irait** en France. (imperfect) (conditional)	*I thought he would go to France.*
Il me donne un livre qui m'**aidera.** (present) (future)	*He is giving me a book that will help me.*
Il m'a **donné** un livre qui m'**aiderait.** (passé composé) (conditional)	*He gave me a book that would help me.*

(c) The conditional is also used in everyday requests or questions when courtesy or a desire to persuade dictates a softer, more deferential tone.

Voulez-vous danser? **Voudriez-**vous danser?	*Do you want to dance?* *Would you like to dance?*
Me donnerez-vous plus de café? Me **donneriez-**vous plus de café?	*Will you give me more coffee?* *Would you give me more coffee?*

2. Past Conditional (Passé du conditionnel)

The conditional is often expressed in a past (or perfect) tense as well.   The conditional past describes an action which might have taken place, but for one reason or another did not actually occur.

Il **aurait fini** sa leçon à trois heures s'il n'avait pas perdu son temps à jouer en classe.
He would have finished his lesson at three o'clock if he had not wasted his time playing in class.

Similar to the construction of the future perfect, the past conditional consists of the present conditional of the auxiliary and the past participle of the principal verb.

j'aurais parlé	**j'aurais fini**	**je serais partie**
I would have spoken	*I would have finished*	*I would have left*

3. Demonstrative Pronouns (Pronoms démonstratifs)

(a) **Celui, ceux, celle, celles**

Lesson 14 introduced the demonstrative adjectives **ce, cet, cette, ces**—adjectives which modify by pointing out specifically the person or thing they describe.

ce monument (*m.*)	*this monument, that monument*
cet édifice (*m.*)	*this building, that building*
cette femme (*f.*)	*this woman, that woman*
ces fruits (*pl.*)	*these fruits, those fruits*

The demonstrative pronouns **celui** (*m.*), **ceux** (*m.pl.*), **celle** (*f.*), **celles** (*f.pl.*) also point out the person or thing they represent.

Ce monument dont vous parlez n'est pas très connu.
This monument you're speaking of is not very well known.
Celui dont vous parlez n'est pas très connu.
The one you're speaking of is not very well known.

Cette femme qu'il admire est vraiment belle!
This woman that he admires is really beautiful!
Celle qu'il admire est vraiment belle!
The one he admires is really beautiful!

(b) Uses of Demonstrative Pronouns

1. As antecedents of relative pronouns

   Celui qui chante est mon frère.
   The one who is singing is my brother.

   Ces autobus sont plus confortables que **ceux qu'**on trouve à New York.
   These buses are more comfortable than those one finds in New York.

   La carte que tu regardes est plus claire que **celle que** Charles a achetée.
   The map you're looking at is clearer than the one Charles bought.

   Ces petites filles semblent plus intelligentes que **celles dont** il parle.
   These little girls seem more intelligent than the ones he's talking about.

2. Followed by the preposition **de** to indicate possession

   Je n'aime pas cette auto.　Je préfère **celle de** mon frère.
   I don't like this car.　I prefer my brother's (that of my brother).

Vous aimez ce disque? **Celui de** Maurice est plus joli.
You like this record? Maurice's is prettier.

(c) **-ci, -là**

The simple demonstrative pronouns are often combined with the adverbs **-ci** and **-là** to differentiate between two nouns already mentioned; **-ci** (**celle-ci, celui-ci, ceux-ci, celles-ci**) designates the nearer and **-là** (**celle-là, celui-là, ceux-là, celles-là**) the more distant of the two.

Quel film veux-tu voir, **celui-ci** ou **celui-là?**
Which film do you want to see, this one or that one?

Regarde ces jolies statues. Préfères-tu **celle-ci** ou **celle-là?**
Look at these pretty statues. Do you prefer this one or that one?

(d) **ceci, cela (ça)**

The indefinite demonstrative pronouns **ceci** and **cela (ça)** are used in much the same way as **celui-ci** and **celui-là.**

Préférez-vous **ceci** ou **cela?** *Do you prefer this or that?*

They also occur separately, however, with no sense of opposition.

Entendez-vous **cela?** *Do you hear that?*
Je n'aime pas **ceci.** *I don't like this.*
C'est **ça!** *That's it!*

As indefinite pronouns, **ceci** and **cela** have no gender or number and therefore do not change form.

4. Irregular Verb <u>prendre</u> (to take) (Verbe irrégulier <u>prendre</u>)

	SINGULAR	PLURAL
FIRST PERSON	je **prends**	nous **prenons**
SECOND PERSON	tu **prends**	vous **prenez**
THIRD PERSON	il **prend**	ils **prennent**

The verbs **apprendre** (*to learn, teach*) and **comprendre** (*to understand*) are conjugated like **prendre** except for the prefix.

J'apprends le français. *I'm learning French.*
Je **comprends** le français. *I understand French.*

VOCABULAIRE

à quoi bon	what's the use	**(de) grâce**	"spare me"
adorable	adorable	**large**	wide
amener	to take (someone)	**légume** *m.*	vegetable
amour *m.*	love	**lèvre** *f.*	lip
arrêter	to stop	**marché** *m.*	market
avare *m.*	miser	**méchant**	mean
avoir affaire à	to be dealing with	**modiste** *f.*	milliner
boucher *m.*	butcher	**pratique**	practical
chapeau *m.*	hat	**prêter**	to loan
chéri	dear	**résister**	to resist
Coco	name of endearment	**ruiner**	to ruin
côtelette *f.*	cutlet, chop	**sous** *m. pl.*	coins no longer in
courir	to run		existence; expres-
danser	to dance		sion used to indi-
directement	directly		cate a small amount
discussion *f.*	discussion		of money
encore	more	**stop!**	stop!
épais, épaisse	thick	**succulent**	succulent
explication *f.*	explanation	**tandis que**	while, whereas
familial, familiale	pertaining to the	**type** *m.*	fellow, guy
	family	**vivement**	vigorously
forcer	to force		

EXERCICES

A. *Verbes irréguliers. Complétez ces phrases par le présent du verbe.*

> MODÈLE: **(faire)   Que _____-ils le dimanche?**
> **Que font-ils le dimanche?**

1. (prendre)   Que _____-vous pour le déjeuner?
2. (prendre)   Ils _____ leurs devoirs au sérieux.
3. (croire)   Je ne _____ pas tout ce qu'il dit.
4. (comprendre)   _____-tu pourquoi il l'a fait?
5. (connaître)   Jacques _____ très bien son professeur.
6. (voir)   Elles _____ ce qu'elles veulent voir.
7. (faire)   Vous ne _____ pas ce qu'il faut.
8. (pouvoir)   _____-ils le faire?

B. *Exprimez à l'imparfait et au conditionnel.** *

MODÈLE: **je vois**
je voyais, je verrais

1. je vois
2. elle prend
3. nous parlons
4. ils vont
5. vous choisissez
6. elle peut

C. *Exprimez au futur antérieur et au conditionnel passé.** *

MODÈLE: **il fera**
il aura fait, il aurait fait

1. il fera
2. nous pourrons
3. je voudrai
4. elles sauront
5. tu auras
6. vous serez
7. elles verront
8. j'irai

D. *Exprimez en français.*

1. He said he would go.
2. I knew that she would be here.
3. Would you like to speak to Paul?
4. Would you prefer to visit the Louvre?
5. Would you lend me your book?

E. *Complétez les phrases suivantes par des pronoms démonstratifs.*

1. Ces femmes-ci parlent plus vite que _____.
2. Ce professeur-ci est plus sévère que _____ de Paul.
3. Cette table-ci est plus pratique que _____ dans l'autre salle.
4. Entendez-vous _____?
5. Je n'aime pas _____!
6. _____ qui parlent très peu sont souvent les plus sages.
7. Admirez-vous ces statues-ci? Je préfère _____ de Rodin.
8. _____ m'intéresse beaucoup.
9. _____ qui écrit tous ses devoirs apprend bien sa leçon.
10. Ces magasins-ci sont aussi modernes que _____ de New York.

F. *Chantal et Marie-Claire parlent au téléphone. Elles s'intéressent vive-ment au jeune homme qu'elles ont vu au café avec une de leurs amies. Complétez le dialogue par des pronoms démonstratifs convenables.*

Marie-Claire:	Dis Chantal, as-tu remarqué ce beau garçon qui parlait avec Jeanne au café?
Chantal:	Quel café? Le café où nous avons pris un sandwich ou (*the one*) où nous sommes allées après le film?
Marie-Claire:	Le café Normandie, bien sûr! Mais qu'il était beau, n'est-ce pas?
Chantal:	Est-ce que tu le trouves plus beau que (*the one*) qui l'a amenée au concert la semaine passée?
Marie-Claire:	Tu ne le crois pas? (*The one*) de la semaine passée avait des yeux assez médiocres. (*Those*) de ce garçon étaient d'un bleu merveilleux!
Chantal:	C'est vrai, peut-être, mais moi, j'ai regardé les cheveux. (*That*) de ce garçon étaient coupés trop courts, tandis que (*that*) de l'autre garçon étaient si beaux et si épais.
Marie-Claire:	Mais, n'as-tu pas vu les épaules de ce garçon? On ne peut pas les comparer avec (*those*) du garçon de la semaine passée. Elles étaient si larges et fortes, plus larges même que (*those*) de Jean-Paul.
Chantal:	C'est possible, mais moi, je ne m'intéresse pas aux épaules. Pour moi, c'est le caractère qui compte. Et si tu avais bien regardé ses lèvres et son air de mauvaise humeur, toi aussi, tu aurais reconnu un type difficile!
Marie-Claire:	Chantal, tu es jalouse! Tu ne sais rien de sa «mauvaise humeur», mais tu vois que Jeanne sort toutes les semaines avec un garçon différent, tandis que nous sommes forcées d'aller au café avec d'autres filles! La mauvaise humeur dont tu parles est à toi!

G. *Répondez aux questions suivantes à la forme affirmative.**

MODÈLE: **Voudriez-vous aller au cinéma?**
          Oui, je voudrais aller au cinéma.

1. Voudriez-vous partir?
2. Parleriez-vous en français?
3. Choisiriez-vous ce livre?
4. Aimerais-tu du vin?
5. Me diriez-vous le nom du professeur?
6. Comprendriez-vous l'explication?
7. Irais-tu tout de suite au marché?
8. Pourrais-tu écrire une lettre?

LECTURE

Un œil implacable

Eugène Ionesco, membre de l'Académie française, est surtout renommé comme protagoniste de «l'absurde». Il est l'auteur de nombreuses pièces de théâtre et de prose symbolique et quelquefois fantasque. Dans l'extrait suivant, un homme se trouve dans un lieu désert, face à face avec un assassin. 5 Sa façon de réagir nous donne un aperçu assez profond sur «l'absurdité».

Jamais je n'avais vu un regard si cruel, d'une telle dureté[1]—et pourquoi?— d'une telle férocité. Un œil implacable,[2] de serpent peut-être, ou de tigre, meurtrier sans besoin.[3] Aucune parole, amicale ou autoritaire, aucun raisonnement n'auraient pu le convaincre; toute promesse de bonheur, tout l'amour du monde, 10 n'auraient pu l'atteindre;[4] ni la beauté n'aurait pu le faire fléchir,[5] ni l'ironie lui faire honte, ni tous les sages du monde lui faire comprendre la vanité[6] du crime comme de la charité.

Les larmes[7] des saints auraient glissé, sans le mouiller,[8] sur cet œil sans paupières,[9] ce regard d'acier;[10] des bataillons de Christ se seraient succédé,[11] en 15 vain, pour lui, sur les calvaires.

Lentement, je sortis de mes poches mes deux pistolets, les braquai,[12] en silence, deux secondes, sur lui qui ne bougeait pas,[13] puis les baissai, laissai tomber mes bras le long du corps.[14] Je me sentis désarmé, désespéré: car que peuvent les balles,[15] aussi bien que[16] ma faible force, contre la haine[17] froide, et l'obstination, 20 contre l'énergie infinie de cette cruauté absolue,[18] sans raison, sans merci?

Extrait de *La photo du Colonel*, d'Eugène Ionesco. © Editions Gallimard.

QUESTIONS

1. Comment était le regard de l'assassin?
2. Qu'est-ce que le narrateur avait dans ses poches?
3. Pourquoi le narrateur n'a-t-il pas tiré sur l'assassin?
4. Auriez-vous agi de la même façon?

---

1. **dureté** *hardness.* 2. **un œil implacable** *an implacable eye.* 3. **meurtrier sans besoin** *murderer without need, "senseless killer."* 4. **n'auraient pu l'atteindre** *could not have touched him, "gotten through to him."* 5. **le faire fléchir** *to move him (to pity).* 6. **la vanité** *futility.* 7. **les larmes** *tears.* 8. **sans le mouiller** *without wetting it.* 9. **cet œil sans paupières** *this lidless eye.* 10. **ce regard d'acier** *this look of steel.* 11. **se seraient succédé** *would have followed each other.* 12. **les braquai** *aimed them.* 13. **qui ne bougeait pas** *who did not budge.* 14. **le long du corps** *at my sides.* 15. **que peuvent les balles** *what can bullets do.* 16. **aussi bien que** *as well as, "to say nothing of."* 17. **la haine** *hatred.* 18. **cruauté absolue** *absolute cruelty.*

Asseyez-vous. C'est un plaisir de vous voir.
(*French Embassy Press & Information Division*)

Petite visite

CONVERSATION

Première dame: Chère amie! Quelle bonne surprise! Entrez donc!

Deuxième dame: Je vous demande pardon d'arriver à l'improviste! Je ne reste qu'un instant.

Première dame: Mais, asseyez-vous. C'est un plaisir de vous voir.

Deuxième dame: Si j'avais eu le temps, je vous aurais téléphoné, mais j'étais trop pressée.

Première dame: Est-ce que je peux vous offrir quelque chose?

Deuxième dame: Si vous avez du thé, j'en prendrai volontiers—mais je ne reste qu'une minute!

Première dame: J'aurais fait un/gâteau si j'avais su que vous veniez . . .

Deuxième dame: Ces petits biscuits sont parfaits; si je mangeais du gâteau, je prendrais du poids.

Première dame: Et votre famille, tout le monde va bien?

Deuxième dame: Très bien, merci. Mais il faut que je me sauve—si je bavarde trop je serai en retard.

Première dame: Déjà? Mais, chère amie, quelle petite visite! Vous reviendrez!

Deuxième dame: Bien sûr, quand j'aurai le temps. Au revoir, et merci pour le thé!

Première dame: Alors, au revoir!

PATTERN SENTENCES

MODÈLE: Si j'avais eu le temps, *je vous aurais téléphoné.*

Si j'avais eu le temps,	je vous aurais téléphoné. je vous aurais écrit. j'aurais fait un gâteau. je serais allée au marché.

MODÈLE: *Si je bavarde trop,* je serai en retard.

Si je bavarde trop, Si je prends du thé, Si je vais au marché, Si je fais un gâteau,	je serai en retard.

MODÈLE: Si je mangeais du gâteau, *je prendrais du poids.*

Si je mangeais du gâteau,	je prendrais du poids. je serais en retard. je prendrais du café. je ne mangerais pas de biscuits.

GRAMMAIRE

1. Pluperfect (Plus-que-parfait)

Il **avait** déjà **fini** ses leçons, donc le professeur lui a donné un livre à lire.
He had already finished his lessons, so the teacher gave him a book to read.

Malheureusement, elles **avaient oublié** leurs billets.
Unfortunately, they had forgotten their tickets.

The **plus-que-parfait** (*pluperfect*), like the **passé composé,** is a tense used to describe a single specific action completed in the past. The difference between the **plus-que-parfait** and the **passé composé** is indicated by the name: **plus-que-**

parfait—literally, "more than perfect." Not only did the action take place in the past, but it had taken place and been completed before another past action —thus removing it even further in time.

(a)   Formation

The **plus-que-parfait** is made up of the **imparfait** of the auxiliary and the past participle of the main verb.

elle était sortie	*she had gone out*
tu avais choisi	*you had chosen*
avaient-ils fait?	*had they made?*
nous n'étions pas allés	*we had not gone*

(b)   Use of the **plus-que-parfait**

The **plus-que-parfait** is used to express a past action which occurred before another past action.

Il **avait** déjà **fini** son travail quand elle est arrivée.
He had already finished his work when she arrived.

J'avais promis de l'accompagner mais au dernier moment je l'ai trouvé impossible.
I had promised to go with him but at the last moment I found it impossible.

2. Past Anterior (Passé antérieur)

Following **quand, lorsque, après que, dès que, aussitôt que,** a special form is used in place of the pluperfect so as to correspond with the style of the rest of the passage.   When the passage is written in the literary-historical past **(passé simple),** a special literary tense called the **passé antérieur** describes an action which would otherwise be expressed in the **plus-que-parfait**.   The **passé antérieur** consists of the **passé simple** of the auxiliary and the past participle of the main verb.

Aussitôt qu'il **eut fini** ses classes, il alla à un petit café du quartier.
As soon as he had finished with his classes, he went to a little café in that part of the city.

When the passage is not written in literary-historical style, however, following **quand, lorsque, aussitôt que, après que, dès que,** the **passé surcomposé** expresses the action normally described by the **plus-que-parfait**.   The **passé surcomposé** is made up of the **passé composé** of the auxiliary plus the past participle of the main verb.

Quand j'**ai eu parlé** avec mes parents, j'ai fait mes adieux et je m'en suis allée.
When I had spoken with my parents, I said good-by and went away.

In conversation the **passé surcomposé** is normally avoided:

Après avoir parlé avec mes parents, j'ai fait mes adieux.
After having spoken with my parents, I said good-by.

3. Conditional Sentences (Phrases conditionnelles)

In conditional sentences the action of the result clause depends on a condition expressed in the **si** (*if*) clause.   There are four patterns which these sentences regularly follow, and the sequence of tenses is the same as those in English conditional sentences.

Si CLAUSE	RESULT CLAUSE
Si ma mère me le **dit,** (présent) *If my mother tells me to,*	je le **ferai.** (futur) *I will do it.*
Si ta mère te le **dit,** (présent) *If your mother tells you to,*	**fais**-le. (impératif) *do it.*
Si tu **étais** ici, (imparfait) *If you were here,*	nous **irions** ensemble. (conditionnel) *we would go together.*
S'ils m'**avaient demandé,** (plus-que-parfait) *If they had asked me,*	je le leur **aurais dit.** (passé du conditionnel) *I would have told them.*

4. Irregular Verb devoir (to owe, must, ought, have to) (Verbe irrégulier devoir)

PRÉSENT:
je **dois**	*I owe, I must, I have to*
tu **dois**	*you owe, you must, you have to*
il **doit**	*he owes, he must, he has to*
nous **devons**	*we owe, we must, we have to*
vous **devez**	*you owe, you must, you have to*
ils **doivent**	*they owe, they must, they have to*

PASSÉ COMPOSÉ: **j'ai dû, tu as dû, il a dû, nous avons dû, vous avez dû, ils ont dû**

NOTE: When the past participle reflects a preceding feminine direct object, the circumflex no longer appears: La somme que j'ai **due** . . .

Because of the meaning of **devoir,** pay special attention to its use before the infinitive of another verb. Note the differences in meaning in different tenses:

Vous **devez** écrire.	*You must write. You have to write.*
Vous **deviez** écrire.	*You were to write. You were supposed to write.*
Vous **avez dû** écrire.	*You had to write. You must have written.*
Vous **devrez** écrire.	*You will have to write.*
Vous **devriez** écrire.	*You should write. You ought to write.*
Vous **auriez dû** écrire.	*You should have written. You ought to have written.*

VOCABULAIRE

affiche *f.*	poster	**pardon** *m.*	pardon
bavarder	to chat	**parfait**	perfect
biscuit *m.*	cookie	**prendre du poids**	to gain weight
brusquement	abruptly	**pressé**	rushed; busy
cellule *f.*	cell	**quelque chose**	something
en retard	late	**rayon** *m.*	ray
franchir	to cross over	**se sauver**	to hurry along; to get
gâteau *m.*	cake		out quickly
instant *m.*	instant	**seuil** *m.*	threshold
(à l')improviste	unexpectedly	**somme** *f.*	sum
lâcher	to drop, let go	**supplier**	to beg
logette *f.*	small cell	**surprise** *f.*	surprise
menacer	to threaten	**thé** *m.*	tea
offrir	to offer	**trop**	too; too much

EXERCICES

✓ **A.** *Les verbes irréguliers. Complétez ces phrases par le présent du verbe.*

MODÈLE: **(savoir)** **Nous _____ faire du ski.**
Nous savons faire du ski.

1. (prendre)   Que _____-il pour le dîner?
2. (comprendre) Vous ne _____ jamais mes désirs!
3. (savoir)   Il ne _____ jamais la réponse.
4. (connaître)   Elles _____ bien leurs camarades.
5. (apprendre)   Les élèves _____-ils le latin?
6. (écrire)   Les garçons _____ mal très souvent.
7. (dormir)   Je ne _____ pas très bien à l'hôtel.

8. (voir)   Tu ne _____ pas l'affiche?
9. (dire)   Que _____-vous de ce film?
10. (faire)   Que _____-ils ici?

✓ **B.** *Exprimez au plus-que-parfait.**

MODÈLE: **Il fait ses études.**
Il avait fait ses études.

1. Je fais le ménage.   6. Elles écrivent la lettre.
2. Nous parlons en français.   7. Elle sort à sept heures.
3. Il va très vite.   8. Tu peux l'entendre.
4. Nous apprenons l'histoire.   9. Il veut aller.
5. Vous êtes très malade.   10. Vous voyez le film.

✓ **C.** *Répondez aux questions suivantes à la forme affirmative.**

MODÈLES: **S'il parle, lui répondras-tu?—Oui, s'il parle, je lui répondrai.**
S'il parlais, lui répondrais-tu?—Oui, s'il parlait, je lui répondrais.
S'il avait parlé, lui aurais-tu répondu?—Oui, s'il avait parlé, je lui
aurait répondu.

1. Si je vous écris, me répondrez-vous?
2. Si je finis, pourras-tu m'accompagner?
3. Si j'arrive à deux heures, seras-tu ici?
4. S'il était en France, verrait-il les monuments?
5. S'il prenait un taxi, arriverait-il à l'heure?
6. S'il étudiait le français, comprendrait-il le professeur?
7. Si nous avions répondu, auriez-vous été content?
8. Si nous avions téléphoné, auriez-vous entendu?
9. Si nous étions partis à midi, serions-nous arrivés avant minuit?
10. Auraient-ils été plus heureux si j'étais allée par avion?

∨ **D.** *Exprimez au conditionnel et au passé du conditionnel.**

MODÈLE: **elle fait**
elle ferait, elle aurait fait

1. ils font   6. ils vont
2. tu vois   7. vous finissez
3. elles sortent   8. il répond
4. tu te rases   9. nous prenons
5. nous nous lavons   10. il veut

E. *Voici un bref extrait du roman «Notre-Dame de Paris», par Victor Hugo. Identifiez les verbes—temps, infinitif, traduction.*

MODÈLE: **C'était en effet la voix de Quasimodo.**
C'était (être, imparfait, *it was*) en effet la voix de Quasimodo.

C'était en effet la voix de Quasimodo.

Alors le prêtre sentit la grosse main qui le traînait par le pied hors de la cellule. C'est là qu'il devait mourir. Heureusement pour lui, la lune venait de se lever depuis quelques instants.

Quand ils eurent franchi la porte de la logette, son pâle rayon tomba sur la figure du prêtre. Quasimodo le regarda en face, un tremblement le prit, il lâcha le prêtre, et recula.

L'Égyptienne, qui s'était avancée sur le seuil de la cellule, vit avec surprise les rôles changer brusquement. C'était maintenant le prêtre qui menaçait, Quasimodo qui suppliait.

F. *Exprimez en français.*

1. I owe him some money.
2. I must see him.
3. I was supposed to see him.
4. I must have seen him.
5. I ought to see him.
6. I should have seen him.

LECTURE

Si

Si je n'avais pas trop bu, je l'aurais entendu;
Si je l'avais entendu, je me serais levé;
Si je m'étais levé, je l'aurais découverte;[1]
Si je l'avais découverte, j'aurais pu déjeuner;   5
Si j'avais déjeuné, j'aurais eu des forces;[2]
Si j'avais eu des forces, j'aurais pu courir;
Si j'avais pu courir, je ne l'aurais pas manqué;[3]
Si je ne l'avais pas manqué, je serais arrivé;
Si j'étais arrivé, je ne l'aurais pas perdue;[4]   10

---

1. **je l'aurais découverte** *I would have discovered it.* 2. **des forces** *the strength.* 3. **je ne l'aurais pas manqué** *I would not have missed it.* 4. **perdue** *lost.*

Si je ne l'avais pas perdue, je ne serais pas sans fonds;[5]
Si je n'étais pas sans fonds, je ne serais pas ici;
Mais puisque je suis ici, vous seriez gentil
De mettre quelque chose dans mon vilain[6] chapeau.

15   Qu'est-ce qui s'est passé?

Alors, par suite d'un orage[7] il y a eu une panne d'électricité.[8] Par conséquent le réveille-matin[9] n'a plus marché et cet homme infortuné s'est levé tard le matin. Il n'a pas eu le temps de déjeuner, il a manqué son train, il est arrivé très tard à son bureau, et il a perdu sa situation. Il ne lui reste plus qu'à mendier dans les rues.[10]

QUESTIONS

1. Qu'est-ce qu'il aurait entendu s'il n'avait pas trop bu?
2. Qu'est-ce qu'il aurait fait s'il l'avait entendu?
3. S'il s'était levé, qu'est-ce qu'il aurait découvert?
4. S'il l'avait découverte, qu'est-ce qu'il aurait pu faire?

---

5. **je ne serais pas sans fonds** *I would not be without funds.* 6. **vilain** *miserable; dirty.* 7. **par suite d'un orage** *as a result of a thunderstorm.* 8. **une panne d'électricité** *an electrical power breakdown.* 9. **le réveille-matin** *the alarm clock.* 10. **mendier dans les rues** *to beg in the streets.*

Prononciation– Liaison

A. Introduction

What is **liaison**? When does it occur? Equally important, when does it not occur? What happens to the pronunciation of the words when it does occur? Ignoring the established rules for **liaison** immediately marks the foreigner in France, and yet—the speech of a cultured Frenchman, of a youngster playing in the streets, of lycée and university students often seems to be inconsistent in the observance of or disregard for **liaison.**

Liaison is the articulation of the final consonant of a word—a final consonant normally not pronounced—before a word beginning with a vowel sound. In **Nous_avons très peu d'argent,** for example, the final consonant **s** of **nous** is pronounced, even though it is silent in **Nous n'avons pas beaucoup d'argent,** or in **Dites-le-nous, Le pronom, c'est «nous», Sans nous, il ne pouvait pas le faire.** The sounding of the **s** in **nous** in the sentence **Nous_avons très peu d'argent** is an example of **liaison.**

The changing, living, growing quality of spoken language is one of the elements responsible for the differences in French **liaison.** Today many of the rules which formerly governed the use of **liaison** are obsolete. Although poetic language (which is rarer and less liable to change) retains its extensive use of **liaison,** particularly in the more classic works, even twentieth-century poetry shows the modernizing influence, and in many cases **liaison** is limited.

The tendency to avoid or reduce **liaison** is particularly evident in casual or informal conversation. Just as contractions such as *don't, can't, shouldn't* are heard chiefly in everyday speech, yet avoided in more formal situations, **liaison** is much more frequently heard in formal, cultivated speech.

Even in the most casual of speech, however, there remain certain occasions where **liaison,** the pronouncing of a final consonant that would normally remain silent, is strictly practiced.   Depending on the situation, there are other opportunities for **liaison** which may or may not be ignored—depending on the speaker.   And finally, there are a number of contexts in which **liaison** is never correct.

B. Some Rules Governing Liaison

(a) Since the word **liaison** comes from the verb **lier** (*to link*, *fasten*, *connect*), linking will occur only when it is appropriate.   It will not occur at the end of a sentence: **Elle ira sans nous.**   Nor will the final consonant be sounded, even though the following word begins with a vowel, if the two words are separated by a pause of any sort, whether or not marked by a comma or other mark of punctuation: **Pour vous, il ferait n'importe quoi.** Within the sentence, however, words which belong together, words relating to a single idea, are subject to **liaison.**

(b) Such a group of words may be signaled by a preposition, an article, a possessive or demonstrative adjective, or a conjunction.

    1. Les enfants ne voulaient pas venir.   *definite article*
    2. Leurs élèves sont tous intelligents.   *possessive adjective*
    3. Ces animaux sont très féroces.   *demonstrative adjective*
    4. Il en veut un autre.   *indefinite article*
    5. Il est resté ici pendant un mois.   *preposition*
    6. Vos autres poèmes sont plus beaux.   *possessive adjective*
    7. Quand il arrivera, je le verrai.   *conjunction*

(c) **Liaison** always occurs in a verb group made up of a verb (whether affirmative or negative) and object pronouns.*

    1. Je vous en prie.
    2. Allez-vous-en.
    3. Ils ne nous ont pas vus.
    4. Elle me les a donnés.

Whenever possible, **liaison** also occurs between a verb and a dependent infinitive immediately following.*

1. Il faut_aller ensemble.
2. Je dois_être à Paris le 13 avril.

(d) When the subject of the sentence is a pronoun, **liaison** connects it with the verb, if possible.*

   1. Ils_écrivent de très bonnes lettres.
   2. Vous_avez de la chance!
   3. Peut-on le lire?
   4. Tout_est fini.

Noun subjects, however, remain apart.

   1. Les enfants écrivent de très bonnes lettres.
   2. Ces filles ont de la chance!

(e) Certain idiomatic phrases and expressions, although difficult to classify under specific rules, are invariably connected by **liaison.***

   1. de plus_en plus
   2. de mieux_en mieux
   3. les Champs-Élysées
   4. tout_à coup
   5. tout_à fait
   6. tout_à l'heure
   7. de temps_en temps
   8. accent_aigu
   9. petit_à petit
  10. Comment_allez-vous?

(f) **Liaison** does not occur before a word beginning with an aspirate **h:***

   1. Un héros doit être courageux.
   2. Les hiboux sont si intéressants!
   3. Pour les Hollandais, la liberté est plus importante que la vie.

(g) **Liaison** never occurs between words not connected by sense or between groups of words separated by a pause or by a mark of punctuation.

(h) **Liaison** does not occur between a noun in the singular and a qualifying adjective which follows immediately.*

   1. un sujet intéressant
   2. un nez adorable

(i)   **Liaison** never occurs before the numbers **huit, onze, un.***

1. Ces onze garçons étaient très malheureux.
2. Nous serons huit à table.
      Exceptions: dix-huit; vingt-huit.

(j)   There is no **liaison** between **et** and a following word.*

1. En juillet et août il fait très chaud.
2. Il voyagera en Espagne et en Italie.

(k)   There are some optional **liaisons.** In casual conversation they may be ignored. In more formal speech, however, or in reading aloud, many of these would be heard.

C. Changes in Pronunciation Caused by Liaison

(a)   Although **liaison** itself consists of the sounding of a normally silent final consonant, that consonant is not sounded with the word to which it belongs. Rather, it becomes the first letter of the word following:*

1. les_enfants   [le-zã-fã]
2. leurs_élèves   [lœʀ-ze-lɛv]
3. Comment_allez-vous?   [kɔ-mã-ta-le-vu]

(b)   The **f** of **neuf,** in two instances, is pronounced as **v** in liaison:*

1. neuf_heures   [nœ-vœʀ]
2. neuf_ans   [nœ-vã]

(c)   The **d** of **quand** is sounded as **t** in liaison:*

Quand_il   [kã-til]

Pique-nique à la campagne

CONVERSATION

Solange: Marc! Marc! Attendez-moi! Vous marchez trop vite!

Marc: (*de loin*) Comment? Qu'est-ce que vous dites? Parlez plus fort!

Solange: Marchez plus lentement . . . je meurs de fatigue!

Marc: (*qui attend*) Ah pardon! Je n'ai pas entendu. Vous parlez trop doucement.

Solange: Je voudrais bien m'installer ici. Il y a de l'ombre, et j'ai très faim.

Marc: Je suis parfaitement d'accord . . . déjeunons!

Solange: Voilà la nappe. J'en mets toujours une, même par terre. J'ai horreur des fourmis.

(*Petite attente*)

Solange: Alors, Marc. Vous pouvez l'ouvrir.

Marc: Quoi?

Solange: Le panier, bien entendu!

Marc: Mais, je n'ai pas de panier, moi.

Solange: Moi non plus. Je ne porte que le vin.

Marc: Alors, ça veut dire que le panier est . . .

Solange: . . . toujours à la maison! Franchement, Marc, je ne vois pas comment . . .

Marc: En route, ma fille! Gardez vos forces! On a seulement trois kilomètres à refaire.

PATTERN SENTENCES

MODÈLE: Attendez-moi! *Vous marchez trop vite!*

Attendez-moi!	Vous marchez trop vite! Vous parlez trop doucement! Je suis très fatigué! Je n'ai plus de forces!

MODÈLE: *Je suis parfaitement d'accord . . .* déjeunons!

Je suis parfaitement d'accord . . . Je voudrais bien manger . . . J'ai très faim . . . Je suis trop fatigué . . . Je n'ai que cinq minutes . . .	déjeunons!

MODÈLE: Qu'est-ce que vous dites? *Parlez plus fort!*

Qu'est-ce que vous dites?	Parlez plus fort! Parlez plus doucement! Parlez plus lentement! Parlez plus franchement!

GRAMMAIRE

1. Adverbs (Adverbes)

Il parlait **lentement.**   *He was speaking slowly.*
(verb)   (adv.)

Il parlait **très lentement.**   *He was speaking very slowly.*
(verb)(adv.)   (adv.)

Elle portait une **bien jolie** robe.   *She was wearing a very pretty dress.*
(adv.)(adj.)

While an adjective describes a noun or pronoun, an adverb describes a verb, an adjective, or another adverb. It is invariable—that is, it does not change form to agree in gender or number as an adjective does. Adverbs may express place, time, manner, quantity, affirmation, negation, interrogation, or doubt. In addition to the adverbs themselves, there exist also many prepositional phrases which function as adverbs.

2. Adverbs of Manner (Adverbes de manière)

(a) Adverbs of manner are often derived from adjectives. When the adjective ends in a vowel, the ending **-ment** is added. The feminine serves as the stem, however, when the basic form ends in a consonant.

MASCULINE	FEMININE	ADVERB	
absolu	absolue	**absolument**	*absolutely*
vrai	vraie	**vraiment**	*really*
assuré	assurée	**assurément**	*assuredly*
lent	lente	**lentement**	*slowly*
sérieux	sérieuse	**sérieusement**	*seriously*
relatif	relative	**relativement**	*relatively*
franc	franche	**franchement**	*frankly*

(b) Another group of adverbs of manner is derived from adjectives containing more than one syllable and ending in **-ent** and **-ant**. The corresponding adverbs end in **-emment** and **-amment**.

ADJECTIVE	ADVERB	
différent	**différemment**	*differently*
récent	**récemment**	*recently*
élégant	**élégamment**	*elegantly*

(c) A limited number of adjectives of manner function as adverbs without changing form.

bas	*low*
clair	*clearly, distinctly*
exprès	*expressly, on purpose*
fort	*very; extremely; hard*
haut	*high; loudly*
juste	*precisely, exactly*
net	*at once; flatly; outright*

3. Adverbs of Quantity (Adverbes de quantité)

assez	*enough*	plus	*more*
aussi	*as*	presque	*almost*
autant	*as much*	si	*so, so much*
beaucoup	*much, many*	tant	*such*
combien	*how much*	tellement	*so*
davantage	*more*	tout	*all, quite*
guère	*not much, scarcely*	très	*very*
moins	*less,*	trop	*too much*
peu	*little few*		

Adverbs of quantity are normally followed by **de.**

Franchement, il a **trop de patience.**
Frankly, he has too much patience.

4. Adverbs of Place (Adverbes de lieu)

ailleurs	*elsewhere*	derrière	*in back of*
alentour	*around*	devant	*in front of*
auprès	*near by*	en	*in, at*
autour	*around about*	ici	*here*
avant	*before (in time)*	là	*there*
✓ ça	*here*	loin	*far*
✓ deça	*here on this side*	où	*where; when*
dedans	*within*	partout	*everywhere*
dehors	*outside*	y	*there*
✓ delà	*on the other side*		

Prepositional phrases which serve as adverbs of place:

à droite	*to the right*	en haut	*upstairs, up above*
à gauche	*to the left*	en bas	*downstairs*
en avant	*forward; before*	au-dessus	*above*
en arrière	*backward; behind*	au-dessous	*below*
au milieu	*in the center*	✓ par-devant	*in front of*
au bout	*at the end*	✓ par-derrière	*in back of*

5. Adverbs of Time (Adverbes de temps)

puis

alors	*then*	**jadis**	*formerly*
aujourd'hui	*today*	**jamais**	*never*
✓ **auparavant**	*formerly*	**longtemps**	*a long while*
✓ **aussitôt**	*immediately*	**maintenant**	*now*
bientôt	*soon*	✓ **naguère**	*lately*
déjà	*already*	**parfois**	*sometimes*
demain	*tomorrow*	**quand**	*when*
depuis	*since*	**quelquefois**	*sometimes*
✓ **désormais**	*hereafter*	**souvent**	*often*
✓ **dorénavant**	*hereafter*	✓ **tantôt**	*presently*
encore	*still; yet*	**tard**	*late*
enfin	*finally*	**tôt**	*early*
ensuite	*then*	**toujours**	*always; still*
hier	*yesterday*		

Expressions which serve as adverbs of time:

à présent	*at present*	**d'abord**	*first of all*
✓ **sur-le-champ**	*at once*	**tout à coup**	*all of a sudden*
tout à l'heure	*in a few minutes;* *a few minutes ago*	**tout de suite**	*immediately*

Another group of adverbs is formed by the addition of **-ment** to adjectives which mark order or rank:

premièrement	*firstly*
secondement	*secondly*
dernièrement	*lastly*

6. Comparison of Adverbs (Comparaison des adverbes)

Like adjectives, adverbs of manner also indicate degree through comparison.

M. Dupont est **le meilleur** professeur de français.
            (adj.)
Mr. Dupont is the best French teacher.

M. Dupont est le professeur que j'aime **le mieux.**
                (adv.)
Mr. Dupont is the teacher I like best.

In a comparison, **plus, aussi,** or **moins** is placed before the adverb; in the superlative form **le plus** or **le moins** precedes the adverb.   Since the adverb is invariable, the masculine singular form of the definite article is always used.

Elle étudie **plus sérieusement** que lui.
She studies more seriously than he does.

Tu parles **aussi couramment** que lui.
You speak as fluently as he does.

Tu parles **le moins couramment** de tous ces élèves.
You speak the least fluently of all these students.

Several important adverbs have irregular comparative forms:

bien (*well*)	**mieux** (*better*)	**le mieux** (*the best*)
mal (*badly*)	**pis** (*worse*)	**le pis** (*the worst*)[1]
peu (*little*)	**moins** (*less*)	**le moins** (*the least*)
beaucoup (*much*)	**plus** (*more*)	**le plus** (*the most*)

Je parle **bien**.   *I speak well.*
Il parle **mieux**.   *He speaks better.*
Vous parlez **le mieux** de tous les élèves.   *You speak best of all the students.*

Adverbs of time and place are also compared:

Il est arrivé **plus tôt** que nous.
He arrived earlier than we did.

Tu vas toujours **plus loin** que les autres.
You always go farther than the others.

7. Position of Adverbs (Place des adverbes)

(a)   When the adverb modifies a simple tense, the adverb usually comes directly after the verb.

Je l'admire **beaucoup**.
I admire him very much.

Tu n'as pas **toujours** raison.
You are not always right.

---

1. **mal** is also compared regularly: **plus mal** (*worse*), **le plus mal** (*the worst*).

Ses enfants lui causaient **souvent** de gros chagrins.
His children often caused him great sorrows.

(b) If the verb is made up of several parts, the adverb usually stands between the auxiliary and the past participle.

Elle n'a pas **encore** fini.   *She hasn't finished yet.*
Il a **mal** agi dans ce cas.   *He acted unwisely in this case.*

Adverbs of place or time, as well as those ending in **-ment** which are derived from adjectives, generally stand after the past participle or, for emphasis, at the beginning of the sentence.

Il a cherché **partout.**   *He looked everywhere.*
Hier, il est parti en voyage.   *Yesterday he left on a trip.*

When there are noun objects, however, these adverbs of place and time normally appear at the end of the sentence.

J'ai acheté ces chaussures **hier.**   *I bought these shoes yesterday.*

(c) When the adverb modifies an adjective or another adverb, the normal position of the adverb is before the word it modifies.

Elle est **toujours belle.**   *She is always beautiful.*
Tu étais **merveilleusement bête!**   *You were wonderfully stupid!*

8. Irregular Verbs venir (to come), tenir (to hold) (Verbes irréguliers venir et tenir)

PRESENT TENSE:	**venir**	**tenir**
	je **viens**	je **tiens**
	tu **viens**	tu **tiens**
	il **vient**	il **tient**
	nous **venons**	nous **tenons**
	vous **venez**	vous **tenez**
	ils **viennent**	ils **tiennent**
FUTURE TENSE:	je **viendrai**	je **tiendrai**
PASSÉ COMPOSÉ:	je **suis venu(e)**	**j'ai tenu**

VOCABULAIRE

attente f.	period of waiting	**garder**	to keep; to conserve
bien entendu	obviously; it goes without saying	**horreur** f.	horror
		kilomètre m.	kilometer (approx. ⅝ of a mile)
campagne f.	countryside		
chagrin m.	sorrow	**marcher**	to walk
déjeuner m. noun & verb	lunch; to have lunch	**mourir**	to die
		nappe f.	tablecloth
doucement	softly; gently	**ombre** f.	shade
en route!	let's go! "hit the road"	**panier** m.	basket
		par terre	on the ground
faim f.	hunger	**parfaitement**	perfectly
fatigue f.	fatigue	**peine: à peine**	scarcely
force f.	strength	**pique-nique** m.	picnic
fourmi f.	ant	**refaire**	to redo
franchement	frankly	**vite**	quickly

EXERCICES

A. *Quels sont les adverbes qui correspondent à ces adjectifs?*

MODÈLE: **lent—lentement**

1. long
2. bon
3. mauvais
4. suffisant
5. relatif
6. récent
7. heureux
8. particulier

B. *Répondez aux questions suivantes à la forme affirmative.**

MODÈLE: **Viens-tu tout de suite?**
Oui, je viens tout de suite.

1. Venez-vous avec Marc?
2. Venons-nous ensemble?
3. Tiendrez-vous ferme?
4. As-tu tenu ta place?
5. Étiez-vous venu directement de l'avion?
6. Tiendrais-tu cette position sans moi?

C. *Mettez les phrases suivantes au passé composé.**

> MODÈLE: **Il s'amuse bien pendant votre absence.**
> **Il s'est bien amusé pendant votre absence.**

1. Je vous voyais partout.
2. Répondais-tu toujours à mes lettres?
3. Il lisait souvent *Le Figaro*.
4. Les enfants finissent tout de suite.
5. Elle parle doucement.
6. Mon petit frère s'habille rapidement.

D. *Répétez les phrases suivantes en employant les adverbes indiqués.**

> MODÈLE: **J'aime ce roman.   (beaucoup)**
> **J'aime beaucoup ce roman.**

1. Elle est partie.   (déjà)
2. J'achète des gâteaux.   (rarement)
3. Tu n'as pas fait ton travail.   (encore)
4. Si, je l'ai fini.   (presque)
5. Ma chambre est grande.   (assez)
6. Je peux voir le diamant.   (à peine)

E. *Répondez aux questions suivantes en employant les adverbes entre parenthèses.** ·

> MODÈLE: **Comment parle-t-il français?   (couramment)**
> **Il parle français couramment.**

1. Quand va-t-il partir?   (immédiatement)
2. A-t-il eu si peu d'argent?   (assez)
3. Avait-il fini?   (à peine)
4. A-t-il bien écrit ces devoirs?   (mal)
5. Quand avez-vous vu le film?   (hier)
6. Va-t-il annoncer la nouvelle aujourd'hui?   (probablement)

F. Exercice de révision. *Répondez aux questions suivantes d'après les indications entre parenthèses.*

> MODÈLE: **Qui avez-vous vu au restaurant?   (*no one*)**
> **Je n'ai vu personne au restaurant.**

DEUX CENT QUARANTE ET UN

1. Qu'avez-vous fait ce matin? (*nothing*)
2. Y a-t-il un garçon à la porte? (*no*)
3. Avez-vous visité Paris? (*never*)
4. Qui a lu le journal? (*no one*)
5. Allez-vous toujours en ville tous les jours? (*no longer*)
6. Avez-vous beaucoup de temps pour faire ce travail? (*scarcely*)
7. Combien de cours suivez-vous ce semestre? (*none at all*)
8. As-tu beaucoup de parents ici à Lyon? (*only one sister*)
9. Qu'est-ce qui est arrivé ici? (*nothing*)
10. Demandez-vous trop de travail? (*none at all*)
11. Avez-vous le temps et l'argent pour faire ce voyage? (*neither*)
12. Y a-t-il quelque chose d'intéressant dans le journal? (*nothing*)

LECTURE

Mon oncle

Je me souviens bien de mon oncle Victor. Il ne venait que rarement mais je ne l'ai jamais oublié. C'était un homme tranquille qui parlait peu et riait moins. Il s'habillait simplement et sobrement, et d'année en année[1] son costume ne
5 changeait pas. Il assistait[2] fidèlement aux grandes réunions familiales qui avaient lieu[3] chaque année chez mon grand-père. Il arrivait toujours très tôt le matin de la fête et ensuite il se tenait scrupuleusement à l'écart[4] pendant toute la journée! Si l'on lui adressait directement la parole, il répondait poliment, mais bientôt il glissait hors de la portée[5] des convives.
10 C'était seulement avec les enfants que Victor se sentait à l'aise.[6] Réfugié avec nous au fond du jardin, il passait de longues heures à écouter des récits de nos triomphes et de nos malheurs. Il avait de la compassion—pour les poupées cassées autant que pour les cœurs brisés. Tout ce qui nous intéressait l'intéressait, lui, aussi. Tant d'attention! Pour les enfants, c'était presque enivrant![7]
15 Fatalement, le coucher du soleil[8] nous emportait notre ami. De nouveau, il fallait l'attendre patiemment pendant des mois. Comme ces plantes exotiques

---

1. **d'année en année** *from year to year.* 2. **assistait** *attended.* 3. **avaient lieu** *took place.*
4. **à l'écart** *out of reach; out of the way.* 5. **hors de la portée** *out of the reach.* 6. **se sentait à l'aise** *felt at ease.* 7. **enivrant** *intoxicating* (slang). 8. **le coucher de soleil** *sunset.*

qui ne fleurissent[9] qu'une fois par an à Noël, mon oncle Victor s'épanouissait chaque été à l'Assomption[10] et puis rentrait dans l'obscurité.

Tout cela se passait il y a une cinquantaine d'années, mais je me souviens de lui comme si c'était hier.   20

QUESTIONS

1. De qui l'auteur se souvient-il?
2. Qu'est-ce qui se passait chaque année chez son grand-père?
3. Où Victor se réfugiait-il?
4. A quelle heure l'oncle partait-il?

---

9. **fleurissent** *bloom.* 10. **l'Assomption** *August 15, feast of the Assumption of the Virgin Mary, a traditional holiday in France.*

Mauvaises nouvelles

CONVERSATION

Marc et Georges se rencontrent en ville. Ils bavardent un peu.

Marc: Mais qu'il fait froid! Tu ne trouves pas?

Georges: Comment! Froid? Mais non. Je trouve qu'il fait un temps merveilleux.

Marc: Moi, j'ai froid.

Georges: Tu n'as pas bonne mine. As-tu bien dormi cette nuit?

Marc: Non. J'avais mal à la tête. Je me suis levé deux fois pour prendre de l'aspirine.

Georges: Et maintenant, comment te sens-tu?

Marc: Maintenant j'ai mal au dos et les yeux me font mal!

Georges: As-tu mangé quelque chose?

Marc: Non, je n'ai pas faim. Je crois que je suis simplement fatigué.

Georges: Je ne pense pas, Marc. Je ne pense pas. Si je ne me trompe pas, tu recevras demain matin une grande surprise.

Marc: Quoi donc? Une lettre de mon père avec un mandat?

Georges: Non, mon pauvre ami . . . la rougeole!

PATTERN SENTENCES

MODÈLE: *Mais qu'il fait froid!* Tu ne trouves pas?

> Mais qu'il fait froid!
> Mais qu'il fait beau!
> Mais qu'il fait chaud!
> Mais qu'il fait un temps merveilleux!

> Tu ne trouves pas?

MODÈLE: Comment te sens-tu? *J'ai mal au dos.*

> Comment te sens-tu?

> J'ai mal au dos.
> J'ai mal à la tête.
> J'ai froid.
> Les yeux me font mal.
> Je suis fatigué.

GRAMMAIRE

1. Locutions Based on Verbs (Locutions verbales)

(a) **aller**

aller bien, mal

Je vais bien, merci.   *I'm fine, thank you.*

aller à cheval, à bicyclette

Il est allé en classe à bicyclette.   *He went to class on a bicycle.*

ça va

Comment ça va?   *How's everything?*

s'en aller

Elle s'en est allée.   *She went away.*

(b) **avoir**

avoir âge, ans

Quel âge a-t-il?—Il a cinq ans.   *How old is he?—He is five.*

avoir l'air (de)

Elle a l'air triste.   *She looks sad.*

avoir besoin (de)

Tu as besoin de moi.   *You need me.*

avoir chaud

J'ai très chaud.   *I'm very warm.*

Notice that, when the subject is not a person, **être** is used:

Ce café est très chaud.   *This coffee is very hot.*

avoir de la chance

Vous avez de la chance!   *You're lucky!*

avoir envie (de)

J'ai envie de rester ici.   *I feel like staying here.*

avoir faim

Il avait très faim.   *He was very hungry.*

avoir froid

Nous avions froid.   *We were cold.*

But:

La viande est froide!   *The meat is cold!*

avoir honte (de)

Vous devriez avoir honte.   *You should be ashamed.*

avoir lieu

La réunion aura lieu demain.   *The meeting will take place tomorrow.*

avoir mal

As-tu mal aux dents?   *Have you a toothache?*

avoir peur (de)

J'ai peur des chiens.   *I'm afraid of dogs.*

avoir raison

Tu as toujours raison.   *You are always right.*

avoir soif

Avez-vous soif?   *Are you thirsty?*

avoir sommeil

Il avait sommeil.   *He was sleepy.*

avoir tort

Nous avons tort.   *We are wrong.*

avoir + subject

Qu'avez-vous?   *What's the matter with you?*

il y a

Il y a deux livres ici.   *There are two books here.*

VOCABULAIRE

aspirine *f.*	aspirin	**mandat** *m.*	money order
avoir mal à la tête	to have a headache	**match** *m.*	sports match
avoir mal au dos	to have a backache	**mine** *f.*	look; appearance
demain	tomorrow	**nouvelles** *f. pl.*	news
dormir	to sleep	**nuit** *f.*	night
faire mal	to hurt	cette nuit	last night
fatigué	tired	**rougeole** *f.*	measles
froid *m. noun & adj.*	cold	**se sentir**	to feel
lettre *f.*	letter	**temps** *m.*	weather
se lever	to get up	**yeux** *m. pl.*	eyes
maintenant	now		

EXERCICES

A. *Complétez les phrases suivantes par les mots convenables. Choisissez parmi ces mots:* **âge, l'air, besoin, chaud, de la chance, envie, faim, froid, honte, lieu, mal, peur, raison, soif, sommeil, tort.**

MODÈLE: **Les enfants ont toujours _____.**
Les enfants ont toujours faim.

1. Elle a toujours _____ en hiver.
2. Regardez Marthe! Elle a _____ si heureuse aujourd'hui!

3. Le match de basketball aura _____ vendredi.
4. Quel _____ as-tu?
5. Paul a trouvé de l'argent? Il a _____!
6. J'ai mal dormi cette nuit et aujourd'hui j'ai _____.
7. Son père est si sévère que Pauline a _____ de lui.
8. J'ai oublié ma leçon de musique et j'ai _____ de voir mon professeur.
9. Que voulez-vous faire ce matin? —J'ai _____ de visiter le musée.
10. Elle avait _____ et elle voulait aller au café pour prendre une tasse de café.
11. Mais vous avez _____! Il n'est pas venu avec Charles!
12. A quelle heure dînons-nous? J'ai très _____!
13. Mon frère est allé chez le dentiste parce qu'il avait _____ aux dents.
14. Mais pour acheter une voiture vous avez _____ de beaucoup d'argent.
15. Porter un pull-over? Mais j'ai _____!
16. Oui, je suis d'accord. Vous avez _____.

B. *Exprimez en français.*

1. What's the weather like?
2. It's always cold in winter.
3. Is it windy out?
4. It's nice out today.
5. There were six of them.

C. *Exprimez au pluriel.*

MODÈLE: **Le garçon avait lu un livre.**
Les garçons avaient lu des livres.

1. Ce roman est si ennuyeux!
2. Il prenait sa voiture.
3. Elle aime beaucoup son cheval.
4. Mon amie est arrivée hier.
5. Sa robe bleue lui va très bien.

D. *Exprimez au passé composé.**

MODÈLE: **Je me lève à sept heures.**
Je me suis levé à sept heures.

1. Tu te laves avant de t'habiller, n'est-ce pas?

2. S'amusent-ils bien ensemble?
3. A quelle heure se mettent-ils à table?
4. Ne se réveille-t-il pas de bonne heure?
5. Pourquoi vous faites-vous cette robe?

E. *Exprimez au passé.*

Jeudi Paul se réveille très tôt le matin. Il se lève tout de suite, mais il est
toujours fatigué. Il a mal à la tête, et les yeux lui font mal. Il se regarde
dans le miroir. Il remarque que ses yeux sont tout rouges. Qu'il fait froid
dans son appartement! Il n'a pas faim, ce qui est difficile à comprendre!
Mais peut-être a-t-il besoin d'aller chez le médecin?

F. *Répondez aux questions suivantes à la forme affirmative.**

MODÈLE: **Voulez-vous partir de bonne heure?**
       Oui, je veux partir de bonne heure.

 1. Voulez-vous aller avec nous?
 2. Doit-il travailler beaucoup?
 3. Faut-il rester ici jusqu'à midi?
 4. Allez-vous sortir ce soir?
 5. Refusez-vous de faire vos devoirs?
 6. Finis-tu de faire tes études?
 7. Venez-vous de parler avec Marc?
 8. Demandez-vous de partir en vacances avec vos amis?
 9. Commencez-vous à lire le journal?
10. Cherchez-vous à être invité chez eux?

LECTURE

Extrait d'«Émile ou De l'éducation» de Jean-Jacques Rousseau

*Jean-Jacques Rousseau, 1712–1778, est considéré souvent comme le fondateur
de l'enseignement moderne. Ses théories de pédagogie comprennent la suppression totale des livres jusqu'à un certain âge, l'importance de la Nature
pour le développement de l'enfant et la nécessité du travail manuel. Centre* 5
de controverse à son époque, il le reste jusqu'à nos jours.

De toutes les occupations qui peuvent fournir la subsistance[1] à l'homme, celle qui le rapproche le plus de l'état de nature est le travail des mains: de toutes les conditions, la plus indépendante de la fortune[2] et des hommes est celle de l'artisan.[3]

10 L'artisan ne dépend que de son travail; il est libre, aussi libre que le laboureur est esclave: car celui-ci tient à son champ, dont la récolte est à la discrétion d'autrui.[4] L'ennemi, le prince, un voisin puissant, un procès, peut lui enlever ce champ; par ce champ on peut le vexer[5] en mille manières; mais partout où l'on veut vexer l'artisan, son bagage est bientôt fait; il emporte ses bras et s'en va.   Toutefois[6]

15 l'agriculture est le premier métier de l'homme: c'est le plus honnête, le plus utile, et par conséquent le plus noble qu'il puisse exercer. Je ne dis pas à Émile: «Apprends l'agriculture»; il la sait. Tous les travaux rustiques lui sont familiers; c'est par eux qu'il a commencé; c'est à eux qu'il revient sans cesse. Je lui dis donc: «Cultive l'héritage de tes pères. Mais si tu perds cet héritage, ou si tu n'en as

20 point, que faire? Apprends un métier.»

—Un métier à mon fils! mon fils artisan! Monsieur, y pensez-vous?

—J'y pense mieux que vous, Madame, qui voulez le réduire à ne pouvoir jamais être qu'un lord,[7] un marquis, un prince, et peut-être un jour moins que rien: moi, je veux lui donner un rang[8] qu'il ne puisse perdre, un rang qui l'honore

25 dans tous les temps, je veux l'élever à l'état d'homme; et, quoi que vous puissiez dire, il aura moins d'égaux à ce titre qu'à tous ceux qu'il tiendra de vous.

La lettre tue, et l'esprit vivifie.[9] Il s'agit moins d'apprendre un métier pour savoir un métier, que pour vaincre les préjugés qui le méprisent. Vous ne serez jamais réduit à travailler pour vivre. Eh! tant pis, tant pis pour vous![10] Mais

30 n'importe; ne travaillez point par nécessité, travaillez par gloire. Abaissez-vous[11] à l'état d'artisan pour être au-dessus du vôtre. Pour vous soumettre la fortune et les choses,[12] commencez par vous en rendre indépendant. Pour régner par l'opinion, commencez par régner sur elle.[13]

Souvenez-vous que ce n'est point un talent que je vous demande, c'est un

35 métier, un vrai métier, un art purement mécanique, où les mains travaillent plus que la tête, et qui ne mène point à la fortune,[14] mais avec lequel on peut s'en passer. Dans des maisons fort au-dessus du danger de manquer de pain, j'ai vu des pères

---

1. **la subsistance** *sustenance.* 2. **la fortune** *fate; chance.* 3. **l'artisan** *craftsman.* 4. **à la discrétion** *at the mercy of others.* 5. **vexer** *annoy.* 6. **toutefois** *however.* 7. **à ne pouvoir jamais être qu'un lord** *never to be able to be anything but a lord.* 8. **rang** *rank; station in life.* 9. **la lettre tue, et l'esprit vivifie** *words kill, meaning enlivens; it is the basic philosophical meaning of this passage which is important, not the literal meaning of this advice.* 10. **tant pis pour vous** *too bad for you!* 11. **abaissez-vous** *lower yourself.* 12. **pour vous soumettre la fortune et les choses** *to subjugate wealth and things.* 13. **commencez par régner sur elle** *begin by reigning over it.* 14. **la fortune** *wealth.*

pousser la prévoyance[15] jusqu'à joindre au soin d'instruire leurs enfants celui de les pourvoir[16] de connaissances dont, à tout événement, ils pussent tirer parti pour vivre.[17] Ces pères prévoyants croient beaucoup faire; ils ne font rien, parce que 40 les ressources qu'ils pensent ménager à leurs enfants dépendent de cette même fortune au-dessus de laquelle ils les veulent mettre. En sorte qu'avec tous ces beaux talents,[18] si celui qui les a ne se trouve dans des circonstances favorables pour en faire usage, il périra de misère comme s'il n'en avait aucun . . .

Livre III, 1762 45

QUESTIONS

1. Quelle occupation rend l'homme indépendant de la fortune?
2. Pourquoi est-on au-dessus de la fortune avec un métier?
3. Cette théorie de Rousseau est-elle valable aujourd'hui?
4. Avez-vous un métier? Lequel?

---

15. **la prévoyance** *foresight.* 16. **les pourvoir** *provide them.* 17. **ils pussent tirer parti pour vivre** *they could gain a living.* 18. **tous ces beaux talents** *all these fine abilities; all these fancy trimmings.*

Petite liste

CONVERSATION

Mère: (*sortant de la maison*) Amusez-vous bien, mes enfants! Quand vous aurez fini avec les quelques travaux indiqués sur cette liste, vous pourrez faire ce que vous voudrez.

Première fille: Quand seras-tu de retour, Maman?

Mère: A trois heures. Vous avez tout l'après-midi!

(*Elle sort.*)

Deuxième fille: Faisons vite. Dix minutes et on est libre!

(*Elles lisent la liste.*)

Première fille: Faire la vaisselle.

Deuxième fille: Nettoyer le salon.

Première fille: Cirer les chaussures.

Deuxième fille: Repasser le linge.

Première fille: Épousseter les meubles.

Deuxième fille: Passer l'aspirateur.

Première fille: Éplucher les légumes.

Deuxième fille: Mettre la table.

Première fille: Chercher le pain.

Deuxième fille: Amener ton frère chez le dentiste.

(*Elles se regardent.*)

Première fille: Tu as bien dit «dix minutes», n'est-ce pas?

Deuxième fille: (*tristement*) Oui. Dix minutes . . . et trois heures!

PATTERN SENTENCES

MODÈLE: Toi, tu peux *faire la vaisselle.*

Toi, tu peux

faire la vaisselle.
nettoyer le salon.
cirer les chaussures.
repasser le linge.
épousseter les meubles.

MODÈLE: Je ne veux pas *passer l'aspirateur!*

Je ne veux pas

passer l'aspirateur!
éplucher les légumes!
mettre la table!
chercher le pain!

GRAMMAIRE

1. Infinitive (Infinitif)

The infinitive has many functions, but it most often occurs as a verbal.

Il était impossible d'**aimer** cet enfant.
It was impossible to love that child.

Je préfère **ne pas parler** allemand ici.
I prefer not to speak German here.

Note that both **ne** and **pas** precede the infinitive.

2. Infinitive as a Noun (Infinitif comme nom)

When the infinitive occurs as a noun, it may be preceded by the article.

le coucher du soleil   *the setting of the sun*

DEUX CENT CINQUANTE-TROIS

The infinitive may serve as subject or object in the sentence.

Parler couramment une langue étrangère est difficile.   (*subject*)
To speak a foreign language fluently is difficult.

Il aime **écrire.**   (*object*)
He likes to write.

Often the French infinitive is used to express an idea which would be expressed in English by the present participle.

Voyager est toujours un plaisir.   *Traveling is always a pleasure.*

3. Infinitives Following a Preposition (Infinitif après une préposition)

All prepositions except **en** require the infinitive of the verb.

Sans écouter, elle s'est levée pour partir.
Without listening, she stood up to leave.
Pour finir, il a travaillé nuit et jour.
In order to finish, he worked day and night.
Avant de commencer, il a demandé sa permission.
Before beginning, he asked her permission.

Note that **avant** (*before*) is always followed by **de** when it precedes an infinitive.

4. Past Infinitive (Infinitif passé)

The past infinitive always follows the preposition **après** (*after*).   This form is made up of the infinitive of the auxiliary and the past participle of the verb.

Après **avoir mangé** un peu, il est sorti.
After eating a little, he went out.
Après **être retourné,** il a cherché partout l'argent perdu.
After returning, he looked everywhere for the lost money.

5. Dependent Infinitive (Infinitif dépendant)

When the infinitive is dependent on another verb (as in **Nous aimons lire**), the infinitive may be preceded by **à** or **de,** or it may follow the verb directly, depending on the verb which precedes.

Ils ont **commencé à étudier.**	*They began to study.*
Ils ont **refusé d'étudier.**	*They refused to study.*
Il **sait faire** du ski.	*He knows how to ski.*

There are no fixed rules as to which of these two prepositions, if either, will occur before a dependent infinitive. It is best to learn each verb and the required preposition, if any, as it occurs. The lists below will help, but it is wise to check a good dictionary, which indicates the preposition required before a dependent infinitive. Some verbs can be used with either **à** or **de**, with changes of meaning in certain uses.

J'ai **décidé d'étudier.**	*I decided to study.*
J'ai **décidé** Paul **à étudier.**	*I persuaded Paul to study.*

Il **demande à croire.**	*He wants to believe.*
Il **demande** à ses amis **de croire.**	*He wants his friends to believe.*

J'**aime lire** un bon roman.	*I like to read a good novel.*
J'**aime à lire** un bon roman.	*I like to read a good novel.*

(a) Verbs which are not followed by a preposition

aimer	*to like*	**falloir**	*to be necessary*
aimer mieux	*to prefer*	**laisser**	*to leave; to allow*
aller	*to go*	**oser**	*to dare*
compter	*to intend*	**pouvoir**	*to be able to*
croire	*to believe*	**préférer**	*to prefer*
désirer	*to desire*	**savoir**	*to know*
devoir	*to owe, must*	**sembler**	*to seem*
entendre	*to hear*	**venir**	*to come*
espérer	*to hope*	**voir**	*to see*
faire	*to do, make*	**vouloir**	*to wish, want*

(b) Verbs followed by **de** before a dependent infinitive

avoir peur de	*to be afraid of*	**demander de**	*to ask*
cesser de	*to stop, cease*	**se dépêcher de**	*to hurry*
craindre de	*to fear*	**dire de**	*to tell*
décider de	*to decide*	**empêcher de**	*to prevent*
défendre de	*to forbid*	**essayer de**	*to try*

finir de	to finish	promettre de	to promise
ordonner de	to order	refuser de	to refuse
oublier de	to forget	regretter de	to regret
permettre de	to permit	remercier de	to thank
prier de	to beg, ask	tâcher de	to try

(c) Verbs followed by **à** before a dependent infinitive

aider à	to help	enseigner à	to teach
s'amuser à	to amuse oneself	s'habituer à	to accustom oneself
apprendre à	to learn, teach	hésiter à	to hesitate
arriver à	to succeed	inviter à	to invite
avoir à	to have	recommencer à	to begin again
commencer à	to begin	réussir à	to succeed
consentir à	to consent	songer à	to think; to dream
continuer à	to continue	tarder à	to delay in
se décider à	to decide	tenir à	to value; to prize
demander à	to ask		

6.   Infinitive as Imperative (Infinitif comme impératif)

The infinitive sometimes replaces the imperative in written commands.

Faire la vaisselle.	*Do the dishes.*
Mettre la table.	*Set the table.*

7.   Irregular Verb <u>recevoir</u> (to receive) (Verbe irrégulier <u>recevoir</u>)

PRESENT TENSE:	je **reçois**	*I receive*
	tu **reçois**	*you receive*
	il **reçoit**	*he receives*
	nous **recevons**	*we receive*
	vous **recevez**	*you receive*
	ils **reçoivent**	*they receive*
PRESENT SUBJUNCTIVE:	. . . que je **reçoive**	*that I receive*
PASSÉ COMPOSÉ:	j'**ai reçu**	*I received*

VOCABULAIRE

amener	to take (someone)	liste *f.*	list
après-midi *m.*	afternoon	mettre la table	to set the table
aspirateur *m.*	vacuum cleaner	meubles *m. pl.*	furniture
passer l'aspirateur	to vacuum	nettoyer	to clean
avis *m.*	opinion	pain *m.*	bread
bénéfice *m.*	benefit	perfectionner	to perfect
chaussures *f. pl.*	shoes	principe *m.*	principle
chose *f.*	thing	repasser	to iron
cirer	to wax	retour *m.*	return
dentiste *m.*	dentist	de retour	back
éplucher	to peel	salon *m.*	living room
épousseter	to dust	tristement	sadly
gare *f.*	railroad station	vaiselle *f.*	dishes
linge *m.*	linens (sheets, tablecloths, etc.)		

EXERCICES

A. *Verbes irréguliers au présent. Complétez ces phrases par la forme convenable du verbe, à l'indicatif ou au subjonctif.*

MODÈLES : **(venir) Ils _____ toujours le dimanche.**
Ils viennent toujours le dimanche.

(dire) Que voulez-vous que je _____ ?
Que voulez-vous que je dise ?

1. (recevoir) Qu'est-ce qu'il _____ pour ses services?
2. (vouloir) Pourquoi ne _____-vous pas aller?
3. (avoir) Qu_____-elles à faire?
4. (recevoir) _____-ils les bénéfices?
5. (dire) Nous ne _____ pas toute l'histoire.
6. (venir) Tu ne _____ pas si loin que ça.
7. (aller) Êtes-vous sûr qu'elle _____ en Italie?
8. (tenir) Il _____ à ses principes.
9. (recevoir) Il est bon que tu _____ tant d'argent.
10. (être) Faut-il que je _____ présente pour la cérémonie?

B. *Complétez les phrases suivantes par la préposition* **à** *ou* **de** *s'il y a lieu.*

MODÈLE: **Il refuse _____ étudier.**
Il refuse d'étudier.

1. Il refuse _____ venir.
2. Vous voulez _____ partir tout de suite, n'est-ce pas?
3. Elle commence _____ travailler le soir.
4. Je ne sais pas _____ nager.
5. Tu continues _____ lire malgré tout.
6. Il finit _____ faire ses devoirs.
7. Nous préférons _____ le voir nous-mêmes.
8. Elle tient _____ perfectionner son français.
9. J'oublie _____ fermer la porte.
10. Il regrette _d'_ être ici.
11. Nous allons _____ partir à midi.
12. Elle a essayé _____ trouver son livre.
13. Tu hésites _____ nous accompagner.
14. Vous pouvez toujours _____ sortir.
15. Il nous a défendu _____ fumer ici.

C. *Répondez aux questions suivantes à la forme affirmative.* *

MODÈLE: **Voulez-vous aller au cinéma?**
Oui, je veux aller au cinéma.

1. Aimes-tu faire du ski?
2. Peux-tu aller?
3. Sais-tu conduire une auto?
4. Veux-tu danser?
5. Vas-tu faire les devoirs?
6. Commences-tu à étudier la leçon?
7. Continues-tu à travailler?
8. Penses-tu à partir?
9. Hésites-tu à annoncer ta décision?
10. Aides-tu à préparer les enfants?
11. Essaies-tu de finir toujours?
12. Refuses-tu de travailler le dimanche?
13. Finis-tu de travailler?
14. Regrettes-tu d'avoir parlé?

D. Passé de l'infinitif. *Employez le passé de l'infinitif pour faire une phrase des deux.**

MODÈLE: **J'ai fait mes achats.   Puis je suis rentré.**
Après avoir fait mes achats, je suis rentré.

1. J'ai écrit une lettre à Jean.   Puis je l'ai mise à la poste.
2. J'ai lu le journal.   Puis je me suis endormi.
3. J'ai fait ma valise.   Puis je suis allé à la gare en taxi.
4. J'ai trouvé son numéro de téléphone.   Puis j'ai pris rendez-vous avec Marie-Louise.
5. J'ai fini le roman.   Puis je l'ai jeté dans un coin.
6. J'ai demandé son nom.   Puis je l'ai oublié.

E.   Avant de. *Employez* **avant de** *pour faire une phrase des deux.**

MODÈLE: **Nous avons parlé un peu.   Puis nous avons fini nos devoirs.**
Nous avons parlé un peu avant de finir nos devoirs.

1. Nous avons bavardé pendant une heure.   Puis nous avons commencé notre travail.
2. Ils ont essayé plusieurs fois.   Puis ils ont demandé l'avis de leur voisin.
3. Louise a écouté la radio.   Puis elle est sortie avec Jeanette.
4. Il a hésité un instant.   Puis il a téléphoné à la préfecture de police.
5. J'ai fait tous les préparatifs.   Puis j'ai commencé.

F. *Exprimez en français.*

1. To write a great book is his ambition. *Écrire un grand livre est son ambition.*
2. After finishing his work, he left. *après avoir fini son travail, il est parti.*

LECTURE

La dernière classe, par Alphonse Daudet

Le 2 septembre, 1870, l'armée française, sous Napoléon III, se rendit à l'armée prussienne.   Avec la défaite, la Prusse regagna la province d'Alsace qu'elle avait perdue presque deux cents ans auparavant.   Pour les Prussiens, ce fut une grande victoire; pour les Français d'Alsace, ce fut un désastre.   Daudet 5 nous présente ici, des yeux d'un petit écolier, la dernière classe dans une école alsacienne.

Ce matin-là j'étais très en retard pour aller à l'école, et j'avais grand-peur d'être grondé[1] d'autant plus que M. Hamel nous avait dit qu'il nous interrogerait 10 sur les participes, et je n'en savais pas le premier mot. Un moment l'idée me vint de manquer la classe et de prendre ma course[2] à travers champs.

Le temps était si chaud, si clair!

On entendait les merles siffler[3] à la lisière du bois, et dans le pré[4] Rippert, derrière la scierie,[5] les Prussiens qui faisaient l'exercice. Tout cela me tentait 15 bien plus que la règle des participes; mais j'eus la force de résister, et je courus bien vite vers l'école.

En passant devant la mairie,[6] je vis qu'il y avait du monde arrêté près du petit grillage aux affiches. Depuis deux ans, c'est de là que nous sont venues toutes les mauvaises nouvelles, les batailles perdues, les réquisitions, les ordres de la com- 20 mandature; et je pensai sans m'arrêter:

«Qu'est-ce qu'il y a encore?»

Alors, comme je traversais la place en courant, le forgeron[7] Wachter, qui était là avec son apprenti en train de lire l'affiche, me cria:

«Ne te dépêche pas tant, petit; tu y arriveras toujours assez tôt, à ton école!» 25 Je crus qu'il se moquait de moi, et j'entrai tout essoufflé[8] dans la petite cour de M. Hamel.

D'ordinaire, au commencement de la classe, il se faisait un grand tapage[9] qu'on entendait jusque dans la rue, les pupitres ouverts, fermés, les leçons qu'on répétait très haut tous ensemble en se bouchant les oreilles[10] pour mieux ap- 30 prendre, et la grosse règle du maître qui tapait sur les tables:

«Un peu de silence!»

Je comptais sur tout ce train pour gagner mon banc sans être vu; mais juste- ment ce jour-là tout était tranquille, comme un matin de dimanche. Par la fenêtre ouverte, je voyais mes camarades déjà rangés à leurs places, et M. Hamel, qui 35 passait et repassait avec la terrible règle en fer sous le bras. Il fallut ouvrir la porte et entrer au milieu de ce grand calme. Vous pensez, si j'étais rouge et si j'avais peur!

Eh bien, non. M. Hamel me regarda sans colère et me dit très doucement:

«Va vite à ta place, mon petit Frantz; nous allions commencer sans toi.»

---

1. **j'avais grand-peur d'être grondé** *I was afraid of being scolded.* 2. **prendre ma course** *start running.* 3. **les merles siffler** *blackbirds whistle.* 4. **le pré** *meadow.* 5. **la scierie** *the saw-mill.* 6. **la mairie** *the town hall.* 7. **le forgeron** *the blacksmith.* 8. **tout essoufflé** *all out of breath.* 9. **tapage** *noise; racket.* 10. **en se bouchant les oreilles** *plugging their ears.*

Villages en Alsace
(*French Embassy Press & Information Division*)

40   J'enjambai[11] le banc et je m'assis tout de suite à mon pupitre. Alors seulement, un peu remis de ma frayeur,[12] je remarquai que notre maître avait sa belle
redingote verte,[13] son jabot plissé fin[14] et la calotte de soie noire brodée[15] qu'il ne
mettait que les jours d'inspection ou de distribution de prix. Du reste, toute la
classe avait quelque chose d'extraordinaire et de solennel. Mais ce qui me surprit
45 le plus, ce fut de voir au fond de la salle, sur les bancs qui restaient vides d'habitude, des gens du village assis et silencieux comme nous, le vieux Hauser avec son
tricorne,[16] l'ancien maire, l'ancien facteur, et puis d'autres personnes encore.
Tout ce monde-là paraissait triste; et Hauser avait apporté un vieil abécédaire
mangé aux bords[17] qu'il tenait grand ouvert sur ses genoux, avec ses grosses lu-
50 nettes posées en travers des pages.
        Pendant que je m'étonnais de tout cela, M. Hamel était monté dans sa chaire,
et de la même voix douce et grave dont il m'avait reçu, il nous dit:
        «Mes enfants, c'est la dernière fois que je vous fais la classe. L'ordre est
venu de Berlin de ne plus enseigner que l'allemand dans les écoles de l'Alsace et
55 de la Lorraine . . . Le nouveau maître arrive demain. Aujourd'hui c'est votre
dernière leçon de français. Je vous prie d'être bien attentifs.»
        Ces quelques paroles me bouleversèrent.[18] Ah! les misérables, voilà ce qu'ils
avaient affiché à la mairie.
        Ma dernière leçon de français! . . .
60   Et moi qui savais à peine écrire! Je n'apprendrais donc jamais! Il faudrait
donc en rester là . . . Comme je m'en voulais maintenant du temps perdu, des
classes manquées à courir les nids[19] ou à faire des glissades[20] sur la Saar! Mes
livres que tout à l'heure encore je trouvais si ennuyeux, si lourds à porter, ma
grammaire, mon histoire sainte me semblaient à présent de vieux amis qui me
65 feraient beaucoup de peine à quitter. C'est comme M. Hamel. L'idée qu'il
allait partir, que je ne le verrais plus, me faisait oublier les punitions, les coups de
règle . . .
        Pauvre homme!
        C'est en l'honneur de cette dernière classe qu'il avait mis ses beaux habits du
70 dimanche, et maintenant je comprenais pourquoi ces vieux du village étaient venus
s'asseoir au bout de la salle. Cela semblait dire qu'ils regrettaient de ne pas y

---

11. **j'enjambai** *I jumped over; stepped over.* 12. **un peu remis de ma frayeur** *a little recovered
from my fright.* 13. **redingote verte** *green frock coat.* 14. **jabot plissé fin** *pleated shirt
ruffle.* 15. **calotte de soie noire brodée** *black silk-embroidered skullcap.* 16. **tricorne** *three-
cornered hat.* 17. **abécédaire mangé aux bords** *spelling book worn at the edges.* 18. **me
bouleversèrent** *shocked and upset me ("bowled me over").* 19. **courir les nids** *hunting birds'
nests.* 20. **faire des glissades** *sliding.*

être venus plus souvent, à cette école. C'était aussi comme une façon de remercier notre maître de ses quarante ans de bons services, et de rendre leurs devoirs à la patrie qui s'en allait . . .

J'en étais là de mes réflexions, quand j'entendis appeler mon nom. C'était 75 mon tour de réciter. Que n'aurais-je pas donné pour pouvoir dire tout au long cette fameuse règle des participes, bien haut, bien clair, sans une faute; mais je m'embrouillai[21] aux premiers mots, et je restai debout à me balancer dans mon banc, le cœur gros, sans oser lever la tête. J'entendais M. Hamel qui me parlait:

«Je ne te gronderai pas, mon petit Frantz, tu dois être assez puni . . . voilà 80 ce que c'est. Tous les jours on se dit: Bah! j'ai bien le temps. J'apprendrai demain. Et puis tu vois ce qui arrive . . . Ah! ç'a été le grand malheur de notre Alsace de toujours remettre son instruction à demain. Maintenant ces gens-là sont en droit de nous dire: Comment! Vous prétendiez être Français, et vous ne savez ni parler ni écrire votre langue! . . . Dans tout ça, mon pauvre Frantz, ce 85 n'est pas encore toi le plus coupable. Nous avons tous notre bonne part de reproches à nous faire.

«Vos parents n'ont pas assez tenu à vous voir instruits. Ils aimaient mieux vous envoyer travailler à la terre ou aux filatures[22] pour avoir quelques sous de plus. Moi-même n'ai-je rien à me reprocher? Est-ce que je ne vous ai pas souvent 90 fait arroser[23] mon jardin au lieu de travailler? Et quand je voulais aller pêcher des truites, est-ce que je me gênais pour vous donner congé[24]? . . .»

Alors, d'une chose à l'autre, M. Hamel se mit à nous parler de la langue française, disant que c'était la plus belle langue du monde, la plus claire, la plus solide, qu'il fallait la garder entre nous et ne jamais l'oublier, parce que, quand un 95 peuple tombe esclave, tant qu'il tient bien sa langue, c'est comme s'il tenait la clef de sa prison . . . Puis il prit une grammaire et nous lut notre leçon. J'étais étonné de voir comme je comprenais. Tout ce qu'il disait me semblait facile, facile. Je crois aussi que je n'avais jamais si bien écouté, et que lui non plus n'avait jamais mis autant de patience à ses explications. On aurait dit qu'avant de s'en 100 aller le pauvre homme voulait nous donner tout son savoir, nous le faire entrer dans la tête d'un seul coup.

La leçon finie, on passa à l'écriture.[25] Pour ce jour-là, M. Hamel nous avait préparé des exemples tout neufs, sur lesquels était écrit en belle ronde:[26] **France, Alsace, France, Alsace.** Cela faisait comme des petits drapeaux qui flottaient tout 105 autour de la classe pendus à la tringle de nos pupitres.[27] Il fallait voir comme

---

21. **je m'embrouillai** *I got mixed up.* 22. **filatures** *spinning mills.* 23. **arroser** *to water, sprinkle.* 24. **congé** *day off.* 25. **l'écriture** *penmanship.* 26. **en belle ronde** *in beautiful round handwriting.* 27. **pendus à la tringle de nos pupitres** *hung on the rod of our desks.*

chacun s'appliquait, et quel silence! On n'entendait rien que le grincement[28] des plumes sur le papier. Un moment des hannetons[29] entrèrent; mais personne n'y fit attention, pas même les tout petits qui s'appliquaient à tracer leurs batons[30]
110 avec un cœur, une conscience, comme si cela encore était du français . . . Sur la toiture[31] de l'école, des pigeons roucoulaient tout bas, et je me disais en les écoutant:

«Est-ce qu'on ne va pas les obliger à chanter en allemand, eux aussi?»

De temps en temps, quand je levais les yeux de dessus ma page, je voyais M.
115 Hamel immobile dans sa chaire et fixant les objets autour de lui, comme s'il avait voulu emporter dans son regard toute sa petite maison d'école . . . Pensez! depuis quarante ans, il était là à la même place, avec sa cour en face de lui et sa classe toute pareille. Seulement les bancs, les pupitres s'étaient polis, frottés[32] par l'usage; les noyers[33] de la cour avaient grandi, et le houblon[34] qu'il avait planté
120 lui-même enguirlandait[35] maintenant les fenêtres jusqu'au toit. Quel crève-cœur[36] ça devait être pour ce pauvre homme de quitter toutes ces choses et d'entendre sa sœur qui allait, venait, dans la chambre au-dessus, en train de fermer leurs malles, car ils devaient partir le lendemain, s'en aller du pays pour toujours.

Tout de même il eut le courage de nous faire la classe jusqu'au bout. Après
125 l'écriture, nous eûmes la leçon d'histoire; ensuite les petits chantèrent tous ensemble le BA BÉ BI BO BU. Là-bas au fond de la salle, le vieux Hauser avait mis ses lunettes, et, tenant son abécédaire à deux mains, il épelait[37] les lettres avec eux. On voyait qu'il s'appliquait lui aussi; sa voix tremblait d'émotion, et c'était si drôle de l'entendre que nous avions tous envie de rire et de pleurer. Ah!
130 je m'en souviendrai de cette dernière classe . . .

Tout à coup l'horloge de l'église sonna midi, puis l'Angélus. Au même moment, les trompettes des Prussiens qui revenaient de l'exercice éclatèrent sous nos fenêtres . . . M. Hamel se leva, tout pâle, dans sa chaire. Jamais il ne m'avait paru si grand.
135 «Mes amis, dit-il, mes amis, je . . . je . . .»

Mais quelque chose l'étouffait. Il ne pouvait pas achever sa phrase.

Alors il se tourna vers le tableau, prit un morceau de craie, et, en appuyant de toutes ses forces, il écrivit aussi gros qu'il put:

«VIVE LA FRANCE!»
140 Puis il resta là, la tête appuyée au mur, et, sans parler, avec sa main il nous faisait signe:

«C'est fini . . . allez-vous-en.»

---

28. **le grincement** *the scratching.* 29. **les hannetons** *June bugs.* 30. **batons** *strokes (in writing).* 31. **la toiture** *the roof.* 32. **frottés** *rubbed.* 33. **les noyers** *walnut trees.* 34. **le houblon** *hop vine.* 35. **enguirlandait** *encircled; wreathed.* 36. **crève-cœur** *heartbreak.* 37. **épelait** *spelled.*

Pair–Impair

CONVERSATION

Georges: (*regardant son ami de près*) Mais, qu'as-tu, Marc? Tu as l'air agité.

Marc: Eh bien, Georges, j'ai la preuve que les agents de police n'aiment pas les Américains.

Georges: Pauvre ami, tu es devenu fou! Assieds-toi tout doucement . . .

Marc: Non, non! Je t'assure! Écoute, hier j'ai stationné devant mon immeuble. Juste à ce moment un agent est apparu qui m'a dit: «Vous vous trompez, monsieur. Vous devez être de l'autre côté.»

Georges: Alors, ce n'est pas tellement méchant, ça!

Marc: Mais, attends! J'ai gentiment changé de côtés. Aujourd'hui j'ai stationné au même endroit, et voilà qu'il me flanque une contravention en me disant: «Vous vous trompez, monsieur, vous devez être de l'autre côté!»

Georges: Mais, n'as-tu pas vu les écriteaux qui disent «Jours pairs» et «Jours impairs»?

Marc: Oui, je crois, mais . . .

Georges: Cela veut dire que les jours pairs on doit stationner sur le côté marqué «Jours pairs». Les jours impairs on stationne sur le côté marqué «Jours impairs».

Marc: Quelle idée extraordinaire! Pourquoi changer tout le temps?

Georges: Pour éviter que les gens d'un côté aient toujours toutes les voitures devant leurs maisons . . . seulement un jour sur deux.

Marc: C'est une idée bien française! Dis donc, Georges . . .

Georges: Oui?

Marc: Qu'est-ce qu'un «jour pair»?

«Vous vous trompez, monsieur. Vous devez être de l'autre côté.» (*John J. Long*)

Georges: C'est un jour dont la date est un nombre pair.
Marc: Ah, oui! Georges . . .?
Georges: Oui?
Marc: Comment savoir la date?
Georges: Demande un calendrier au Père Noël!

PATTERN SENTENCES

MODÈLE: L'agent m'a dit: *« Vous vous trompez, monsieur!»*

L'agent m'a dit:	« Vous vous trompez, monsieur. » « Vous devez être de l'autre côté. » « Vous ne voyez pas les écriteaux?»

MODÈLE: Dis donc, Georges . . . *qu'est-ce qu'un jour pair?*

Dis donc, Georges . . .	qu'est-ce qu'un jour pair? qu'est-ce qu'un jour impair? qu'est-ce qu'un écriteau? qu'est-ce qu'une contravention?

GRAMMAIRE

√ 1. Formation of the Present Participle (Formation du participe présent)

Regardless of conjugation, the present participle of any verb is formed from the first person plural present tense.   Dropping the **-ons** ending, the present participle ending **-ant** is added to the stem.

nous parl /ons	**parlant**	*speaking*
nous finiss /ons	**finissant**	*finishing*
nous répond /ons	**répondant**	*answering*
nous voul /ons	**voulant**	*wanting*

The only exceptions are **avoir, être, savoir.**

avoir	**ayant**	*having*
être	**étant**	*being*
savoir	**sachant**	*knowing*

✓ 2. Present Participle as a Verbal (Participe présent comme forme verbale)

(a) Time

In spite of the term "present participle," the action of the participle is not always in the present.   Rather, the action is always simultaneous with that of the main verb.

Present tense:

Ayant assez d'argent, il n'a pas besoin de travailler.
Having plenty of money, he doesn't need to work.

Past tense:

Ayant assez d'argent, il n'avait pas besoin de travailler.
Having plenty of money, he didn't need to work.

Future tense:

Ayant assez d'argent, il n'aura pas besoin de travailler.
Having plenty of money, he won't need to work.

(b) Negation

The present participle is made negative by **ne . . . pas** or its equivalent.

Ne voulant pas étudier, il a décidé de sortir.
Not wanting to study, he decided to go out.
Ne voulant plus étudier, il a décidé de sortir.
Not wanting to study any longer, he decided to go out.

(c) Objects

As a verbal, the present participle may be accompanied by an object, either direct or indirect.

Montrant la carte aux élèves, il a posé des questions sur la géographie.
Showing the map to the students, he asked questions about geography.

(d) **en**

> The idea of "by means of" or "while" is expressed by **en** followed by the present participle.

> **En étudiant** huit heures par jour, il a réussi à ses examens.
> *By studying eight hours a day, he passed his exams.*
> **En étudiant,** il a trouvé le livre qu'il cherchait.
> *While studying, he found the book he was looking for.*

(e) **tout en**

> The idea of two simultaneous actions is emphasized when the present participle is preceded by **tout en.**

> **Tout en étudiant** cette leçon, j'ai mangé trois pommes et une banane.
> *While studying this lesson, I ate three apples and one banana.*

3. Present Participle as Adjective (Participe présent comme adjectif)

As an adjective, the present participle describes a noun or pronoun and must agree in gender and in number with the noun it modifies.

Une jeune fille souriante est toujours jolie.
A smiling girl is always pretty.

La charmante actrice a été bien reçue.
The charming actress was well received.

If there is any doubt whether the present participle is functioning as an adjective or as a verb, it is helpful to substitute a qualifying adjective for the participle.   If this can be done, the participle functions as an adjective.

4. Voici (voilà), il y a, depuis

(a) Present Tense

> Voici quinze jours qu'il **est** à Paris.
> Il y a quinze jours qu'il **est** à Paris.
> Il **est** à Paris depuis quinze jours.
> *He has been in Paris for two weeks now.*

An action taking place at the present time—regardless of when the action was begun—is expressed in French by the present tense. When the action began in the past but is still going on at the present time, the present tense is accompanied by **voici . . . que, voilà . . . que, il y a . . . que,** or **depuis,** to indicate how long it has been going on. This is different from English, which uses a special progressive verb form to indicate length of time.

(b) **Imparfait**

An action that began in the past and continued until another past action occurred, is expressed in French by the imperfect tense. Again, **voici (voilà) . . . que, il y a . . . que,** and **depuis** indicate how long that action had been going when it was interrupted.

Il y a deux ans qu'il **étudiait** le français quand je l'ai rencontré.
He had been studying French for two years when I met him.

Il **habitait** cet appartement depuis trois mois quand on l'a vendu.
He had been living in that apartment for three months when it was sold.

(c) **Passé Composé**

Il y a . . . que and **voilà . . . que** (meaning *ago*) are also used with the **passé composé** to describe completed actions of the past.

Voilà deux ans qu'il m'**a écrit** cette lettre.
Il y a deux ans qu'il m'**a écrit** cette lettre.
He wrote me this letter two years ago.

5. Irregular Verb <u>ouvrir</u> (to open) (Verbe irrégulier <u>ouvrir</u>)

Although the infinitive of this verb ends in **-ir, ouvrir** (like **offrir,** *to offer,* and **couvrir,** *to cover)* is conjugated like most **-er** verbs.

PRESENT TENSE:	j'**ouvre**	*I open, am opening*
	tu **ouvres**	*you open, are opening*
	il **ouvre**	*he opens, is opening*
	nous **ouvrons**	*we open, are opening*
	vous **ouvrez**	*you open, are opening*
	ils **ouvrent**	*they open, are opening*

PASSÉ COMPOSÉ: **j'ai ouvert**

VOCABULAIRE

agent de police *m.*	policeman	**flanquer** (*slang*)	to give; to "slap"
agité	worried; upset	**fou** *m. noun & adj.*	fool; mad
air *m.*	air; manner	**gens** *m. pl.*	people
apparaître	to appear; to come into view	**gentiment**	nicely
		immeuble *m.*	apartment building
s'asseoir *conjugation*	to sit down	**impair**	uneven
assurer	to assure	**jour** *m.*	day
calendrier *m.*	calendar	**juste**	just (then)
changer	to change	**marqué**	marked
cloche *f.*	bell	**nombre** *m.*	number
contravention *f.*	notice of traffic violation	**pair**	even
		Père Noël *m.*	Father Christmas; Santa Claus
côté *f.*	side		
écriteau *m.*	sign	**preuve** *f.*	proof
endroit *m.*	place	**stationner**	to park
éviter	to avoid	**tellement**	so; so much
extraordinaire	extraordinary	**voiture** *f.*	car; vehicle

EXERCICES

A. Verbes irréguliers au présent. *Complétez ces phrases par la forme convenable du verbe.*

> MODÈLE: **(apprendre)   J'_____ le français.**
> **J'apprends le français.**

1. (offrir)   Je vous _____ tout ce que j'ai.
2. (ouvrir)   Tu _____ tes lettres si lentement!
3. (offrir)   Cette position _____ une grande sécurité.
4. (recevoir)   Ce garçon _____ beaucoup d'attention.
5. (apprendre)   Nous _____ facilement.
6. (pouvoir)   _____-je vous téléphoner?
7. (vouloir)   Elles _____ partir tout de suite.
8. (être)   Nous ne _____ pas très pressés.
9. (faire)   Ils _____ leur travail, c'est tout.
10. (boire)   Que _____-tu?

B. *Quel est le participe présent du verbe?* *

> MODÈLE: **nous choisissons**
> **choisissant**

1. nous obéissons	7. nous faisons
2. nous voyons	8. nous buvons
3. nous répondons	9. nous avons
4. nous sommes	10. nous descendons
5. nous prenons	11. nous sortons
6. nous savons	12. nous dormons

C. *Complétez ces phrases par la forme convenable du verbe entre paren-*
thèses.

MODÈLE: **(savoir)** _____ **mal mon nom, il hésitait à le dire.**
Sachant mal mon nom, il hésitait à le dire.

1. (savoir)   _____ la réponse, il a vite parlé.
2. (finir)   Après _____ sa leçon, il est sorti avec ses camarades.
3. (lire)   En _____ la lettre, elle a su la mauvaise nouvelle.
4. (prendre) _____ le déjeuner du matin à la terrasse d'un café à Paris,
              c'est très agréable.
5. (être)   _____ malade, elle a refusé l'invitation.
6. (vouloir) _____ acheter un chapeau, elle est allée chez la modiste.
7. (perdre)   En _____ son argent, il a trouvé la misère.
8. (voir)   Sans _____ le journal, il a quitté la ville.

D. *Exprimez les phrases suivantes en remplaçant les mots* **voici . . . que, il**
y a . . . que *ou* **depuis** *par un équivalent. Il y a trois façons d'exprimer*
*chaque phrase.**

MODÈLES: **Voici un mois qu'elle habite ici.**
(a) Il y a un mois qu'elle habite ici.
(b) Elle habite ici depuis un mois.

1. Voici trois ans qu'il habite à Londres.
2. Elle enseigne l'espagnol depuis quatorze ans.
3. Il y a un mois qu'il travaillait quand il a reçu votre offre.
4. Voici quinze jours qu'ils cherchent un appartement.
5. Voici trois heures qu'elles écrivaient quand la cloche a sonné.

E. Participes présents. *Refaites les phrases suivantes, exprimant la pre-*
*mière action par un participe présent.**

MODÈLE: **Il a entendu la question; il a répondu.**
Entendant la question, il a répondu.

1. Il a vu la lettre; il a répondu.

2. Il a compris la question; il a répondu.
3. Il a été présent; il a répondu.
4. Il a regardé le professeur; il a répondu.
5. Il a su l'histoire; il a répondu.
6. Il a voulu participer; il a répondu.

F. *Répondez aux questions suivantes selon la réponse indiquée entre parenthèses. Commencez vos réponses par* **voici . . . que.***

MODÈLE: **Depuis quand écrivez-vous?   (une heure)**
         Voici une heure que j'écris.

1. Depuis quand voyage-t-il? (deux mois)
2. Depuis quand étudie-t-il? (un semestre)
3. Depuis quand travaille-t-il ici? (six mois)
4. Depuis quand cherche-t-il? (trois jours)
5. Depuis quand dort-il? (huit heures)

G. *Exprimez en français.*

1. Before leaving for Paris, I wrote to my cousin.
2. You have been working here for six months.
3. After seeing her brother, she came back.
4. Without knowing the answer, he could not respond.
5. I had been traveling in Italy for three weeks when your letter came.
6. Speaking quickly, they offered their car.

LECTURE

Trois poèmes favoris

L'âne

J'aime l'âne si doux
Marchant le long des houx.[1]

Il prend garde aux abeilles   5
Et bouge ses oreilles;

---
1. **le long des houx** *along the holly hedges.*

Il va près des fossés
D'un petit pas cassé[2]

10   Il réfléchit toujours,
Ses yeux sont en velours.

Il a tant travaillé
Que ça vous fait pitié . . .[3]

Et il reste à l'étable,
Fatigué, misérable . . .

15   Il a fait son devoir
Du matin jusqu'au soir . . .[4]

Il est l'âne si doux
Marchant le long des houx.

Reprinted by permission from *De l'angélus de l'aube à l'an-*
20   *gélus du soir*, by Francis Jammes. Mercure de France, Paris.

Le pélican

Le capitaine Jonathan
Étant âgé de dix-huit ans
Capture un jour un pélican
25   Dans une île d'Extrême-Orient.
Le pélican de Jonathan,
Au matin, pond un œuf tout blanc
Et il en sort un pélican
Lui ressemblant étonnamment.

30   Et ce deuxième pélican
Pond, à son tour,[5] un œuf tout blanc
D'où sort, inévitablement
Un autre qui en fait autant.[6]
Cela peut durer pendant très longtemps
35   Si l'on ne fait pas d'omelette avant.

Reprinted by permission from *Chantefleurs, Chantefables,*
by Robert Desnos. Librairie Gründ, Paris.

---

2. **d'un petit pas cassé** *a tired broken little step.*   3. **ça vous fait pitié** *it makes you sorry.*
4. **matin jusqu'au soir** *morning to evening.*   5. **à son tour** *in his turn.*   6. **qui en fait autant**
who does as much; who does the same.

La grenouille qui se veut faire aussi grosse que le bœuf

Une Grenouille vit un Bœuf
Qui lui sembla de belle taille.[7]   40
Elle, qui n'était pas grosse en tout comme un œuf,
Envieuse, s'étend, et s'enfle, et se travaille,
Pour égaler l'animal en grosseur,[8]
Disant: «Regardez bien, ma sœur;
Est-ce assez? dites-moi; n'y suis-je point encore?»   45
«Nenni» «M'y voici donc?»   «Point du tout.»   «M'y voilà?»
«Vous n'en approchez point.»   La chétive pécore[9]
S'enfla si bien qu'elle creva.

Le monde est plein de gens qui ne sont pas plus sages:[10]
Tout bourgeois veut bâtir comme les grands seigneurs,   50
    Tout petit prince a des ambassadeurs,
    Tout marquis veut avoir des pages.

Jean de La Fontaine

QUESTIONS

1. Décrivez l'âne.
2. Pourquoi l'âne est-il fatigué et misérable?
3. Qui a capturé un pélican?
4. Qu'est-ce qui peut durer pendant très longtemps?
5. Que veut faire la grenouille?
6. Qu'est-ce qui lui arrive?
7. De quoi le monde est-il plein?
8. Quelle est la morale de chacun de ces poèmes?

---

7. **sembla de belle taille** *seemed a fine size.*   8. **en grosseur** *in bigness.*   9. **la chétive pécore** *the miserable, stupid creature.*   10. **qui ne sont pas plus sages** *who are no wiser.*

La vue d'en haut est ravissante. (*John J. Long*)

Monologue à deux

CONVERSATION

(Georges et Marc passent une soirée tranquille ensemble. Georges est en train d'écrire une lettre; Marc lit le journal De temps en temps Marc fait des observations sur les nouvelles. Georges n'écoute guère.)

Marc: Tiens! L'ambassadeur du Japon a été reçu hier par le président.

Georges: *(sans lever la tête)* Ah, oui? Ma mère a reçu le consul d'Espagne l'année dernière. Il est très gentil.

(Petit silence)

Marc: Mon Dieu! Un tableau du Moyen Age a été volé au Louvre . . .

Georges: *(qui écrit toujours sans bien écouter)* C'est bien possible. J'y ai perdu mon parapluie . . .

Marc: . . . mais il a été retrouvé par la police en moins de trois heures!

Georges: Bien possible.

(Petit silence)

Marc: Comment! Il y a encore un groupe qui veut faire abattre la Tour Eiffel!

Georges: *(qui écrit furieusement)* Bonne idée. La vue d'en haut est ravissante . . .

(Petit silence)

Marc: Mais, écoute! Notre immeuble sera bientôt mis en vente. Malheur! On fera sûrement augmenter le loyer.

Georges: *(toujours préoccupé)* Oui, sûrement.

Marc: Je vois que Géraldine Grue et Hubert Pinçon seront unis en mariage le 18 du mois prochain, à l'église de St. Étienne.

Georges: (*venànt enfin de terminer ses efforts*) Tiens! Ma cousine Géraldine se marie aussi le mois prochain.   Elle va épouser Hubert Pinçon, à l'église de St. Étienne. . . .   Passe-moi le journal.   J'ai entendu dire qu'on a volé un tableau au Louvre.   Je me demande si la police l'a trouvé.

PATTERN SENTENCES

MODÈLE: *L'ambassadeur du Japon* a été reçu hier par le président.

| L'ambassadeur du Japon
Le consul d'Espagne
L'ambassadeur d'Angleterre
Le consul d'Italie | a été reçu hier par le président. |

MODÈLE: Un tableau du Moyen Age *a été volé au Louvre.*

| Un tableau du Moyen Age | a été volé au Louvre.
a été donné au Louvre.
a été vendu au Louvre.
a été retrouvé par la police. |

GRAMMAIRE

1. Passive Voice (Passif)

In studying French verbs, special attention has been given to the characteristics of tense (position in time) and mood (indicative, subjunctive).   All of the constructions studied, however, regardless of tense or mood, have described actions performed by the subject—verbs of the active voice.   When the action is not performed by the subject, however, the passive voice is required.

ACTIVE: Marie-Louise **a écrit** cette lettre hier.
             Marie-Louise wrote that letter yesterday.

PASSIVE: Cette lettre **a été reçue** aujourd'hui par ses parents.
             That letter was received today by her parents.

ACTIVE: Le gouvernement **a critiqué** la décision du comité.
             The government criticized the decision of the committee.

PASSIVE: La décision du comité **a été critiquée** par le gouvernement.
             The decision of the committee has been criticized by the government.

2. Formation of the Passive (Formation du passif)

The passive voice is made up of the appropriate tense of the verb **être** and the past participle of the principal verb. The past participle must reflect the gender and number of the subject.

PRÉSENT: La lettre **est écrite** par M. Chevrillon.
                      The letter is being written by Mr. Chevrillon.

IMPARFAIT: La lettre **était écrite** par M. Chevrillon.
                      The letter was being written by Mr. Chevrillon.

PASSÉ COMPOSÉ: La lettre **a été écrite** par M. Chevrillon.
                      The letter has been (was) written by Mr. Chevrillon.

PLUS-QUE-PARFAIT: La lettre **avait été écrite** par M. Chevrillon.
                      The letter had been written by Mr. Chevrillon.

FUTUR: La lettre **sera écrite** par M. Chevrillon.
                      The letter will be written by Mr. Chevrillon.

FUTUR ANTÉRIEUR: La lettre **aura été écrite** par M. Chevrillon.
                      The letter will have been written by Mr. Chevrillon.

CONDITIONNEL: La lettre **serait écrite** par M. Chevrillon.
                      The letter would be written by Mr. Chevrillon.

CONDITIONNEL PASSÉ: La lettre **aurait été écrite** par M. Chevrillon.
                      The letter would have been written by Mr. Chevrillon.

Note that the agent (the one performing the action) is preceded by **par:** . . . **par M. Chevrillon.**

When the verb expresses a mental, emotional, or habitual relationship, **de** precedes the agent.

Ce vin n'est pas très apprécié **des** gourmets.
This wine is not particularly appreciated by gourmets.

Il est estimé **de** tous ses collègues.
He is esteemed by all his colleagues.

3. Avoiding the Passive (Comment éviter le passif)

The active voice is often preferred to the passive because it is a stronger, more forceful expression. A reflexive verb may be substituted for the passive construction, or the indefinite subject pronoun **on** may precede the active voice, especially when the agent is not expressed.

PASSIVE: La viande **est vendue** à la boucherie.
              Meat is sold at the butchershop.
REFLEXIVE: La viande **se vend** à la boucherie.
On: **On vend** la viande à la boucherie.

PASSIVE: Paris **est appelée** la Ville Lumière.
              Paris is called the City of Light.
REFLEXIVE: Paris **s'appelle** la Ville Lumière.
On: **On appelle** Paris la Ville Lumière.

4. Verbs with Infinitives in -oyer and -uyer (Infinitifs qui se terminent en -oyer et -uyer)

Verbs ending in **-oyer** and **-uyer** change the **-y** to **-i** before a mute **e**.   This change occurs also in the future tense and conditional.

tutoyer (*to address by* tu)

PRÉSENT	PRÉSENT DU SUBJONCTIF	FUTUR	CONDITIONNEL
je **tutoie**	je **tutoie**	je **tutoierai**	je **tutoierais**
tu **tutoies**	tu **tutoies**	tu **tutoieras**	tu **tutoierais**
il **tutoie**	il **tutoie**	il **tutoiera**	il **tutoierait**
nous **tutoyons**	nous **tutoyions**	nous **tutoierons**	nous **tutoierions**
vous **tutoyez**	vous **tutoyiez**	vous **tutoierez**	vous **tutoieriez**
ils **tutoient**	ils **tutoient**	ils **tutoieront**	ils **tutoieraient**

essuyer (*to dry*)

j'**essuie**	j'**essuie**	j'**essuierai**	j'**essuierais**
tu **essuies**	tu **essuies**	tu **essuieras**	tu **essuierais**
il **essuie**	il **essuie**	il **essuiera**	il **essuierait**

nous **essuyons**	nous **essuyions**	nous **essuierons**	nous **essuierions**
vous **essuyez**	vous **essuyiez**	vous **essuierez**	vous **essuieriez**
ils **essuient**	ils **essuient**	ils **essuieront**	ils **essuieraient**

Verbs whose infinitives end in **-ayer (payer, essayer)** may be spelled with a **-y** or **-i** before a mute **e:** je **paye** or je **paie.**

5. Verbs with Infinitives in -eler (Infinitifs qui se terminent en -eler)

A number of verbs with infinitives ending in **-eler,** as well as some verbs ending in **-eter,** also change in spelling because of the pronunciation of vowel sounds. In verbs such as **appeler,** for example, when the verb ending is such that the syllable following the **el** contains a mute **e,** the **l** is doubled.

appeler (*to call*)

PRÉSENT	PRÉSENT DU SUBJONCTIF	FUTUR	CONDITIONNEL
j'**appelle**	j'**appelle**	j'**appellerai**	j'**appellerais**
tu **appelles**	tu **appelles**	tu **appelleras**	tu **appellerais**
il **appelle**	il **appelle**	il **appellera**	il **appellerait**
nous **appelons**	nous **appelions**	nous **appellerons**	nous **appellerions**
vous **appelez**	vous **appeliez**	vous **appellerez**	vous **appelleriez**
ils **appellent**	ils **appellent**	ils **appelleront**	ils **appelleraient**

6. Verbs with Infinitives in -éler and -éter (Infinitifs qui se terminent en -éler et -éter)

Verbs ending in **-éler (révéler)** and **-éter (inquiéter)** conserve the **é** in the future and conditional.

refléter	*to reflect*	il **reflétera**	*it will reflect*
compléter	*to complete*	il **complétera**	*he will complete*
posséder	*to possess*	il **possédera**	*he will possess*
révéler	*to reveal*	il **révélera**	*he will reveal*

Most of these same verbs, however, change in spelling from **é** to **è** in some forms of the present tense.

je **reflète**	je **complète**	je **possède**	je **révèle**
tu **reflètes**	tu **complètes**	tu **possèdes**	tu **révèles**
il **reflète**	il **complète**	il **possède**	il **révèle**
ils **reflètent**	ils **complètent**	ils **possèdent**	ils **révèlent**

7. Verbs with Infinitives in -cer and -ger (Infinitifs qui se terminent en -cer et -ger)

Verbs with infinitives in -**cer** or -**ger** change **c** to **ç** and **g** to **ge** before the vowels **a** and **o**, in order to maintain the soft consonant sounds of **c** and **g**.

	voyager (*to travel*)	**commencer** (*to begin*)
PRÉSENT:	je **voyage**	je **commence**
	tu **voyages**	tu **commences**
	il **voyage**	il **commence**
	nous **voyageons**	nous **commençons**
	vous **voyagez**	vous **commencez**
	ils **voyagent**	ils **commencent**
IMPARFAIT:	je **voyageais**	je **commençais**

VOCABULAIRE

abattre	to tear down; to raze	**guère**	scarcely
		impassible	impassive
ambassadeur *m.*	ambassador	**haut**	high
augmenter	to increase	**inquiéter**	to worry
boucherie *f.*	butchershop	**malheur!**	bad luck!
chef-d'œuvre *m.*	masterpiece	**mariage** *m.*	marriage
consul *m.*	consul	**monologue** *m.*	monologue
cousin *m.,* **cousine** *f.*	cousin	**Moyen Age** *m.*	Middle Ages
se demander	to wonder	**observation** *f.*	observation; comment
écouter	to listen		
église *f.*	church	**parapluie** *m.*	umbrella
élire	to elect	**payer**	to pay
épouser	to marry	**plancher** *m.*	floor
entendre dire	to hear tell, say	**président** *m.*	president
estimé	esteemed	**prochain**	next
être en train de	to be in the process of	**ramasser**	to pick up
		ravissant	ravishing, very beautiful
furieusement	furiously		
groupe *m.*	group	**recevoir**	to receive

retrouver	to recover (something lost)	**tiens!**	well!
St. Étienne	St. Stephen	**tranquille**	tranquil, peaceful
soirée *f.*	evening	**unir**	to unite
sûrement	surely	**vendre**	to sell
tableau *m.*	painting	**vente** *f.*	sale
tapis *m.*	rug, carpet	**mis en vente**	to put up for sale
(de) temps en temps	from time to time	**voler**	to steal
		vue *f.*	view

EXERCICES Dec 10

A. *Verbes au temps présent. Complétez ces phrases par la forme convenable du verbe.*

> MODÈLE: **(nettoyer)** Elle _____ le tapis.
> **Elle nettoie le tapis.**

1. (commencer) A quelle heure _____-nous?
2. (s'inquiéter) Je _____ beaucoup de ses actions.
3. (posséder) Est-ce que tu _____ vraiment ce chef-d'œuvre?
4. (acheter) Qu'_____-t-il pour sa mère?
5. (s'appeler) Comment _____-t-il?
6. (payer) Combien ~~payent~~-ils? *ou paient*
7. (employer) Il _____ toujours les mêmes mots. *emploie*
8. (voyager) Nous ne _____ pas souvent.

B. *Exprimez en français.*

> MODÈLE: **She is being elected.**
> **Elle est élue.**

1. They are being elected. *Ils sont élus*
2. They used to be elected. *Ils étaient élus*
3. They have been elected. *Ils ont été élus*
4. They had been elected. *Ils avaient été élus*
5. They will be elected. *Ils seront élus*
6. They will have been elected. *Ils auront été élus*
7. They would be elected. *Ils seraient élus*
8. They would have been elected. *Ils auraient été élus*
9. They were elected. **(passé simple)** *Ils furent élus*
10. ... that they be elected **(présent du subjonctif)** *qu'ils soient élus*
11. ... that they were elected **(passé du subjonctif)** *qu'ils soient été élus*

C. *Changez les phrases suivantes de la voix active à la voix passive.**

MODÈLE: **Charles a acheté le billet.**
Le billet a été acheté par Charles.

1. Louise a trouvé son cahier.
2. Mes amis ont porté les valises.
3. Ma mère a rangé ma chambre.
4. Marie-Hélène a écrit cette lettre.
5. Les enfants ont perdu les livres.
6. Maurice commandera le dîner.
7. M. Georges va conduire l'auto.
8. Les étudiants présenteraient la pièce.

D. *Changez les phrases suivantes de la voix passive à la voix active en employant les verbes pronominaux et* **on**.*

MODÈLES: **Paris est appelé la Ville Lumière.**
Paris s'appelle la Ville Lumière.
On appelle Paris la Ville Lumière.

1. La porte est ouverte.
2. Le musée est fermé.
3. La phrase sera répétée.
4. Ce mot n'est pas dit.
5. Cette nouvelle sera entendue.
6. Cela est fait souvent.
7. Cela sera vu partout.
8. Ces villes sont trouvées dans les montagnes.

E. *Exprimez en français.*

1. I lost the book on Thursday.
2. The book was lost on Thursday.
3. They bought the house last week.
4. The house was bought by them last week.
5. This room was cleaned yesterday by my mother.
6. My mother cleaned this room yesterday.

F. Exercice de révision. Pronoms et adjectifs interrogatifs. *Remplacez les mots entre parenthèses par les équivalents français.*

L'inspecteur ferma la porte et s'assit à son bureau.   L'homme ne le regarda pas mais resta impassible, n'osant pas lever les yeux du plancher.   Un moment de silence, puis l'inspecteur commença:

—(*What*) vous savez de l'incident d'hier soir?

—Incident?   (*What*) incident?   De (*what*) parlez-vous, monsieur?

—Vous savez très bien de (*what*) il s'agit.   Je parle du vol des diamants de l'Anglaise à l'hôtel Berry.   (*Where*) étiez-vous quand ils étaient volés?

—(*Where*)?   Mais, à (*what*) heure, monsieur?

—Vous ne savez pas?   Disons à onze heures et demie.

—Voyons . . . à onze heures et demie j'aurais dû être chez moi.   Mais demandez à ma femme.

—(*What*) est votre adresse ici?

—243, rue La Fayette.

—Et vous insistez que vous étiez là à onze heures et demie avec votre femme?   Vous savez que nous avons déjà parlé avec votre femme.

—Eh bien, (*what*) dit-elle?

—Elle dit que vous étiez sorti avec un type qu'elle ne connaît pas.

—Enfin . . .

—(*Who*) est-ce, ce type?

—Il s'appelle Connard.   Je ne le connais pas bien.

—(*What*) il fait, ce Connard?

—Je ne sais pas.

L'inspecteur ramassa un objet du bureau et le donna à l'autre.

—(*What is it?*)

—Évidemment, c'est une clé.

—Très bien.   Et (*what*) sorte de clé?

—(*What*) voulez-vous dire?

—Vous ne savez pas que c'est la clé de la chambre à l'hôtel Berry?

—C'est vrai?

—Oui, c'est vrai.   Vous ne demandez pas le nom du locataire?

—Eh bien, la chambre de (*whom*)?

—Mais, vous devez le savoir, monsieur, puisqu'on a trouvé cette clé dans votre poche ce matin.   Maintenant, où sont les diamants?

Et l'inspecteur se leva.

LECTURE

Cuisson au gaz

La jeune mariée vient de s'acheter une poêle à frire.   Elle fait un effort prodigieux pour comprendre le mode d'emploi indiqué sur le carton.

CUISSON AU GAZ

5 Pour faire frire ou revenir,[1] utilisez un feu vif.   Pour faire mijoter:[2] la cuisson n'a besoin que de frémir; utilisez un brûleur large[3]—jamais un brûleur de petit diamètre.   Réduisez votre flamme au minimum.   Remuez fréquemment avec une cuiller de bois.   Il doit toujours y avoir 1 cm entre la pointe extrême de la flamme et le fond de la pièce.[4]

10 Si vous n'y arrivez pas[5] c'est que votre brûleur à gaz est mal réglé ou que la conception[6] de votre cuisinière est défectueuse: d'où le risque de faire «attacher» les aliments.   Dans ce cas, il faudra faire vérifier les brûleurs de votre cuisinière qui doit être conçue pour des cuissons variées—donc réglables—et non pour simplement «chauffer» vos ustensiles culinaires.

15 ## APRÈS USAGE

Dès que vous aurez vidé les aliments, remplissez l'ustensile d'eau chaude ou tiède. Un simple lavage dans votre eau de vaisselle suffira à le nettoyer.   Si vous avez laissé coller quelques aliments, laissez trempez un peu plus longtemps.

Si au bout de plusieurs cuissons le fond intérieur de l'ustensile a un peu bruni, 20 nettoyer avec un produit à récurer liquide.[7]

N'UTILISEZ JAMAIS: de poudre à récurer, de couteau, de cuiller de métal, d'éponge métallique, de tampons métalliques.

«Mon Dieu!» dit la petite femme, «j'aurais mieux fait de ne pas l'acheter!   La vie était si simple . . . nous étions si heureux tous les deux avec des sandwichs!»

---

1. **pour faire frire ou revenir** *to fry or brown.* 2. **faire mijoter** *simmer.* 3. **utilisez un brûleur large** *use a wide burner.* 4. **pièce** *utensil.* 5. **si vous n'y arrivez pas** *if you don't succeed.* 6. **conception** *design.* 7. **produit à récurer liquide** *liquid cleanser.*

chapitre 26

Paris d'aujourd'hui

(1) *Paris est la capital de la France. (2) C'est une ville ancienne en même temps que moderne. On y trouve des bâtiments du futur aussi bien que des ruines romaines. (3) La Seine, un des plus grands fleuves de France, traverse le centre de Paris de l'est à l'ouest. La partie de la ville au nord de la Seine s'appelle la rive droite; la partie au sud s'appelle la rive gauche.

(4) Au milieu de la Seine se trouve l'Île de la Cite. Cette petite île est la plus vieille partie de Paris, étant déjà occupée en 50 avant J.-C. Bien qu'elle ait changé plus qu'aucune autre partie de Paris, elle est toujours pleine de souvenirs et de monuments historiques. (5) On y trouve, par exemple, la cathédrale de Notre-Dame (6), une des plus belles cathédrales du monde (7), construite entre 1163 et 1345; (8) la Sainte Chapelle de Saint-Louis (9), avec ses vitraux exquis; (10) le Palais de Justice et (11) la Conciergerie, où les condamnés attendaient la guillotine pendant la Révolution.

(12) La rive droite est un beau mélange de toutes les périodes. Il y a de vieilles maisons comme celles de la Place des Vosges (13) ou l'Hôtel de Sens; (14) il y a des constructions modernes, comme la Maison de la Radio; (15) il y a des églises de tous les styles—Saint Eustache, au centre des anciennes halles centrales, (16) la basilique du Sacré-Cœur, au sommet de Montmartre, (17) ou l'église de la Madeleine, tout près de la Place de la Concorde

(18) Sur les grands boulevards, créés au dix-neuvième siècle par ordre de Napoléon III, coule la vie frénétique d'une ville contemporaine. Ces grandes artères nous mènent à tout ce qui est «grand»: (19) les grands hôtels, les grands théâtres, les grands magasins, (20) l'Opéra, (21) la Bibliothèque nationale, et (22) même la Bourse.

(23) Le Louvre se trouve aussi sur la rive droite. Ce palais, commencé sous Philippe Auguste en 1204, n'a été achevé qu'en 1848! Il est actuellement un

---

* The numbers in the texts of chapters 26–30 correspond to the numbers of the slides described on the page opposite the title of this book.

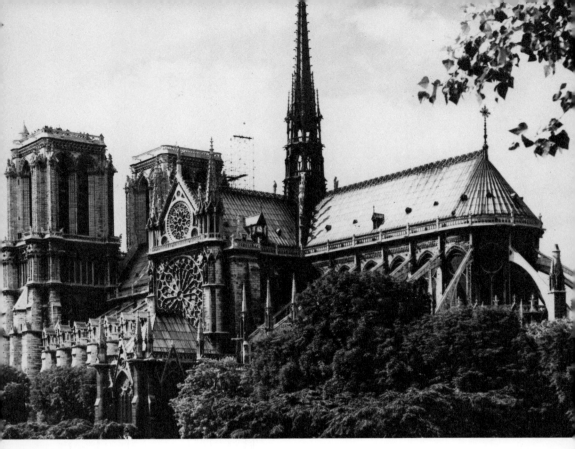

Notre-Dame de Paris (*French Embassy Press & Information Division*)

Place des Vosges (*John J. Long*)

Place de la Concorde (*John J. Long*)

Arc de Triomphe (*John J. Long*)

musée, le plus grand et le plus riche du monde. (24) Du centre des jardins du Louvre, on voit l'Arc de Triomphe du Carrousel, et, plus loin, le Jardin des Tuileries. Ce très beau jardin, créé par le dessinateur Le Nôtre, reste aujourd'hui un des lieux favoris des enfants parisiens. (25) A côté des Tuileries, dans la Place de la Concorde, l'Obélisque de Luxor occupe à présent le lieu où a été guillotinée Marie Antoinette. (26) D'ici le grand boulevard des Champs-Élysées s'étend jusqu'à l'Arc de Triomphe. (27) Sous l'Arc brûle une flamme éternelle à la mémoire du Soldat Inconnu de la Première Guerre mondiale.

(28) Pas loin de l'Arc de Triomphe, mais sur la rive gauche, se trouve la Tour Eiffel. Elle a trois cents mètres de haut, (29) et du sommet on a une vue merveilleuse de la ville de Paris. Ce monument renommé a été construit par l'ingénieur Gustave Eiffel pour l'Exposition universelle de 1889. Cette tour est devenue le symbole de Paris et de la France.

(30) Si la rive droite est la partie la plus moderne de la ville, la rive gauche ressemble quelquefois à une ville de province—à chaque pas on rencontre le passé. (31) Dans les petites rues qui datent du Moyen Age, on trouve des librairies et des magasins d'antiquités; (32) l'Hôtel de Cluny nous offre un bel exemple de l'architecture médiévale; (33) pas loin du Quartier Montparnasse, il y a les Arènes de Lutèce, ruines romaines qui datent de l'an 280.

(34) Le Quartier latin, sillonné des plus vieilles rues de Paris, est le centre de la vie estudiantine. Depuis l'époque de Pierre Abélard (douzième siècle), les jeunes de chaque coin du monde viennent faire leurs études à l'université de Paris. La Sorbonne, la faculté des lettres et des sciences de l'université, est universellement connue. (35) Tout près de la Sorbonne, dans le Panthéon, reposent les cendres de beaucoup de grands hommes de la France. (36) Non loin d'ici se trouve le Palais du Luxembourg, ancienne résidence de Marie de Médicis. Le jardin qui l'entoure est parmi les plus beaux de Paris.

Comme les Parisiens se réjouissent de leurs parcs, le monde entier se réjouit de Paris. Depuis plus de deux mille ans cette ville extraordinaire a survécu à toutes les péripéties, un grand vaisseau qui survit aux naufrages—un vaisseau plein de tout ce qui est beau, de tous les grands idéals humains. Que sa devise reste toujours la vérité: FLUCTUAT NEC MERGITUR — Il est battu par les flots mais ne sombre pas.

EXERCICES DE RÉVISION

A. Verbes irréguliers au présent. *Complétez ces phrases par la forme convenable du verbe.*

    1. (venir)   A quelle heure _____-il?

2. (se couvrir)   Je _____ la tête toujours quand il fait froid.
3. (tenir)   _____-vous à aller avec moi?
4. (recevoir)   Les enfants _____ des quantités de cadeaux à Noël.
5. (voir)   Elles ne _____ jamais rien.
6. (aller)   Tu y _____ par auto, n'est-ce pas?
7. (faire)   Elle et moi, nous _____ nos devoirs ensemble.
8. (croire)   Ne me _____-vous pas?
9. (écrire)   A qui _____-ils?
10. (devoir)   Tu ne _____ pas le faire.
11. (pouvoir)   _____-je vous aider?
12. (vouloir)   Ses amis _____ les voir.
13. (connaître)   _____-vous le frère de Michel?
14. (apprendre)   Nous _____ cette leçon par cœur.
15. (savoir)   Nous ne _____ pas son nom.

B. *Écrivez les verbes suivants aux formes indiquées: l'infinitif, le participe présent, le participe passé, le présent, le passé simple.*

MODÈLE: **j'avais**
     avoir, ayant, eu, j'ai, j'eus

1. elle parlerait
2. je finissais
3. nous répondrons
4. ils ont

5. vous êtes
6. il faisait
7. tu viens
8. elles entendront

C. *Exprimez au passé. Choisissez entre l'imparfait et le passé composé.*

Lundi soir, Hélène décide d'aller au cinéma. Elle téléphone à son amie Chantal et l'invite à l'accompagner. Mais Chantal est malade. Elle a mal à la tête et mal à la gorge et elle tousse beaucoup. Elle pense que c'est le commencement de la grippe. Donc, Hélène décide d'aller toute seule. Il y a au cinéma un bon film américain qu'elle veut voir. A sept heures, elle quitte l'appartement et elle descend au trottoir. Il fait si beau!

D. *Compléments directs et indirects. Répondez aux questions suivantes à la forme affirmative en remplaçant les compléments par des pronoms. Attention à l'accord du participe passé.**

MODÈLE: **Avez-vous montré cette montre à papa?**
     Oui, je la lui ai montrée.

1. Avez-vous montré votre nouvelle auto à votre père?
2. As-tu donné tes livres au professeur?
3. Écrirons-nous une lettre à nos amis?
4. Vous donnerait-il de l'argent si c'était nécessaire?
5. Vous a-t-elle chanté cette belle chanson d'amour?
6. Demandez-vous la recette à votre mère?

E. *Exprimez en français.*

1. they choose
2. they used to choose
3. they did choose
4. they will choose
5. they had chosen
6. they will have chosen
7. they would choose
8. they would have chosen

F. *Futur. Formez des questions en employant le futur et la forme interrogative.**

MODÈLE: **Je vais à Paris. Je visite le Louvre. (quand)**
Quand vous irez à Paris, visiterez-vous le Louvre?

1. Je voyage en Europe. Je vais en France. (quand)
2. Je parle à Paul. Je lui dis toute l'histoire. (quand)
3. Je fais mes devoirs. J'étudie le français. (lorsque)
4. J'ai le temps. Je viens ici. (dès que)
5. Je prends le déjeuner. Je quitte le café. (aussitôt que)

G. *Exprimez en français.*

1. After reading the letter, I gave it to you.
2. After studying the lesson, I went to bed.
3. After looking at the newspaper, I gave it to my father.
4. After coming here, I was happier.
5. Before beginning the class, I looked for the book.
6. Before speaking to Paul, I stood up.

H. *Remplacez les mots* **voici... que** *par* **il y a ... que** *et ensuite par* **depuis** *dans les phrases suivantes.*

MODÈLES: **Voici deux jours qu'il est ici.**
Il y a deux jours qu'il est ici.
Il est ici depuis deux jours.

1. Voici trois mois que nous sommes en France.
2. Voici six semaines qu'il travaille ici.
3. Voici un semestre que j'étudie le français.

I.   *Exprimez en français.*

1. I'm hungry.
2. It's not snowing.

3. It's raining.
4. My feet hurt.

chapitre 27

Les châteaux de la Loire

lire

(1) Une des plus belles régions de la France, et peut-être du monde entier, se trouve entre les villes de Gien et d'Angers. (2) Entre ces deux endroits charmants, la Loire et ses affluents[1] (le Cher, la Vienne et l'Indre) font dérouler[2] devant nous tout le panorama de l'histoire.

(3) Le climat modéré et la douce lumière de cette vallée ont servi d'aimant[3] aux rois de France. Depuis le douzième siècle, ils ont fait construire des châteaux de tous les styles. (4) (5) (6) Dans l'évolution de l'architecture on peut tracer l'évolution de la société française.

(7) D'abord sont apparues les rudes forteresses du Moyen Age, comme le château de Langeais. (8) Cette citadelle austère a été construite par Louis XI pour protéger la vallée contre les Bretons. (9) Ici, en 1419, a eu lieu le mariage d'Anne de Bretagne et de Charles VIII et ainsi l'union de la Bretagne à la France.

(10) Le château de Blois, (11) commencé au quinzième siècle et terminé au dix-septième, nous donne un bel exemple de l'architecture de la Renaissance: (12) l'escalier à claire-voie[4] dans l'aile François Premier.[5] Cet escalier extraordinaire signale le triomphe de l'influence italienne dans l'architecture française.

(13) A mesure que[6] la nation se formait (14), la vie devenait plus facile et plus gracieuse. Ainsi les châteaux (15) ont donc quitté leur caractère de forteresses et d'emplacements militaires et (16) sont devenus de belles maisons de campagne. (17) Entourés de jardins, (18) ils ne se trouvaient plus sur les escarpements[7] mais au bord de l'eau.

---

1. **ses affluents** *its tributaries.* 2. **dérouler** *unroll.* 3. **d'aimant** *as a magnet.* 4. **escalier à claire-voie** *open staircase.* 5. **aile François Premier** *Francis the First wing.* 6. **à mesure que** *as.* 7. **escarpements** *bluffs.*

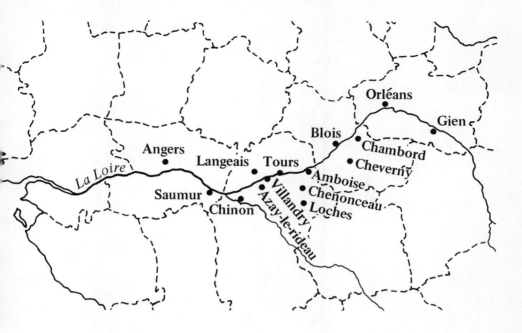

(19) Chambord est le plus grand des châteaux de la Loire. François Ier en a commencé la construction en 1591. Du rez-de-chaussée on peut monter jusqu'au toit par le célèbre escalier à vis.[8] (20) De la terrasse du toit on peut voir 365 cheminées qui donnent l'impression d'une petite ville suspendue en l'air.

(21) Diane de Poitiers a reçu le château de Chenonceau comme cadeau d'Henri II. Il le lui a présenté en 1547, à son avènement au trône. (22) Cet édifice est entièrement construit sur un pont sur le Cher à l'ancien emplacement d'un moulin.[9] (23) Les deux jardins à l'entrée sont également très célèbres.

(24) Ancienne prison et château-fort, le château de Loches est remarquable pour (25) ses remparts et ses donjons. Ce château est parmi les plus vieux qui nous restent, les comtes d'Anjou s'en servant déjà au onzième siècle.

(26) De toutes les créations de la Renaissance, Azay-le-Rideau est une des plus frappantes. Ce château du seizième siècle est bâti en partie sur l'eau, comme Chenonceaux, (27) et est entouré de très beaux jardins.

(28) Angers, sur la Maine, est un des meilleurs exemples de l'architecture féodale. (29) Dix-sept tours immenses, de quarante à soixante mètres de hauteur, forment l'aspect mémorable de cet édifice.

---

8. **escalier à vis** *spiral staircase.* 9. **ancien emplacement d'un moulin** *former site of a mill.*

↑Chenonceaux (*French Embassy Press & Information Division*)

Angers (*French Embassy Press & Information Division*) →

Azay-le-Rideau (*French Embassy Press & ↓Information Division*)

Amboise (*French Embassy Press & Information Division*) →

(30) Pas loin de Chenonceaux, sur la Loire, se trouve le château de Chaumont. Il est moins impressionnant mais plus élégant que bien des autres. (31) A plusieurs mètres du château se trouvent des écuries magnifiques, (32) toujours bien entretenues, même aujourd'hui. Sur chacun des mâchicoulis[10] on peut voir des souvenirs de Diane de Poitiers; pendant un séjour à Chaumont elle y a fait inscrire ses initiales.

(33) Le château d'Amboise doit être vu de la rive droite de la Loire. Massif et assez sinistre, ce grand bâtiment, où ont eu lieu tant d'événements historiques, s'élève au dessus de la ville comme une montagne au dessus d'un village (34). A l'intérieur on trouve une célèbre rampe à chevaux et à carrosses qui monte de bas en haut. (35) Dans la chapelle Saint-Hubert, dans le jardin du château, reposent les restes de Léonard de Vinci, le célèbre artiste florentin.

(36) La vallée de la Loire a été bien nommée le Jardin de la France. A chaque moment on rencontre les beautés de la nature; à chaque tournant on trouve l'histoire toujours vivante. En vérité un jardin où l'on peut tout cueillir!

EXERCICES DE RÉVISION

A. *Imparfait—conditionnel. Donnez l'imparfait et le conditionnel de tous les verbes suivants.*

MODÈLE: **il est**
   il était, il serait

1. je suis
2. nous avons
3. elle vient
4. vous voulez
5. tu prends

6. nous voyons
7. il met
8. vous faites
9. elle s'intéresse
10. nous nous amusons

B. *Phrases conditionnelles. Répondez à la forme affirmative aux questions suivantes.**

MODÈLE: **Si je le désirais, le feriez-vous?**
   Oui, si vous le désiriez, je le ferais.

1. Si nous le voulions, le trouveriez-vous?
2. L'épouserais-tu si elle (ou s'il) était riche?
3. L'achèterais-tu si tu avais l'argent?

---

10. **mâchicoulis** *machicolation.*

4. Si vous vous y intéressiez, étudieriez-vous le sujet?
5. Si Paul l'avait connu, lui aurait-il écrit?
6. Auriez-vous été heureux s'ils étaient venus?

C. *Négation. Exprimez ces phrases à la forme négative.*

MODÈLE: **Sont-ils allés?**
    Ne sont-ils pas allés?

1. A-t-elle fini ses leçons?
2. Il veut aller tout de suite.
3. Donnez-les-moi.
4. Montrez-leur-en.

D. *Négation. Répondez aux questions d'après l'indication entre paren-thèses.*

MODÈLE: **Qui regardes-tu?** (*no one*)
    Je ne regarde personne.

1. Qui veut partir? (*no one*)
2. Qu'est-ce qu'il a fait? (*nothing*)
3. Combien de temps continuera-t-il? (*no longer*)
4. Quand voulez-vous le faire? (*never*)

E. *Pronoms relatifs. Complétez les phrases suivantes par le pronom relatif convenable.*

1. La chaise _que_ vous admirez est très confortable.
2. La chaise _dont_ vous parlez est très confortable. *(ou de la qu'elle)*
3. La chaise _où_ vous êtes assis est très confortable. *(ou dans la qu'elle)*
4. La chaise _qui_ est dans le salon est très confortable.
5. La chaise dans _qui_ il est assis est très confortable.
6. De _qui_ parlez-vous? De cette chaise confortable?
7. _Ce que_ vous dites n'est pas vrai! Elle est très confortable!
8. _Ce qui_ est intéressant, c'est que cette chaise est aussi très confortable.

F. *Adjectifs possessifs. Répondez aux questions suivantes en remplaçant le possesseur par l'adjectif possessif.**

MODÈLE: **Lisez-vous l'examen d'Henri?**
    Oui, je lis son examen.

1. Connaissez-vous le professeur de Charles?

2. Cherchez-vous les livres de Paul?
3. Lavez-vous la chemise de votre père?
4. Avez-vous vu les tableaux de Renaud?
5. As-tu parlé au professeur des élèves?
6. As-tu rencontré les parents des enfants?

G. *Pronoms possessifs. Répondez aux questions suivantes à la forme affirmative en remplaçant le nom par le pronom possessif.**

MODÈLE: **Est-ce le livre de Marc?**
Oui, c'est le sien.

1. Est-ce votre mère?
2. Est-ce votre classe?
3. Est-ce que ce sont ses camarades?
4. Est-ce que ce sont tes cousines?
5. Est-ce ta place?
6. Est-ce que ce sont mes billets?

H. *Subjonctif. Ajoutez aux phrases suivantes les mots* «**C'est dommage que . . .**» *et remplacez l'indicatif par le subjonctif.**

MODÈLE: **Vous lisez ce roman.**
C'est dommage que vous lisiez ce roman.

1. Je prends ce livre.
2. Il dort toujours.
3. Vous vous couchez à sept heures.
4. Marie est si petite!
5. Les enfants ont des problèmes.
6. Tu es déjà parti.
7. Il est venu ici.
8. Il vient ici.
9. Elle va à Rome.
10. Vous savez tout.

chapitre 28

Histoire de France, première partie

(1) La France contemporaine est constituée sur le territoire de l'ancienne Gaule. De cette période et de la periode préhistorique, il nous reste beaucoup de traces. (2) Parmi les mieux connues citons les dolmens et les menhirs de Carnac, l'homme Cro-Magnon de la vallée de la Dordogne, (3) la grotte de Lascaux, (4) la ville de Marseilles, ancienne colonie grecque, (5) et la ville d'Alésia dans l'est. Les habitants de l'ancienne Gaule était d'origine celte ou ibérique. La religion à cette époque était le druidisme.

(6) En 51 avant J.-C., les légions de Jules César ont fait la conquête du pays. César a profité de la désunion des Gaulois pour vaincre le chef gaulois Vercingétorix à Alésia.

(7) Avec la conquête romaine, la Gaule a perdu sa liberté politique. Mais elle a gagné la paix, la sécurité et la prospérité matérielle. (8) A une civilisation toujours primitive, les Romains ont superposé une civilisation éveillée et sophistiquée. (9) Même aujourd'hui on trouve partout en France des ruines de théâtres, de temples (10), d'amphithéâtres, de villas privées, de routes nationales, (11) d'aqueducs.

(12) A la fin du premier siècle, le christianisme s'est répandu. La Gaule, comme d'autres pays, a eu ses martyrs. Parmi eux le plus connu est Saint-Denis, premier évêque de Paris, décapité sur la colline de Montmartre au troisième siècle.

(13) Pendant quatre cents ans, la Gaule est restée plus ou moins unie, sous l'influence romaine. Mais à partir du quatrième siècle, les invasions des Barbares ont commencé. De ces tribus barbares, celle des Francs était la plus puissante. Les Francs (dont la France dérive son nom), avec leur roi Clovis, ont restauré à la Gaule son unité. En 496, Clovis, le plus célèbre des rois mérovingiens, s'est converti au christianisme.

Marseille, ancienne colonie grecque
(*French Embassy Press & Information Division*)

Mont-Saint-Michel: Au Moyen Age les monastères étaient des centres intel-
lectuelles. (*John J. Long*)

A la mort de Clovis son royaume a été partagé. De nouveau la Gaule a souffert des invasions. En 751, Pépin le Bref, fils de Charles Martel, a été élu roi des Francs et a fondé une nouvelle dynastie, la dynastie Carolingienne. (14) Charlemagne est le plus connu des Carolingiens. En 800, il a été couronné empereur d'Occident. Sous son règne, la vie scolaire a été pour la première fois stimulée. (15) Entouré de vestiges de la vie intellectuelle, Charlemagne a établi des écoles et a réformé la justice. (16) Mais son vaste empire a été démembré après le traité de Verdun en 843, et de nouveau le pays a été ravagé, cette fois par les Normands, pirates du Nord. (17) Ces Vikings ont même menacé la ville de Paris et pour sauver la ville, le roi Charles III a été forcé de céder aux Normands toute la région qui s'appelle aujourd'hui la Normandie. (18) C'est d'ici, en l'année 1066, que Guillaume le Conquérant s'est lancé à la conquête de l'Angleterre. A cette époque (19) le système féodal s'est créé dans un besoin de défense commune. Ce système a duré jusqu'au milieu du quinzième siècle (1453).

(20) Sous le système féodal, le Moyen Age a vu le développement du commerce et la création des villes. (21) Au début, les paysans travaillaient la terre pour les nobles. En échange, les nobles les protégeaient. Même la ville de Paris était entourée de hautes murailles et, de l'autre côté de ces remparts, de champs où travaillaient les paysans. (22) Chaque seigneur avait aussi son armée—c'est-à-dire, des chevaliers et des soldats qui lui étaient fidèles. Le seigneur leur donnait des armes, un logement, même leur éducation; (23) en échange, ils le protégeaient contre ses ennemis.

(24) Les villes du Moyen Age étaient fortifiées. (25) Les habitants, (26) pour la plupart des marchands et des artisans, (27) se groupaient ainsi pour être en sécurité. (28) L'extérieur des maisons formait les murs de la ville.

(29) A l'intérieur de la ville, les rues étaient étroites et noires. (30) Les magasins offraient aux passants des marchandises de toutes sortes. (31) Avec l'accroissement du commerce, les foires du Moyen Age sont devenues d'une grande importance. (32) En circulant en Europe, on a échangé des idées, et des liens politiques ont été formés.

(33) Pendant cette période, les monastères sont devenus des centres intellectuels. (34) Ils ont préservé, étudié et interprété notre héritage classique.

EXERCICES DE RÉVISION

A. *Exprimez à l'imparfait, puis au passé composé.*

MODÈLE : **ils dorment**
ils dormaient, ils ont dormi

1. elle dort	6. je me lève
2. nous choisissons	7. vous apprenez
3. elles étudient	8. ils ne sortent pas
4. tu lis	9. elles ne s'habillent pas
5. vous mettez	10. arrivent-ils?

B. *Exprimez en français.*

1. What time is it?	4. Is he feeling better?
2. Is it cold out?	5. What is her name?
3. How old are you?	

C. *Complétez les phrases suivantes par la forme convenable du verbe entre parenthèses.*

MODÈLE: **(avoir)   Quand il _____ le temps, il vous écrira.**
Quand il aura le temps, il vous écrira.

1. (avoir)   Quand j'_____ le temps, je lui écrirai une lettre.
2. (venir)   Quand il _____, il vous verra.
3. (finir)   Tu l'auras dès que je l'_____.
4. (être)   Lorsque vous _____ à Paris, visitez le Louvre.
5. (lire)   Elle me la donnera aussitôt qu'elle l'_____.
6. (s'amuser)   Lorsque son ami arrivera, ils _____ bien.
7. (recevoir)   Nous sommes partis dès que nous _____ sa lettre.
8. (quitter)   Les élèves ont commencé à parler dès que le professeur _avant qu'il_ la salle de classe.

D. *Complétez les phrases suivantes par l'équivalent français du pronom entre parenthèses.*

1. (I)   Jacques et _____, nous sommes allés au château ensemble.
2. (him)   Jeanne les a vus, Paul et _____, au Louvre.
3. (she)   _____ aussi s'est enrhumée.
4. (them, *m.*) Pourquoi est-elle avec _____?
5. (you, *fam.*) Je l'ai donné à _____, n'est-ce pas?
6. (you)   J'aimerais bien déjeuner chez _____.
7. (our)   Nous préférons le faire _____-mêmes.
8. (me)   Donnez-le-_____.
9. (they, *f.*) _____ ne sont jamais à l'heure!
10. (one)   Ici on pense toujours à _____-même.

E. *Les verbes suivants sont au passé simple. Exprimez-les au passé composé.*

MODÈLE: **nous allâmes—nous sommes allés**

1. nous allâmes
2. nous fîmes
3. nous voulûmes
4. nous eûmes
5. nous fûmes
6. nous finîmes
7. nous entendîmes
8. nous répondîmes
9. nous parlâmes
10. nous sortîmes

F.   Depuis quand. *Répondez aux questions suivantes d'après la réponse indiquée entre parenthèses.*

MODÈLE: **Depuis quand est-il ici?   (deux mois)**
Il est ici depuis deux mois.

1. Depuis quand habite-t-il ici?   (six mois)
2. Depuis quand connaissez-vous Florence?   (cinq ans)
3. Depuis quand travaille-t-il dans ce bureau?   (neuf mois)
4. Depuis quand êtes-vous malade?   (huit jours)
5. Depuis quand cherchent-elles un appartement?   (trois semaines)
6. Depuis quand voyages-tu en Europe?   (trois mois)

G.   *Adjectifs. Complétez les phrases suivantes par la forme convenable de l'adjectif entre parenthèses.*

MODÈLE: **(beau)   Ce _____ arbre est mort.**
Ce bel arbre est mort.

1. (beau)   La _____ dame ne veut pas nous accompagner.
2. (vieux)   Remarquez ce _____ arbre!
3. (bon)   Ces _____ petites tartes sont délicieuses!
4. (sérieux)   Elle reste toujours _____.
5. (bleu)   Il nous a montré des drapeaux _____.
6. (rouge)   Le ciel était tout _____!
7. (beau)   Étudiez-vous les _____-arts?
8. (vieux)   Voyez-vous ces _____ femmes?
9. (dernier)   Sa _____ question était bien stupide!
10. (premier) Les _____ jours de classe sont toujours difficiles.

H. *Dates. Exprimez en français.*

1. December 6, 1902
2. March 27, 1893
3. July 14, 1789
4. December 24, 1600
5. January 1, 734
6. June 4, 1001

chapitre 29

Histoire de France, suite

(1) En 987, avec le couronnement de Hugues Capet, la troisième dynastie des rois de France a commencé. Sous la dynastie capétienne, les rois de France ont ramené l'ordre dans leurs domaines, ils ont forcé les seigneurs à obéir, ils ont rendu la couronne héréditaire et ils ont restauré l'autorité royale. On peut dire que la nation française date de cette époque.

(2) Le roi Louis IX, mieux connu sous le nom de Saint-Louis, a régné en paix et en justice. (3) Sous son influence, le treizième siècle est devenu le premier grand siècle français. (4) Il a fait construire des églises, dont la Sainte Chapelle est la plus renommée, et il a créé une commission judiciaire qui a été l'origine du parlement. (5) Il est mort de la peste pendant la huitième croisade.

(6) L'année 1302 a vu les premiers États généraux, convoqués par Philippe le Bel à Notre Dame de Paris. (7) Bientôt après, les papes ont déménagé de Rome en Avignon, où ils sont restés pendant la plus grande partie du quatorzième siècle.

(8) A la fin de la dynastie capétienne, la France est entrée dans une longue période de guerre qui s'appelle la Guerre de Cent ans. Cette période est marquée principalement par les défaites françaises, comme celle d'Azincourt en 1415. (9) Le dévouement de Jeanne d'Arc et des généraux de Charles VII a enfin sauvé la nation.

(10) Un des Valois, François Iᵉʳ, a ouvert la France à la Renaissance. Il est monté sur le trône en 1515, et pendant son règne la vie de cour a été brillante. Il a appelé en France des artistes italiens comme (11) Léonard de Vinci, qui a peint *La Joconde,* (12) Titien, qui a créé le fameux tableau *Les Pèlerins d'Emmaüs,* et (13) Benvénuto Cellini, créateur de la *Nymphe de Fontainebleau,* un relief en bronze. Ces trois pièces se trouvent actuellement au Musée du Louvre. Malheureusement les guerres de religion ont éclaté tôt dans son règne. François Iᵉʳ a commencé la persécution des protestants par l'extermination des Vaudois—membres d'une petite secte protestante provençale.

Henri IV (*French Embassy Press & Information Division*)

(14) «Paris vaut bien une messe.»   Avec ces mots prononcés par Henri IV, les Bourbons sont arrivés au pouvoir en 1598.   Ce roi vigoureux a pacifié la France par l'édit de Nantes et il l'a enrichie par les réformes de son ministre, le duc de Sully.   Aussi l'absolutisme royal a-t-il été définitivement restauré.   (15) C'est Henri IV qui a créé la Place des Vosges, autrefois la Place Royale, comme nous la connaissons aujourd'hui.   Les maisons solides en briques roses servent comme monument à son caractère en même temps romanesque et pratique.

(16) Le château de Versailles, à dix-huit kilomètres de Paris, est le symbole du dix-septième siècle.   (17) Cet immense parc avec des bassins, des fontaines, des jardins et de longues allées est le chef-d'œuvre du dessinateur Le Nôtre.   (18) Le magnifique palais central a été érigé par Louis XIV.   (19) D'autres édifices séparés, comme le Grand et le Petit Trianon (20) et le Hameau de Marie Antoinette, complètent ce vaste domicile.   De ce siège les rois Louis XIII et XIV et les cardinaux Richelieu et Mazarin ont promulgué le principe de l'absolutisme.   Pourtant, au cours du dix-huitième siècle, les dépenses excessives des constructions de Versailles, les vices privés des rois et les échecs de la politique extérieure, ont eu un effet malheureux sur le pays.   Les Français se rendaient compte de la nécessité des réformes politiques et sociales.   Enfin, Louis XVI—plein de bonnes intentions mais faible de caractère—n'a pas pu contrôler ces forces.   Celui-ci, avec sa reine méconnue, (21) l'infortunée Autrichienne Marie Antoinette, a été guillotiné à la suite de la Révolution française de 1789.

(22) Cette révolution a mis fin à l'absolutisme des rois.   D'un coup la féodalité a été abolie, l'égalité civile a été établie et la première République a été créée.   Pendant dix ans la Convention et ensuite le Directoire ont gouverné la nation.

(23) En 1799, Napoléon Bonaparte s'est fait élire premier consul, (24) et s'est fait ensuite proclamer empereur.   Suivant sa défaite à Waterloo en 1815, les Bourbons sont revenus au trône.   (25) La France est entrée dans la période de la Restauration.

(26) La Restauration a duré peu de temps.   Une révolution en 1848 a établi la deuxième République et a donné à chaque homme le droit de voter.   On a élu comme président de la République le neveu de Napoléon Bonaparte, Louis Napoléon.   En 1852, Louis Napoléon aussi s'est fait proclamer empereur et a établi le second Empire.   Pendant quelques années, Napoléon III et sa belle femme, Eugénie, ont exercé un pouvoir absolu.   (27) La France a gagné une réelle prospérité matérielle.   (28) L'industrie et le commerce se sont développés, ainsi que les chemins de fer.   (29) Pourtant cet accroissement matériel a été dû à l'exploitation des ouvriers—surtout les mineurs.   L'écrivain Émile Zola s'est servi de ces conditions épouvantables comme sujets de ses romans à thèses.   (30) Cet empire s'est terminé dans la désastreuse guerre franco-allemande (1870–71) au terme de laquelle la France a perdu l'Alsace et une partie de la Lorraine.   «La dernière classe» de Daudet décrit les tristes résultats de ce conflit tragique.   (31) L'église

du Sacré-Cœur à Montmartre a été érigée à la mémoire de ceux qui ont péri dans cette guerre.

(32) Les Français ont alors établi la troisième République. (33) Depuis ce temps-là, la France a subi deux guerres mondiales et la guerre en Indochine. Suivant la première Guerre mondiale, la troisième République a duré jusqu'en 1940. (34) Le Gouvernement Provisoire de la République, formé en 1944, a laissé place en 1946 à la quatrième République qui a duré jusqu'en 1958. A ce moment, les Français ont établi la cinquième République.

(35) La France a tôt reconnu la nécessité de coopérer avec ses voisins. Entre 1947 et 1958 la France a aidé à formuler une fédération européenne, et en l'année 1957 le Marché commun a été créé. Aujourd'hui le génie français est tourné non pas vers la conquête des territoires mais vers la conquête des problèmes sociaux et l'établissement de la paix universelle.

EXERCICES DE RÉVISION

A. *Superlatif—comparatif (adjectifs et adverbes). Complétez les phrases suivantes par le superlatif ou le comparatif convenable.*

MODÈLE: **(the longest)** _____ **poème de ce livre est le premier.**
Le plus long poème de ce livre est le premier.

1. (the most beautiful) _____ phrase de ce poème se trouve dans la première strophe.
2. (more difficult than) Cette leçon est _____ les autres.
3. (best) Ma _____ composition est la dernière.
4. (as long as) La Seine est-elle _____ la Loire?
5. (worse than) Cette route est _____ l'autre.
6. (less interesting than) Les romans historiques sont _____ les romans policiers.
7. (better than) Elle écrit beaucoup _____ moi.
8. (the worst) M. Despreux enseigne _____ de tous les professeurs à l'école.
9. (as much as) Aimez-vous le français _____ l'espagnol?
10. (as well as) Mais tu ne parles pas français _____ ton cousin.

B. *Voici une liste d'adjectifs. Quels sont les adverbes correspondants?*

MODÈLE: **bon—bien**

1. mauvais
2. sérieux
3. gentil
4. heureux

5. constant   7. fréquent
6. petit   8. doux

C. *Participes présents et passés.*

MODÈLE: **j'écris**
             écrivant, écrit

1. je dis   6. je vais
2. j'ai   7. je sais
3. je suis   8. je veux
4. je bois   9. j'apprends
5. je mets   10. je réussis

D. *Dans les phrases conditionnelles qui suivent, remplacez la partie commençant par* **si** *par un participe présent.**

MODÈLE: **Si je voyage en France, je verrai la Tour Eiffel.**
             En voyageant en France, je verrai la Tour Eiffel.

1. Si tu lis le journal, tu liras cet article.
2. Si tu vas en ville, tu verras beaucoup de monde.
3. Si tu écris cette lettre, tu seras sûr d'une réponse.
4. Si tu sais nager, tu n'auras pas de problèmes.
5. Si tu dors maintenant, tu ne seras pas fatigué ce soir.
6. Si tu arrives à onze heures, tu auras le temps de manger.
7. Si tu restes ici, tu pourras nous aider.
8. Si tu travailles bien, tu gagneras beaucoup d'argent.

E. *Répondez aux questions suivantes à la forme affirmative. Il s'agit toujours des infinitifs comme compléments d'objet.*

MODÈLE: **Avez-vous promis à Michel d'écrire une lettre?**
             —Oui, j'ai promis à Michel d'écrire une lettre.

1. Avez-vous promis à Michel d'apporter un cadeau?
2. Avez-vous défendu à vos élèves de quitter la salle de classe?
3. Avez-vous permis à votre cousine de prendre votre voiture?
4. Avez-vous dit à votre père de se reposer un peu?
5. Avez-vous ordonné à vos étudiants de faire leurs devoirs?
6. Avez-vous demandé au garçon d'apporter de l'eau?

F. *Encore les mêmes questions. Répondez toujours à la forme affirmative; remplacez l'objet indirect par le pronom convenable.**

MODÈLE: **Avez-vous promis à Michel d'écrire une lettre ?**
        —Oui, je lui ai promis d'écrire une lettre.

1. Avez-vous promis à Michel d'apporter un cadeau?
2. Avez-vous défendu à vos élèves de quitter la salle de classe?
3. Avez-vous permis à votre cousine de prendre votre voiture?
4. Avez-vous dit à votre père de se reposer un peu?
5. Avez-vous ordonné à vos étudiants de faire leurs devoirs?
6. Avez-vous demandé au garçon d'apporter de l'eau?

G. *Complétez les phrases suivantes par la forme convenable du verbe entre parenthèses.*

MODÈLE: **(écrire)   Si elle avait eu le temps, elle _____ à tout le monde.**
        Si elle avait eu le temps, elle aurait écrit à tout le monde.

1. (écrire)   Si elle avait le temps, elle _____ à tout le monde.
2. (faire)   Quand tu lui _____ une visite, tu comprendras.
3. (parler)   Aussitôt que Michel _____ à son père, il a quitté la maison.
4. (savoir)   Je ne serais pas venue si j'_____ qu'il serait là.
5. (vouloir)   Elles le _____ si elles savaient où le trouver.
6. (écrire)   Si vous trouvez son adresse, _____-lui une lettre.

H. *Exprimez en français.*

1. Is it certain that we are going?
2. Don't you know what she did?
3. It is evident that he won't ever finish.
4. Do you want to go?
5. She is the best actress I've ever seen!
6. They want us to come tomorrow.

Un Français est tout le monde

chapitre 30

Qu'est-ce qu'un Français?

(1) Suivant le mot *Français* dans le dictionnaire on trouve tout simplement les renseignements «adj. et n., de France». Toute une civilisation dans ces mots! Il est vrai, un Français est «de France», mais un Français est bien davantage.

(2) C'est un Parisien débrouillard, mondain, (3) parlant vite, toujours affairé, (4) sophistiqué, courant du métro au bureau.

(5) C'est un pêcheur breton (6) dont la vie est une lutte constante contre la mer et les rochers, (7) qui conserve toujours ses calvaires, sa vieille langue celtique et son indépendance.

(8) C'est le fermier normand, (9) entouré de ses vergers, (10) fier de ses belles vaches, connaisseur en bon fromage et en bonne cuisine.

(11) C'est le vigneron bordelais dont les vins ont fait la renommée (12) du vieux port de Bordeaux.

(13) C'est le berger basque, ni français ni espagnol, mais esprit libre, (14) qui mène ses troupeaux dans les sentiers invisibles des Pyrénées.

(15) C'est le montagnard du Jura, de l'Auvergne, (16) des Alpes, dur et fort comme les pics qui l'entourent.

(17) C'est le rire infectueux et les yeux noirs des jeunes Méridionaux couchés paresseusement sur les belles plages de la Méditerranée.

(18) C'est l'ouvrier du nord (19) qui fait marcher les grands fourneaux industriels.

(20) C'est le laboureur dans les champs, (21) le savant au laboratoire, (22) l'étudiant à l'université, (23) l'artiste à son chevalet, (24) l'enfant qui joue, (25) le bébé qui pleure.

(26) Un Français est (27) tout le monde, (28) un mélange de (29) tous les hommes, (30) de toutes les qualités humaines; (31) un mélange (32) tantôt mauvais (33) tantôt bon, (34) mais toujours civilisé.

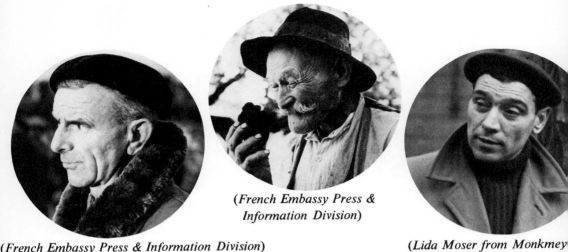

Un Français est un mélange de toutes les qualités humaines . . .

Considérons maintenant les Français du point de vue spirituel, ou, si vous voulez, psychologique. Pierre Daninos est un des écrivains français les plus appréciés aujourd'hui. Dans les extraits suivants il examine ses compatriotes d'une manière typiquement française.

Vraiment . . . Comment définir ces gens qui passent leur dimanche à se proclamer républicains et leur semaine à adorer la Reine d'Angleterre . . . qui font du bon sens un de leurs principaux articles d'exportation, mais en conservent si peu chez eux qu'ils renversent leurs gouvernements à peine debout, qui placent la France dans leur cœur, mais leurs fortunes à l'étranger, qui détestent que l'on critique leurs travers, mais ne cessent de les dénigrer eux-mêmes, qui se disent amoureux des lignes, mais nourrissent une affectueuse inclination pour la Tour Eiffel, qui admirent chez les Anglais l'ignorance du «système D», mais se croiraient ridicules s'ils déclaraient au fisc le montant exact de leurs revenus, qui se gaussent des histoires écossaises, mais essaient volontiers d'obtenir un prix inférieur au chiffre marqué, qui détestent franchir une frontière sans passer en fraude un petit quelque chose, mais repugnent à *n'être pas en règle*, qui tiennent avant tout à s'affirmer comme des gens «auxquels on ne le fait pas», mais s'empressent d'élire un député pourvu qu'il leur promette la lune, qui disent: «En avril, ne te découvre pas d'un fil», mais arrêtent tout chauffage le 31 mars, qui ont un respect marqué pour les tribunaux, mais ne s'adressent aux avocats que pour mieux savoir comment tourner la loi, enfin, qui sont sous le charme lorsqu'un de leurs grands hommes leur parle de leur *grandeur*, de leur *grande* mission civilisatrice, de leur *grand* pays, de leurs *grandes* traditions, mais dont le rêve est de se retirer, après une bonne *petite* vie, dans un *petit* coin tranquille, avec une *petite* femme qui, se contentant de *petites* robes pas chères, leur mitonnera de bons *petits* plats et saura à l'occasion recevoir gentiment les amis pour faire une *petite* belote?

Un statisticien dont les calculs m'inspirent la plus grande confiance, car il n'appartient à aucun institut de statistique, a calculé qu'un Français de moyenne importance, . . . passe (environ) trente minutes par jour, soit plus d'une année d'une vie de soixante ans, à serrer des mains à neuf heures, à midi, à deux heures, à six heures. Cela, bien entendu, sans parler des mains des gens qu'il ne connaît pas, des visiteurs, des parents, des amis, ce qui sans doute porterait le total annuel à trois semaines de poignées de main et, pour la vie, à trois années. Si l'on considère que ce travailleur du poignet passe (environ) trois heures par jour à table et huit au lit, on arrive à conclure que le Français ne vit . . . que trente ans sur soixante, ce qui est insuffisant.

. . . La poignée de main . . . possède chez les Français de nombreuses nuances: elle peut être chaleureuse, amicale, condescendante, froide, sèche. Il y en a qui estiment n'avoir serré une main qu'après avoir broyé les phalanges. D'autres conservent votre main comme s'ils ne voulaient plus vous la rendre. Il y en a qui ne donnent que trois doigts, deux doigts, ou le bout d'un seul. N'importe: ils donnent quelque chose, on doit le prendre. Je vois souvent des Français faire des prodiges d'équilibre et d'acrobatie en plein milieu d'un boulevard sillonné de voitures pour faire passer dans la main gauche ce qu'ils ont dans la main droite et, au risque de se faire cent fois écraser, donner leur dextre à une personne qui les laissera en général indifférents, mais parfois morts.

> Extrait de Pierre Daninos: *Les Carnets du Major Thompson*.
> Librairie Hachette, Editeurs.

Et voilà un peu les Français! Un peuple extraordinaire, sensible, plein d'honneur et plein d'humeur; un peuple dont le pays reflète le caractère, un pays où l'on peut tout trouver, où l'on n'a que l'embarras du choix; un pays dont l'on a dit: «Chaque homme a deux patries, la sienne et la France!»

EXERCICES DE RÉVISION

A. *Verbes au présent.*

1. (balayer)   _____-elle l'escalier tous les matins?
2. (nettoyer)   Tu _____ toujours l'appartement le samedi.
3. (essayer)   Ils _____ tout ce qu'il y a de nouveau.
4. (tutoyer)   Mais je ne _____ jamais mon professeur!
5. (payer)   Si, il le _____!
6. (employer)   Cela ne s'_____ pas.
7. (essuyer)   Je les _____ avec ce torchon.
8. (falloir)   Il _____ toujours obéir à sa femme.
9. (devoir)   Les enfants _____ partir tout de suite.
10. (valoir)   Est-ce que cela _____ la peine?

B. *Verbes au futur. Répondez en disant que vous le ferez demain matin.**

MODÈLE: **Écrivez vos devoirs.**
Je les écrirai demain matin.

1. Faites votre travail.
2. Lisez votre leçon.
3. Essuyez ces choses.
4. Payez les frais.
5. Essayez de le faire.
6. Nettoyez l'intérieur de la voiture.

7. Dites ce que vous voulez faire.
8. Voyez la maison de vos parents.

C. Voilà, il y a, depuis. *Répondez aux questions suivantes selon l'indication.**

MODÈLES: **Depuis quand étudiez-vous le français? (un semestre)**
J'étudie le français depuis un semestre.
Voici un semestre que j'étudie la français.
Il y a un semestre que j'étudie le français.

1. Depuis quand habitez-vous cet appartement? (un an)
2. Depuis quand travaillez-vous dans ce bureau? (six mois)
3. Depuis quand travailliez-vous dans ce bureau avant de le quitter? (six mois)
4. Depuis quand cherchiez-vous un appartement avant de trouver celui-ci? (six semaines)
5. Quand vous a-t-il écrit cette lettre? (quinze jours)
6. Quand l'avez-vous rencontré? (dix ans)

D. *Participes présents. Répondez aux questions suivantes selon l'indication entre parenthèses.**

MODÈLE: **Comment avez-vous appris cette nouvelle? (lire le journal)**
En lisant le journal, j'ai appris cette nouvelle.

1. Comment avez-vous trouvé le musée? (parcourir la ville)
2. Comment avez-vous pu finir? (travailler nuit et jour)
3. Comment avez-vous fait sa connaissance? (passer mes vacances à la plage)
4. Comment avez-vous appris son nom? (demander à Gervaise)
5. Comment avez-vous su la réponse? (écouter bien ses paroles)

E. Temps primitifs. *Ecrivez l'infinitif, le participe présent, le participe passé, le présent et le passé simple des verbes suivants.*

MODÈLE: **nous visiterons**
visiter, visitant, visité, je visite, je visitai

1. nous entendrions
2. elle allait
3. tu voudras
4. il mettait
5. j'essaierai
6. vous courrez

Appendices

Dialog Translations

Chapter 1:   **On the way to Paris**

(*In the compartment of the train*)

Marc:	Excuse me! Is there a place free here?
First man:	Yes, sir.

(*Marc sits down.*)

Second man:	You're American?
Marc:	Yes. I am a student.
First man:	So are we (we too), my friend and I are students.

(*They shake hands.*)

Marc:	Hello!
First and second men:	Hello!
Marc:	You're English?
First man:	No, we are Canadian. We are studying in France.
Marc:	And the girl over there, she is a student too?
Second man:	Yes, she is a student, too. She is traveling with her sisters. They are Spanish.
Marc:	Why, everyone here is a student!
First man:	Yes! It's the return to class. From every corner of the world students are returning to Paris.

Chapter 2:　　　**Arrival in Paris**

(*The conductor passes down the corridor.*)

Conductor:	Arrival in twenty minutes!
Marc:	There it is! I see it in the distance! There's the Eiffel Tower!
First Canadian:	Well, we must look for our things. They are all over.
Second Canadian:	Let's see—I have my big black suitcase.
First Canadian:	And I have my saddlebags.
Marc:	And I have a trunk in the baggage car and my big blue suitcase here in the compartment.
First Canadian:	I have my camera . . .
Marc:	And I have my ticket in my hand. I'm ready!
Second Canadian:	Well, good-by! Hope to see you again.
Marc:	Good-by!

(*They shake hands.*)

Spanish girl:	Excuse me, sir! You are forgetting something!
Marc:	But that's impossible. I have no more room.
Spanish girl:	But yes, sir. Look carefully. It's your passport.
Marc:	Oh, good heavens! Thank you very much, miss.

Chapter 3:　**Marc finds an apartment**

(*Marc talks with the caretaker.*)

Marc:	Good day, madam.
Caretaker:	Good day, sir.
Marc:	You have an apartment for rent, haven't you?
Caretaker:	Yes, sir. Would you like to see it?
Marc:	Yes, please.
Caretaker:	Follow me. It's on the second floor.

(*They go up to the apartment.*)

Marc:	How many rooms are there?
Caretaker:	There are five rooms, a kitchen, a bathroom, and a balcony.
Marc:	Is there central heating?
Caretaker:	Why, of course!
Marc:	And running water?
Caretaker:	Why, naturally!
Marc:	And what is the rent?
Caretaker:	The rent is 2,800 francs per month, sir.
Marc:	(*after a short silence*) Uh . . . it's a little expensive, madam. I am looking for something a little more modest. You have no other apartments free?

Caretaker: Oh, yes, sir. I have a studio on the seventh floor, for 380 francs. Do you want to follow me?

Marc: I am following you, madam. Thank you very much!

Chapter 4: At the café

(The terrace of the café is crowded. Only one place remains, at the little table where Marc is drinking coffee.)

Georges: Excuse me! Do you mind?

Marc: Please, sit down!

Georges: My name is Georges Martin. I am a student here at the university.

Marc: My name is Marc Gibson. I am a student too.

(They shake hands.)

Georges: Do you live near here?

Marc: Yes. I have a small apartment near the Sorbonne.

Georges: Well! We are almost neighbors. I have a room on the Boulevard Saint-Michel.

Marc: Is this your first year at the university?

Georges: No, the third.

Marc: What luck! I just happen to be looking for someone to give me some information. Would it bother you if I asked you a few questions?

Georges: On the contrary! But . . . let's go to my place, will you? It's right near here.

Marc: With pleasure! (Willingly!)

Chapter 5: Pronoun nonsense

—Where are you going?

—I'm going downtown.

—Why are you going there?

—I want to buy some.

—But you have some.

—No, I don't have any.

—Yes! You have three of them.

—No! I don't have any more of them.

—What do you do with them?

—We eat them.

—Why do you eat them?

—Because we like to eat them.

—Are you going there now?

—Where?
—Well, downtown!
—Yes, I'm going there.
—Can I go there?
—If you want.
—I want (to).
—Well, then, let's go!

Chapter 6: Advice from a friend

(*Georges is reading the paper while Marc is getting ready to go out.*)

Georges: Marc! What is your date of birth? (When is your birthday?)
Marc: (*from a distance*) The thirteenth of November. (*Coming back into the room*) Say, Georges. What time is it?
Georges: It's ten after six. What time is your date?
Marc: At seven-thirty.
Georges: With whom?
Marc: With the daughter of the pharmacist downstairs.
Georges: What are you going to do?
Marc: We are going to a concert and afterwards to a café! My, you're curious! And why do you want to know my birthday?
Georges: I am reading your horoscope in the paper. Be very cautious this evening; pay close attention while crossing the street; don't take the subway; and come home early!
Marc: Wonderful! I have very little money! That program suits me fine!

Chapter 7: Encounter with the caretaker

(*Marc comes downstairs, knocks at the door of the caretaker's apartment. The caretaker opens the door.*)

Caretaker: Good morning, sir.
Marc: Good morning, madam. Do you have a telephone?
Caretaker: Yes, sir. Here it is.
Marc: I have to call my friend . . . May I?
Caretaker: Why, certainly. Do you prefer that I telephone for you?
Marc: Thank you, I prefer that you stay here to help me!
Caretaker: All right. Do you know the number?
Marc: Oh, no!
Caretaker: Here is the telephone book. You can look it up.

(*Marc looks up the number.*)

Marc:	I have it!
Caretaker:	Well then, first you must take the receiver off the hook.
Marc:	(*taking the receiver off the hook*) Yes.
Caretaker:	Do you hear the dial tone?
Marc:	Yes.
Caretaker:	All right, dial the number.
Marc:	(*dialing the number*) 342.63.99.
Caretaker:	You have to speak very loudly, that line is bad.
Marc:	Hello? Hello? I would like to speak to Mr. Georges Martin, please. (*To the caretaker*) There is noise on the line . . . I don't understand anything!
Caretaker:	Well then, hang up. We have to begin again!
Marc:	Thank you, madam, but I think I'd better go see him. He lives near here and it's less complicated!
Caretaker:	As you like, sir.

Chapter 8: At the police headquarters

(*Scene: police headquarters. Marc wants to get an identity card.*)

Clerk:	Sit down, sir. Fill out this form.
Marc:	Excuse me, sir, but I don't understand it. Please explain it to me.
Clerk:	Well, write your name . . . and now write your address in Paris.
Marc:	On this line here?
Clerk:	No! No! Don't put it there! Write it here!
Marc:	There!
Clerk:	Put down your passport number.
Marc:	But I don't know it, sir.
Clerk:	Well, look at your passport!
Marc:	But I don't have it with me, sir!
Clerk:	To obtain an identity card you must present it. Go home and get it.
Marc:	But it's late!
Clerk:	You can come back tomorrow to finish.
Marc:	(*with a deep sigh*) Yes, sir.

Chapter 9: Lost identity card

Marc:	Say, Georges! Have you seen my identity card?
Georges:	What! Have you lost it already!
Marc:	I had it in my pocket this morning when I went out to go to my class.
Georges:	And after that?
Marc:	After class, I spent a few moments in front of the bookstalls where I bought a secondhand book for my father.

Georges: Then where did you go?

Marc: Let's see . . . Next I went to a café. I drank a cup of black coffee and I ate two croissants.

Georges: And you telephoned me . . .

Marc: That's right. I came back to the house about ten o'clock. I came in, I put away my books, and then you arrived.

Georges: Have you looked carefully in your wallet?

Marc: Yes, yes, everywhere!

Georges: But Marc . . . what is that piece of paper under the table?

Marc: Oh! What luck! A thousand thanks, my friend! You have found my identity card!

Chapter 10:   Meeting at the café

(Marc and George are walking to the Louvre. Suddenly Marc hears his name.)

Marc: Wait, Georges! Somebody's calling me from that café terrace.

Georges: Oh, I doubt very much if there is anyone here who knows you.

Marc: But look at that pretty girl waving to me!

Georges: Well, let's go over!

Marc: Hello, miss.

Karen: Hello, Marc. What a coincidence! Do you recognize me?

Marc: Ah, yes! You're Karen Bergstrom, and you came to study music . . .

Karen: That's right. And here is my friend Solange Fournier.

Marc: Delighted. And this is my friend Georges Martin.

Georges: Ladies!

Marc: We're going to the Louvre. Do you want to come with us?

Karen: Thank you, Marc, but I have some errands to do . . .

Solange: And I have a date at eleven o'clock at the university residence.

Georges: You live up there?

Solange: Yes, it's not bad at all.

Marc: Well, be seeing you. Soon, I hope.

Karen and Solange: Good-by.

Chapter 11:   Karen informs herself

Karen: Have you any sisters, Georges?

Georges: Well, yes! When I was little, we were eleven at home.

Karen:	Eleven! Good heavens! What an enormous family!
Georges:	Yes . . . There were first of all my grandfather and my grandmother . . .
Karen:	At your house?
Georges:	Yes, they lived with us when I was little.
Karen:	And then?
Georges:	And then there were my parents; I didn't know my father well, he travelled a lot . . .
Karen:	That doesn't surprise me!
Georges:	. . . and there was myself, my five sisters, and finally my little brother, Jean-Claude.
Karen:	Well, I understand why you know so well how to be nice to girls.
Georges:	That's nice of you! American girls can be as charming as French girls!

Chapter 12: Reflections on a good dinner

(Georges puts down his empty cup and places his napkin on the table. Marc tips his chair backwards slightly.)

Marc:	What a good dinner!
Georges:	Yes, it's true. I really spoiled myself tonight!
Marc:	The snails were superb!
Georges:	It's the first time that you've eaten them?
Marc:	Yes, but not the last.
Georges:	I chose well. The roast duck with peas was exquisite.
Marc:	But I think the waiter made a mistake.
Georges:	What! Your steak was too well done?
Marc:	No, but he brought me French fries without asking me.
Georges:	That's natural. Here we always eat them with steak.
Marc:	Dessert is always difficult. I finally decided on the rum cake.
Georges:	I'm for a good Camembert and black coffee.
Marc:	Ah, yes, always coffee.
Georges:	Too bad you don't like the wine. You needed a good red Bordeaux.
Marc:	Patience, my friend! Maybe you'll learn to like milk.
Georges:	Good grief, what an idea! But each to his own taste. Waiter, the check, please!

Chapter 13: The girl that you saw

Georges:	Marc, what's the name of the girl we saw yesterday?
Marc:	The blonde we met at the café?
Georges:	No. The little brunette that we saw on the boulevard.
Marc:	Ah! You mean Peggy . . . Peggy Williams.

Georges:	Did you know her in the United States?
Marc:	No. I met her here, in class.
Georges:	Do you know her well?
Marc:	Oh . . . rather.
Georges:	Is it she who called you last night?
Marc:	No! But good heavens, Georges! Why are you asking me so many questions?
Georges:	Oh, nothing, nothing . . . I only wanted to know . . . that is . . . I thought . . . oh well . . .
Marc:	Finally I understand! Call her! She's very nice; you'll have a very good time together!

Chapter 14:　The laundry makes a mistake

(*Solange went to the laundry to call for Karen's clothes. Then she brought them to her.*)

Karen:	Whose blouse is this? I don't have a crêpe blouse!
Solange:	It's very pretty, don't complain!
Karen:	And these handkerchiefs? I gave them five and here are fifteen!
Solange:	It's a miracle! These things don't happen to everybody!
Karen:	Look at this dress! Orange polka dots!
Solange:	It's rather cheery, don't you think?
Karen:	And these socks! This pair is enormous and these others are children's socks. Besides, I didn't have any!
Solange:	This time the laundry really made a mistake!
Karen:	Too bad—this blue shirt is pretty, but it's too small.

Chapter 15:　Error at the night club

(*Marc and George are looking for their things at the cloakroom.*)

Marc:	Oh dear, miss! I seem to have lost the coat check!
Georges:	What luck! I see them from here! Miss, that overcoat there on the left is his, and this one here is mine.
Marc:	It's possible, but I think you're mistaken. This one isn't mine, it's yours . . .
Georges:	But look at this button—mine doesn't have any more. It's yours.
Check Girl:	If they aren't yours, gentlemen, you must give them back!
A gentleman:	Don't discuss it any more, gentlemen—these are mine, thank you!
Marc:	Georges, I just remembered: ours are at home. We didn't wear them today!
Georges:	Ah!

Chapter 16: Projects for the future

Solange: What will you do when you finish your studies?
Marc: I don't know yet. Certainly, I'll travel.
Solange: You won't do like all young American men?
Marc: What?
Solange: You aren't going to settle down right away in a small Midwestern town with your father?
Marc: Good heavens, no! Certainly, I'll go to visit him, but I won't stay there. Besides, all young American men don't do that. And why do you ask me that?
Solange: Oh, for nothing!
Marc: What will you do?
Solange: Oh, it depends. Perhaps I'll become a typist—that way I'll be freer.
Marc: What! You aren't going to teach?
Solange: Oh yes, yes, yes . . . but not right away.
Marc: I don't understand.
Solange: No! Men never understand.

Chapter 17: The incomparable

Marc: What are you thinking of?
Georges: Ask me rather "whom."
Marc: Very well, whom?
Georges: Well, I'm thinking of . . .
Marc: Yourself!
Georges: . . . the wisest person . . .
Marc: Socrates!
Georges: . . . the most courageous person . . .
Marc: Napoleon!
Georges: . . . the noblest person . . .
Marc: Charlemagne!
Georges: . . . the best diplomat . . .
Marc: Franklin!
Georges: . . . the best financier . . .
Marc: J. P. Morgan!
Georges: . . . the best general . . .
Marc: Well, that could be only De Gaulle!
Georges: But you are wrong in everything, dear friend, I'm thinking of my mother!

TROIS CENT VINGT-NEUF

Chapter 18:   Do you know how to ski?

Karen: Say, Solange . . . do you know how to ski?
Solange: No, but I know how to play the piano . . .
Karen: Be serious!
Solange: Well then, no. But I know a boy who knows how to ski very well.
Karen: Does he give lessons?
Solange: I don't think so, but you can always ask him.
Karen: What's his name? Do you know his telephone number?
Solange: But you know it yourself. You know this boy very well.
Karen: Not possible! Marc only knows how to play cards.
Solange: Why, don't you know that Georges comes from Chamonix, the country of skiing?
Karen: Georges? What luck! Solange, you're an angel!
Solange: We'll see . . .

Chapter 19:   Little family discussion

Wife: Say, honey! You couldn't loan me a few pennies until Sunday?
Husband: But, my love! I just gave you some this morning!
Wife: Yes, yes, I know . . . but there was this adorable little hat . . . I wasn't able to resist it . . .
Husband: Where? At the butcher's? You're going to ruin me.
Wife: Dear . . . don't be mean!
Husband: And if I gave you more money, what would you do with it?
Wife: If I had five hundred francs, I would go straight to the market. I would buy everything necessary for a good dinner: I would find the best wine, I would take the prettiest vegetables, I would choose the most succulent cutlets, I . . .
Husband: Halt! Stop! Spare me! You know very well what you would do. You would run directly to the milliner's, and you would buy yourself three more hats!
Wife: Oh, really! What's the use . . . when one's dealing with a miser . . .

Chapter 20:   Short visit

First lady: Dear friend! What a lovely surprise! Do come in!
Second lady: Please excuse me for arriving unexpectedly! I'll only stay a minute.
First lady: But sit down. It's a pleasure to see you.
Second lady: If I had had the time, I would have called you, but I was too rushed.
First lady: Can I offer you something?

TROIS CENT TRENTE

Second lady:	If you have some tea, I'll take some gladly—but I'm only staying a minute!
First lady:	I would have made a cake if I had known you were coming . . .
Second lady:	These cookies are perfect; if I ate cake, I would gain weight.
First lady:	And your family, is everybody well?
Second lady:	Fine, thank you. But I must hurry along—if I chat too much I'll be late.
First lady:	Already? But, dear friend, what a short visit! You'll come back!
Second lady:	Of course, when I have the time. Good-by, and thank you for the tea!
First lady:	Well, good-by!

Chapter 21:   Picnic in the country

Solange:	Marc! Marc! Wait for me! You're walking too fast!
Marc:	(*from a distance*) What? What are you saying? Speak more loudly!
Solange:	Walk more slowly . . . I'm dying of fatigue!
Marc:	(*waiting*) Pardon me! I didn't hear. You speak too softly.
Solange:	I would really like to stop here. There's shade, and I am very hungry.
Marc:	I agree perfectly . . . let's eat lunch!
Solange:	Here's the tablecloth. I always use one, even on the ground. I have a horror of ants.

(*Short wait*)

Solange:	Well, Marc. You can open it.
Marc:	What?
Solange:	Well, the basket, of course!
Marc:	But *I* don't have any basket.
Solange:	Well, neither do I. I'm only carrying the wine.
Marc:	Then that means that the basket is . . .
Solange:	. . . still at the house! Frankly, Marc, I don't see how . . .
Marc:	Let's go, my girl! Save your strength! We have only three kilometers back.

Chapter 22:   Bad news

(*Marc and Georges meet downtown. They talk a little.*)

Marc:	How cold it is! Don't you think so?
Georges:	What! Cold? Why, no. I find the weather marvelous.
Marc:	*I'm* cold.
Georges:	You don't look well. Did you sleep well last night?
Marc:	No. I had a headache. I got up twice to take aspirin.

Georges: And now how do you feel?
Marc: Now my back aches and my eyes hurt.
Georges: Have you eaten something?
Marc: No, I'm not hungry. I think I'm simply tired.
Georges: I don't think so, Marc. I don't think so. If I'm not mistaken, you'll receive a big surprise tomorrow morning.
Marc: What? A letter from my father with a money order?
Georges: No, my poor friend . . . measles!

Chapter 23:   Little list

Mother: (*leaving the house*) Have a good time, children! When you have finished with the few chores on this list, you may do what you wish.
First girl: When will you be back, Mamma?
Mother: At three o'clock. You have all afternoon!

(*She goes out.*)

Second girl: Let's work quickly. Ten minutes and we're free!

(*They read the list.*)

First girl: Do the dishes.
Second girl: Clean the living room.
First girl: Polish the shoes.
Second girl: Iron the linens.
First girl: Dust the furniture.
Second girl: Vacuum.
First girl: Peel the vegetables.
Second girl: Set the table.
First girl: Get the bread.
Second girl: Take your brother to the dentist.

(*They look at each other.*)

First girl: You did say "Ten minutes," didn't you?
Second girl: (*sadly*) Yes. Ten minutes . . . and three hours!

Chapter 24:   Even—Odd

Georges: (*looking closely at his friend*) What's the matter, Marc? You look disturbed.
Marc: Well, Georges, I have the proof that the policemen don't like Americans.
Georges: Poor friend, you have gone mad! Sit down very quietly . . .

TROIS CENT VINGT-DEUX

Marc: No, no! I assure you! Listen, yesterday I parked in front of my apartment house. Just at that moment a policeman appeared and said to me: "You are mistaken, sir. You should be on the other side."

Georges: Well now, *that* isn't so bad!

Marc: But wait! I gladly changed sides. Today I parked in the same spot, and if he didn't slap me with a ticket, saying: "You are mistaken, sir, you should be on the other side!"

Georges: But, didn't you see the signs saying "Even days" and "odd days"?

Marc: Yes, I think so, but . . .

Georges: That means that on even days you should park on the side marked "Even days." On odd days you park on the side marked "Odd days."

Marc: What an extraordinary idea! Why change all the time?

Georges: So that the people on one side don't always have all the cars in front of their houses . . . only every other day.

Marc: That's a very French idea! Say, Georges . . .

Georges: Yes?

Marc: What's an "even day"?

Georges: It's a day with an even-numbered date.

Marc: Ah, yes! Georges . . .

Georges: Yes?

Marc: How do you know the date?

Georges: Ask Santa Claus for a calendar!

Chapter 25: Monologue for two

(Georges and Marc are spending a peaceful evening together. Georges is writing a letter; Marc is reading the newspaper. From time to time Marc makes comments on the news. George is barely listening.)

Marc: My, my! The Japanese ambassador was received by the president yesterday.

Georges: (*without raising his head*) Yes? My mother received the Spanish consul last year. He is very nice.

(Short silence)

Marc: Good heavens! A painting from the Middle Ages was stolen from the Louvre . . .

Georges: (*still writing without listening carefully*) Very possible. I lost my umbrella there . . .

Marc: . . . but it was recovered by the police in less than three hours!

Georges: Very possible.

(Short silence)

Marc: What! Another group that wants to have the Eiffel Tower torn down!

Georges: (*writing furiously*) Good idea. The view from the top is delightful . . .

(*Short silence*)

Marc: Just listen! Our apartment building will soon be for sale! Bad luck! They'll certainly raise the rent.

Georges: (*still preoccupied*) Yes, certainly.

Marc: I see that Geraldine Crue and Hugues Pinçon will be united in marriage on the eighteenth of next month, at the church of St. Étienne.

Georges: (*having finally finished his efforts*) My! My cousin Geraldine is getting married next month, too. She is going to marry Hugues Pinçon, at the church of St. Étienne . . . Hand me the paper. I heard someone stole a painting from the Louvre. I wonder if the police have found it yet.

Expressions utiles

Salle de classe

Entrez!	*Come in.*
Asseyez-vous!	*Sit down.*
Ouvrez vos livres à la page . . .	*Open your books to page . . .*
au premier paragraphe	*to the first paragraph*
en haut de la page	*at the top of the page*
en bas de la page	*at the bottom of the page*
Répétez après moi!	*Repeat after me.*
Fermez vos livres!	*Close your books.*
Allez au tableau!	*Go to the blackboard.*
Voyons . . .	*Let's see . . .*
Je ne sais pas.	*I don't know.*
Je ne comprends pas.	*I don't understand.*
Comment dit-on en français . . .?	*How do you say in French . . .?*
Que veut dire . . .?	*What does . . . mean?*

Conversation des étudiants

Salut!	*Hello!*
Ciao!	*Good-by!*
Ça va?	*How goes it?*
Tais-toi!	*Shut up! Be quiet!*
Tu galèges!	*You're kidding!*
Moi non plus.	*Me neither.*

Mince alors!	*Man!* (*May be approval or dislike*)
Sensationnel! (Sensass!)	*Great!*
Ça m'est égal.	*It's all the same to me.*
Imbécile! Idiot! Crétin!	*Stupid!*
Je m'en fiche.	*All of these mean roughly "I don't give a*
Je m'en contrefiche!	*damn." They indicate different degrees,*
Je m'en fous!	*however, with the last one the strongest.*
Merde!	*Damn!*

Poids et Mesures

Poids

100 grammes	3.52 oz.	Approx. 1/4 lb.
500 grammes	17.63 oz.	Approx. 1 lb.
1.000 grammes (1 kilo)	35.27 oz.	Approx. 2 lbs.

Mesures

1 cm (centimètre)	.3937 in.	Approx. 1/2 in.
1 m. (mètre)	39.37 in.	Approx. 1 yd. and 3 in.
1 km. (kilomètre)	.6213 mi.	Approx. 5/8 mi.
1 l. (litre)		Approx. 1 3/4 pts.

Températures

FAHRENHEIT	CENTIGRADE
212	100
194	90
176	80
140	60
104	40
98.6	37
68	20
32	0
14	−10
−4	−20

Conjugaison des verbes

INFINITIF, PARTICIPES					SUBJONCTIF	
	PRÉSENT	IMPARFAIT	FUTUR	CONDITIONNEL	PRÉSENT	IMPARFAIT
1. **aller**	vais	allais	irai	irais	aille	allasse
to go	vas	allais	iras	irais	ailles	allasses
	va	allait	ira	irait	aille	allât
	allons	allions	irons	irions	allions	allassions
allant	allez	alliez	irez	iriez	alliez	allassiez
allé	vont	allaient	iront	iraient	aillent	allassent
2. **asseoir**	assieds	asseyais	assiérai	assiérais	asseye	assisse
(s'asseoir)	assieds	asseyais	assiéras	assiérais	asseyes	assisses
to sit	assied	asseyait	assiéra	assiérait	asseye	assît
	asseyons	asseyions	assiérons	assiérions	asseyions	assissions
asseyant	asseyez	asseyiez	assiérez	assiériez	asseyiez	assissiez
assis	asseyent	asseyaient	assiéront	assiéraient	asseyent	assissent
asseoir	assois	assoyais	assoirai	assoirais	assoie	
(alternate)	assois	assoyais	assoiras	assoirais	assoies	
	assoit	assoyait	assoira	assoirait	assoie	
assoyant	assoyons	assoyions	assoirons	assoirions	assoyions	
	assoyez	assoyiez	assoirez	assoiriez	assoyiez	
	assoyent	assoyaient	assoiront	assoiraient	assoient	

LES TEMPS COMPOSÉS	LES TEMPS LITTÉRAIRES	
	PASSÉ SIMPLE	PASSÉ ANTÉRIEUR
Passé composé: je suis allé	allai	fus allé
Futur antérieur: je serai allé	allas	fus allé
Conditionnel passé: je serais allé	alla	fut allé
Plus-que-parfait: j'étais allé	allâmes	fûmes allés
Passé surcomposé: j'ai été allé	allâtes	fûtes allés
Subjonctif passé: je sois allé	allèrent	furent allés
Subjonctif plus-que-parfait: je fusse allé		
Passé composé: je me suis assis	assis	fus assis
Futur antérieur: je me serai assis	assis	fus assis
Conditionnel passé: je me serais assis	assit	fut assis
Plus-que-parfait: je m'étais assis	assîmes	fûmes assis
Passé surcomposé: ——————	assîtes	fûtes assis
Subjonctif passé: je me sois assis	assirent	furent assis
Subjonctif plus-que-parfait: je me fusse assis		

INFINITIF, PARTICIPES	LES TEMPS SIMPLES					
					SUBJONCTIF	
	PRÉSENT	IMPARFAIT	FUTUR	CONDITIONNEL	PRÉSENT	IMPARFAIT
3. avoir	ai	avais	aurai	aurais	aie	eusse
to have	as	avais	auras	aurais	aies	eusses
	a	avait	aura	aurait	ait	eût
	avons	avions	aurons	aurions	ayons	eussions
ayant	avez	aviez	aurez	auriez	ayez	eussiez
eu	ont	avaient	auront	auraient	aient	eussent
4. battre	bats	battais	battrai	battrais	batte	battisse
to beat	bats	battais	battras	battrais	battes	battisses
	bat	battait	battra	battrait	batte	battît
battant	battons	battions	battrons	battrions	battions	battissions
battu	battez	battiez	battrez	battriez	battiez	battissiez
	battent	battaient	battront	battraient	battent	battissent
5. boire	bois	buvais	boirai	boirais	boive	busse
to drink	bois	buvais	boiras	boirais	boives	busses
	boit	buvait	boira	boirait	boive	bût
buvant	buvons	buvions	boirons	boirions	buvions	bussions
bu	buvez	buviez	boirez	boiriez	buviez	bussiez
	boivent	buvaient	boiront	boiraient	boivent	bussent
6. conduire	conduis	conduisais	conduirai	conduirais	conduise	conduisisse
to drive	conduis	conduisais	conduiras	conduirais	conduises	conduisisses
	conduit	conduisait	conduira	conduirait	conduise	conduisît
conduisant	conduisons	conduisions	conduirons	conduirions	conduisions	conduisissions
conduit	conduisez	conduisiez	conduirez	conduiriez	conduisiez	conduisissiez
	conduisent	conduisaient	conduiront	conduiraient	conduisent	conduisissent
7. connaître	connais	connaissais	connaîtrai	connaîtrais	connaisse	connusse
to know	connais	connaissais	connaîtras	connaîtrais	connaisses	connusses
	connaît	connaissait	connaîtra	connaîtrait	connaisse	connût
connaissant	connaissons	connaissions	connaîtrons	connaîtrions	connaissions	connussions
connu	connaissez	connaissiez	connaîtrez	connaîtriez	connaissiez	connussiez
	connaissent	connaissaient	connaîtront	connaîtraient	connaissent	connussent

LES TEMPS COMPOSÉS	LES TEMPS LITTÉRAIRES	
	PASSÉ SIMPLE	PASSÉ ANTÉRIEUR
Passé composé: j'ai eu	eus	eus eu
Futur antérieur: j'aurai eu	eus	eus eu
Conditionnel passé: j'aurais eu	eut	eut eu
Plus-que-parfait: j'avais eu	eûmes	eûmes eu
Passé surcomposé: j'ai eu eu	eûtes	eûtes eu
Subjonctif passé: j'aie eu	eurent	eurent eu
Subjonctif plus-que-parfait: j'eusse eu		
Passé composé: j'ai battu	battis	eus battu
Futur antérieur: j'aurai battu	battis	eus battu
Conditionnel passé: j'aurais battu	battit	eut battu
Plus-que-parfait: j'avais battu	battîmes	eûmes battu
Passé surcomposé: j'ai eu battu	battîtes	eûtes battu
Subjonctif passé: j'aie battu	battirent	eurent battu
Subjonctif plus-que-parfait: j'eusse battu		
Passé composé: j'ai bu	bus	eus bu
Futur antérieur: j'aurai bu	bus	eus bu
Conditionnel passé: j'aurais bu	but	eut bu
Plus-que-parfait: j'avais bu	bûmes	eûmes bu
Passé surcomposé: j'ai eu bu	bûtes	eûtes bu
Subjonctif passé. j'aie bu	burent	eurent bu
Subjonctif plus-que-parfait: j'eusse bu		
Passé composé: j'ai conduit	conduisis	eus conduit
Futur antérieur: j'aurai conduit	conduisis	eus conduit
Conditionnel passé: j'aurais conduit	conduisit	eut conduit
Plus-que-parfait: j'avais conduit	conduisîmes	eûmes conduit
Passé surcomposé: j'ai eu conduit	conduisîtes	eûtes conduit
Subjonctif passé: j'aie conduit	conduisirent	eurent conduit
Subjonctif plus-que-parfait: j'eusse conduit		
Passé composé: j'ai connu	connus	eus connu
Futur antérieur: j'aurai connu	connus	eus connu
Conditionnel passé: j'aurais connu	connut	eut connu
Plus-que-parfait: j'avais connu	connûmes	eûmes connu
Passé surcomposé: j'ai eu connu	connûtes	eûtes connu
Subjonctif passé: j'aie connu	connurent	eurent connu
Subjonctif plus-que-parfait: j'eusse connu		

INFINITIF, PARTICIPES			LES TEMPS SIMPLES			
					SUBJONCTIF	
	PRÉSENT	IMPARFAIT	FUTUR	CONDITIONNEL	PRÉSENT	IMPARFAIT
8. **courir**	cours	courais	courrai	courrais	coure	courusse
to run	cours	courais	courras	courrais	coures	courusses
	court	courait	courra	courrait	coure	courût
courant	courons	courions	courrons	courrions	courions	courussions
couru	courez	couriez	courrez	courriez	couriez	courussiez
	courent	couraient	courront	courraient	courent	courussent
9. **craindre**	crains	craignais	craindrai	craindrais	craigne	craignisse
to fear	crains	craignais	craindras	craindrais	craignes	craignisses
	craint	craignait	craindra	craindrait	craigne	craignît
craignant	craignons	craignions	craindrons	craindrions	craignions	craignissions
craint	craignez	craigniez	craindrez	craindriez	craigniez	craignissiez
	craignent	craignaient	craindront	craindraient	craignent	craignissent
10. **croire**	crois	croyais	croirai	croirais	croie	crusse
to believe	crois	croyais	croiras	croirais	croies	crusses
	croit	croyait	croira	croirait	croie	crût
croyant	croyons	croyions	croirons	croirions	croyions	crussions
cru	croyez	croyiez	croirez	croiriez	croyiez	crussiez
	croient	croyaient	croiront	croiraient	croient	crussent
11. **devoir**	dois	devais	devrai	devrais	doive	dusse
to owe,	dois	devais	devras	devrais	doives	dusses
have to	doit	devait	devra	devrait	doive	dût
devant	devons	devions	devrons	devrions	devions	dussions
dû, due	devez	deviez	devrez	devriez	deviez	dussiez
	doivent	devaient	devront	devraient	doivent	dussent
12. **dire**	dis	disais	dirai	dirais	dise	disse
to say, tell	dis	disais	diras	dirais	dises	disses
	dit	disait	dira	dirait	dise	dît
	disons	disions	dirons	dirions	disions	dissions
disant	dites	disiez	direz	diriez	disiez	dissiez
dit	disent	disaient	diront	diraient	disent	dissent

LES TEMPS COMPOSÉS	LES TEMPS LITTÉRAIRES	
	PASSÉ SIMPLE	PASSÉ ANTÉRIEUR
Passé composé: j'ai couru	courus	eus couru
Futur antérieur: j'aurai couru	courus	eus couru
Conditionnel passé: j'aurais couru	courut	eut couru
Plus-que-parfait: j'avais couru	courûmes	eûmes couru
Passé surcomposé: j'ai eu couru	courûtes	eûtes couru
Subjonctif passé: j'aie couru	coururent	eurent couru
Subjonctif plus-que-parfait: j'eusse couru		
Passé composé: j'ai craint	craignis	eus craint
Futur antérieur: j'aurai craint	craignis	eus craint
Conditionnel passé: j'aurais craint	craignit	eut craint
Plus-que-parfait: j'avais craint	craignîmes	eûmes craint
Passé surcomposé: j'ai eu craint	craignîtes	eûtes craint
Subjonctif passé: j'aie craint	craignirent	eurent craint
Subjonctif plus-que-parfait: j'eusse craint		
Passé composé: j'ai cru	crus	eus cru
Futur antérieur: j'aurai cru	crus	eus cru
Conditionnel passé: j'aurais cru	crut	eut cru
Plus-que-parfait: j'avais cru	crûmes	eûmes cru
Passé surcomposé: j'ai eu cru	crûtes	eûtes cru
Subjonctif passé: j'aie cru	crurent	eurent cru
Subjonctif plus-que-parfait: j'eusse cru		
Passé composé: j'ai dû	dus	eus dû
Futur antérieur: j'aurai dû	dus	eus dû
Conditionnel passé: j'aurais dû	dut	eut dû
Plus-que-parfait: j'avais dû	dûmes	eûmes dû
Passé surcomposé: j'ai eu dû	dûtes	eûtes dû
Subjonctif passé: j'aie dû	durent	eurent dû
Subjonctif plus-que-parfait: j'eusse dû		
Passé composé: j'ai dit	dis	eus dit
Futur antérieur: j'aurai dit	dis	eus dit
Conditionnel passé: j'aurais dit	dit	eut dit
Plus-que-parfait: j'avais dit	dîmes	eûmes dit
Passé surcomposé: j'ai eu dit	dîtes	eûtes dit
Subjonctif passé: j'aie dit	dirent	eurent dit
Subjonctif plus-que-parfait: j'eusse dit		

INFINITIF, PARTICIPES		LES TEMPS SIMPLES				
					SUBJONCTIF	
	PRÉSENT	IMPARFAIT	FUTUR	CONDITIONNEL	PRÉSENT	IMPARFAIT
13. écrire	écris	écrivais	écrirai	écrirais	écrive	écrivisse
to write	écris	écrivais	écriras	écrirais	écrives	écrivisses
	écrit	écrivait	écrira	écrirait	écrive	écrivît
écrivant	écrivons	écrivions	écrirons	écririons	écrivions	écrivissions
écrit	écrivez	écriviez	écrirez	écririez	écriviez	écrivissiez
	écrivent	écrivaient	écriront	écriraient	écrivent	écrivissent
14. envoyer	envoie	envoyais	enverrai	enverrais	envoie	envoyasse
to send	envoies	envoyais	enverras	enverrais	envoies	envoyasses
	envoie	envoyait	enverra	enverrait	envoie	envoyât
envoyant	envoyons	envoyions	enverrons	enverrions	envoyions	envoyassions
envoyé	envoyez	envoyiez	enverrez	enverriez	envoyiez	envoyassiez
	envoient	envoyaient	enverront	enverraient	envoient	envoyassent
15. essayer	essaie	essayais	essaierai	essaierais	essaie	essayasse
to try	essaies	essayais	essaieras	essaierais	essaies	essayasses
	essaie	essayait	essaiera	essaierait	essaie	essayât
essayant	essayons	essayions	essaierons	essaierions	essayions	essayassions
essayé	essayez	essayiez	essaierez	essaieriez	essayiez	essayassiez
	essaient	essayaient	essaieront	essaieraient	essaient	essayassent
essayer	essaye	essayais	essayerai	essayerais	essaye	essayasse
(alternate	essayes	essayais	essayeras	essayerais	essayes	essayasses
forms)	essaye	essayait	essayera	essayerait	essaye	essayât
	essayons	essayions	essayerons	essayerions	essayions	essayassions
	essayez	essayiez	essayerez	essayeriez	essayiez	essayassiez
	essayent	essayaient	essayeront	essayeraient	essayent	essayassent
16 être	suis	étais	serai	serais	sois	fusse
to be	es	étais	seras	serais	sois	fusses
	est	était	sera	serait	soit	fût
étant	sommes	étions	serons	serions	soyons	fussions
été	êtes	étiez	serez	seriez	soyez	fussiez
	sont	étaient	seront	seraient	soient	fussent

LES TEMPS COMPOSÉS	LES TEMPS LITTÉRAIRES	
	PASSÉ SIMPLE	PASSÉ ANTÉRIEUR
Passé composé: j'ai écrit	écrivis	eus écrit
Futur antérieur: j'aurai écrit	écrivis	eus écrit
Conditionnel passé: j'aurais écrit	écrivit	eut écrit
Plus-que-parfait: j'avais écrit	écrivîmes	eûmes écrit
Passé surcomposé: j'ai eu écrit	écrivîtes	eûtes écrit
Subjonctif passé: j'aie écrit	écrivirent	eurent écrit
Subjonctif plus-que-parfait: j'eusse écrit		
Passé composé: j'ai envoyé	envoyai	eus envoyé
Futur antérieur: j'aurai envoyé	envoyas	eus envoyé
Conditionnel passé: j'aurais envoyé	envoya	eut envoyé
Plus-que-parfait: j'avais envoyé	envoyâmes	eûmes envoyé
Passé surcomposé: j'ai eu envoyé	envoyâtes	eûtes envoyé
Subjonctif passé: j'aie envoyé	envoyèrent	eurent envoyé
Subjonctif plus-que-parfait: j'eusse envoyé		
Passé composé: j'ai essayé	essayai	eus essayé
Futur antérieur: j'aurai essayé	essayas	eus essayé
Conditionnel passé: j'aurais essayé	essaya	eut essayé
Plus-que-parfait: j'avais essayé	essayâmes	eûmes essayé
Passé surcomposé: j'ai eu essayé	essayâtes	eûtes essayé
Subjonctif passé: j'aie essayé	essayèrent	eurent essayé
Subjonctif plus-que-parfait: j'eusse essayé		
Passé composé: j'ai été	fus	eus été
Futur antérieur: j'aurai été	fus	eus été
Conditionnel passé: j'aurais été	fut	eut été
Plus-que-parfait: j'avais été	fûmes	eûmes été
Passé surcomposé: j'ai eu été	fûtes	eûtes été
Subjonctif passé: j'aie été	furent	eurent été
Subjonctif plus-que-parfait: j'eusse été		

TROIS CENT QUARANTE-CINQ

INFINITIF, PARTICIPES			LES TEMPS SIMPLES			
					SUBJONCTIF	
	PRÉSENT	IMPARFAIT	FUTUR	CONDITIONNEL	PRÉSENT	IMPARFAIT
17. **faire**	fais	faisais	ferai	ferais	fasse	fisse
to do, make	fais	faisais	feras	ferais	fasses	fisses
	fait	faisait	fera	ferait	fasse	fît
	faisons	faisions	ferons	ferions	fassions	fissions
faisant	faites	faisiez	ferez	feriez	fassiez	fissiez
fait	font	faisaient	feront	feraient	fassent	fissent
18. **falloir**	il faut	fallait	faudra	faudrait	faille	fallut
to be						
necessary						
19. **finir**	finis	finissais	finirai	finirais	finisse	finisse
to finish	finis	finissais	finiras	finirais	finisses	finisses
	finit	finissait	finira	finirait	finisse	finît
finissant	finissons	finissions	finirons	finirions	finissions	finissions
fini	finissez	finissiez	finirez	finiriez	finissiez	finissiez
	finissent	finissaient	finiront	finiraient	finissent	finissent
20. **fuir**	fuis	fuyais	fuirai	fuirais	fuie	fuisse
to flee	fuis	fuyais	fuiras	fuirais	fuies	fuisses
	fuit	fuyait	fuira	fuirait	fuie	fuît
fuyant	fuyons	fuyions	fuirons	fuirions	fuyions	fuissions
fui	fuyez	fuyiez	fuirez	fuiriez	fuyiez	fuissiez
	fuient	fuyaient	fuiront	fuiraient	fuient	fuissent
21. **lire**	lis	lisais	lirai	lirais	lise	lusse
to read	lis	lisais	liras	lirais	lises	lusses
	lit	lisait	lira	lirait	lise	lût
lisant	lisons	lisions	lirons	lirions	lisions	lussions
lu	lisez	lisiez	lirez	liriez	lisiez	lussiez
	lisent	lisaient	liront	liraient	lisent	lussent
22. **mettre**	mets	mettais	mettrai	mettrais	mette	misse
to put	mets	mettais	mettras	mettrais	mettes	misses
	met	mettait	mettra	mettrait	mette	mît
mettant	mettons	mettions	mettrons	mettrions	mettions	missions
mis	mettez	mettiez	mettrez	mettriez	mettiez	missiez
	mettent	mettaient	mettront	mettraient	mettent	missent

LES TEMPS COMPOSÉS	LES TEMPS LITTÉRAIRES	
	PASSÉ SIMPLE	PASSÉ ANTÉRIEUR

	PASSÉ SIMPLE	PASSÉ ANTÉRIEUR
Passé composé: j'ai fait	fis	eus fait
Futur antérieur: j'aurai fait	fis	eus fait
Conditionnel passé: j'aurais fait	fit	eut fait
Plus-que-parfait: j'avais fait	fîmes	eûmes fait
Passé surcomposé: j'ai eu fait	fîtes	eûtes fait
Subjonctif passé: j'aie fait	firent	eurent fait
Subjonctif plus-que-parfait: j'eusse fait		
Passé composé: il a fallu	fallut	eut fallu
Passé composé: j'ai fini	finis	eus fini
Futur antérieur: j'aurai fini	finis	eus fini
Conditionnel passé: j'aurais fini	finit	eut fini
Plus-que-parfait: j'avais fini	finîmes	eûmes fini
Passé surcomposé: j'ai eu fini	finîtes	eûtes fini
Subjonctif passé: j'aie fini	finirent	eurent fini
Subjonctif plus-que-parfait: j'eusse fini		
Passé composé: j'ai fui	fuis	eus fui
Futur antérieur: j'aurai fui	fuis	eus fui
Conditionnel passé: j'aurais fui	fuit	eut fui
Plus-que-parfait: j'avais fui	fuîmes	eûmes fui
Passé surcomposé: j'ai eu fui	fuîtes	eûtes fui
Subjonctif passé: j'aie fui	fuirent	eurent fui
Subjonctif plus-que-parfait: j'eusse fui		
Passé composé: j'ai lu	lus	eus lu
Futur antérieur: j'aurai lu	lus	eus lu
Conditionnel passé: j'aurais lu	lut	eut lu
Plus-que-parfait: j'avais lu	lûmes	eûmes lu
Passé surcomposé: j'ai eu lu	lûtes	eûtes lu
Subjonctif passé: j'aie lu	lurent	eurent lu
Subjonctif plus-que-parfait: j'eusse lu		
Passé composé: j'ai mis	mis	eus mis
Futur antérieur: j'aurai mis	mis	eus mis
Conditionnel passé: j'aurais mis	mit	eut mis
Plus-que-parfait: j'avais mis	mîmes	eûmes mis
Passé surcomposé: j'ai eu mis	mîtes	eûtes mis
Subjonctif passé: j'aie mis	mirent	eurent mis
Subjonctif plus-que-parfait: j'eusse mis		

INFINITIF, PARTICIPES			LES TEMPS SIMPLES			
					SUBJONCTIF	
	PRÉSENT	IMPARFAIT	FUTUR	CONDITIONNEL	PRÉSENT	IMPARFAIT
23. mourir	meurs	mourais	mourrai	mourrais	meure	mourusse
to die	meurs	mourais	mourras	mourrais	meures	mourusses
	meurt	mourait	mourra	mourrait	meure	mourût
mourant	mourons	mourions	mourrons	mourrions	mourions	mourussions
mort	mourez	mouriez	mourrez	mourriez	mouriez	mourussiez
	meurent	mouraient	mourront	mourraient	meurent	mourussent
24. naître	nais	naissais	naîtrai	naîtrais	naisse	naquisse
to be born	nais	naissais	naîtras	naîtrais	naisses	naquisses
	naît	naissait	naîtra	naîtrait	naisse	naquît
naissant	naissons	naissions	naîtrons	naîtrions	naissions	naquissions
né	naissez	naissiez	naîtrez	naîtriez	naissiez	naquissiez
	naissent	naissaient	naîtront	naîtraient	naissent	naquissent
25. ouvrir	ouvre	ouvrais	ouvrirai	ouvrirais	ouvre	ouvrisse
to open	ouvres	ouvrais	ouvriras	ouvrirais	ouvres	ouvrisses
	ouvre	ouvrait	ouvrira	ouvrirait	ouvre	ouvrît
ouvrant	ouvrons	ouvrions	ouvrirons	ouvririons	ouvrions	ouvrissions
ouvert	ouvrez	ouvriez	ouvrirez	ouvririez	ouvriez	ouvrissiez
	ouvrent	ouvraient	ouvriront	ouvriraient	ouvrent	ouvrissent
26. parler	parle	parlais	parlerai	parlerais	parle	parlasse
to speak	parles	parlais	parleras	parlerais	parles	parlasses
	parle	parlait	parlera	parlerait	parle	parlât
parlant	parlons	parlions	parlerons	parlerions	parlions	parlassions
parlé	parlez	parliez	parlerez	parleriez	parliez	parlassiez
	parlent	parlaient	parleront	parleraient	parlent	parlassent
27. peindre	peins	peignais	peindrai	peindrais	peigne	peignisse
to paint	peins	peignais	peindras	peindrais	peignes	peignisses
	peint	peignait	peindra	peindrait	peigne	peignît
peignant	peignons	peignions	peindrons	peindrions	peignions	peignissions
peint	peignez	peigniez	peindrez	peindriez	peigniez	peignissiez
	peignent	peignaient	peindront	peindraient	peignent	peignissent

TROIS CENT QUARANTE-HUIT

LES TEMPS COMPOSÉS	LES TEMPS LITTÉRAIRES	
	PASSÉ SIMPLE	PASSÉ ANTÉRIEUR
Passé composé: je suis mort	mourus	fus mort
Futur antérieur: je serai mort	mourus	fus mort
Conditionnel passé: je serais mort	mourut	fut mort
Plus-que-parfait: j'étais mort	mourûmes	fûmes mort
Passé composé: j'ai été mort	mourûtes	fûtes mort
Subjonctif passé: je sois mort	moururent	furent mort
Subjonctif plus-que-parfait: je fusse mort		
Passé composé: je suis né	naquis	fus né
Futur antérieur: je serai né	naquis	fus né
Conditionnel passé: je serais né	naquit	fut né
Plus-que-parfait: j'étais né	naquîmes	fûmes né
Passé surcomposé: j'ai été né	naquîtes	fûtes né
Subjonctif passé: je sois né	naquirent	furent né
Subjonctif plus-que-parfait: je fusse né		
Passé composé: j'ai ouvert	ouvris	eus ouvert
Futur antérieur: j'aurai ouvert	ouvris	eus ouvert
Conditionnel passé: j'aurais ouvert	ouvrit	eut ouvert
Plus-que-parfait: j'avais ouvert	ouvrîmes	eûmes ouvert
Passé surcomposé: j'ai eu ouvert	ouvrîtes	eûtes ouvert
Subjonctif passé: j'aie ouvert	ouvrirent	eurent ouvert
Subjonctif plus-que-parfait: j'eusse ouvert		
Passé composé: j'ai parlé	parlai	eus parlé
Futur antérieur: j'aurai parlé	parlas	eus parlé
Contitionnel passé: j'aurais parlé	parla	eut parlé
Plus-que-parfait: j'avais parlé	parlâmes	eûmes parlé
Passé surcomposé: j'ai eu parlé	parlâtes	eûtes parlé
Subjonctif passé: j'aie parlé	parlèrent	eurent parlé
Subjonctif plus-que-parfait: j'eusse parlé		
Passé composé: j'ai peint	peignis	eus peint
Futur antérieur: j'aurai peint	peignis	eus peint
Conditionnel passé: j'aurais peint	peignit	eut peint
Plus-que-parfait: j'avais peint	peignîmes	eûmes peint
Passé surcomposé: j'ai eu peint	peignîtes	eûtes peint
Subjonctif passé: j'aie peint	peignirent	eurent peint
Subjonctif plus-que-parfait: j'eusse peint		

INFINITIF, PARTICIPES	LES TEMPS SIMPLES					
					SUBJONCTIF	
	PRÉSENT	IMPARFAIT	FUTUR	CONDITIONNEL	PRÉSENT	IMPARFAIT
28. plaire *to please* **plaisant** **plu**	plais plais plaît plaisons plaisez plaisent	plaisais plaisais plaisait plaisions plaisiez plaisaient	plairai plairas plaira plairons plairez plairont	plairais plairais plairait plairions plairiez plairaient	plaise plaises plaise plaisions plaisiez plaisent	plusse plusses plût plussions plussiez plussent
29. pleuvoir *to rain* **pleuvant** **plu**	il pleut	pleuvait	pleuvra	pleuvrait	pleuve	plût
30. pouvoir *to be able* **pouvant** **pu**	peux peux peut pouvons pouvez peuvent	pouvais pouvais pouvait pouvions pouviez pouvaient	pourrai pourras pourra pourrons pourrez pourront	pourrais pourrais pourrait pourrions pourriez pourraient	puisse puisses puisse puissions puissiez puissent	pusse pusses pût pussions pussiez pussent
31. prendre *to take* **prenant** **pris**	prends prends prend prenons prenez prennent	prenais prenais prenait prenions preniez prenaient	prendrai prendras prendra prendrons prendrez prendront	prendrais prendrais prendrait prendrions prendriez prendraient	prenne prennes prenne prenions preniez prennent	prisse prisses prît prissions prissiez prissent
32. répondre *to answer* **répondant** **répondu**	réponds réponds répond répondons répondez répondent	répondais répondais répondait répondions répondiez répondaient	répondrai répondras répondra répondrons répondrez répondront	répondrais répondrais répondrait répondrions répondriez répondraient	réponde répondes réponde répondions répondiez répondent	répondisse répondisses répondît répondissions répondissiez répondissent

LES TEMPS COMPOSÉS		LES TEMPS LITTÉRAIRES	
		PASSÉ SIMPLE	PASSÉ ANTÉRIEUR
Passé composé: j'ai plu		plus	eus plu
Futur antérieur: j'aurai plu		plus	eus plu
Conditionnel passé: j'aurais plu		plut	eut plu
Plus-que-parfait: j'avais plu		plûmes	eûmes plu
Passé surcomposé: j'ai eu plu		plûtes	eûtes plu
Subjonctif passé: j'aie plu		plurent	eurent plu
Subjonctif plus-que-parfait: j'eusse plu			
Passé composé: il a plu		plut	eut plu
Futur antérieur: il aura plu			
Conditionnel passé: il aurait plu			
Plus-que-parfait: il avait plu			
Passé composé:		pus	eus pu
Futur antérieur: j'aurai pu		pus	eus pu
Conditionnel passé: j'aurais pu		put	eut pu
Plus-que-parfait: j'avais pu		pûmes	eûmes pu
Passé surcomposé: j'ai eu pu		pûtes	eûtes pu
Subjonctif passé: j'aie pu		purent	eurent pu
Subjonctif plus-que-parfait: j'eusse pu			
Passé composé: j'ai pris		pris	eus pris
Futur antérieur: j'aurai pris		pris	eus pris
Conditionnel passé: j'aurais pris		prit	eut pris
Plus-que-parfait: j'avais pris		prîmes	eûmes pris
Passé surcomposé: j'ai eu pris		prîtes	eûtes pris
Subjonctif passé: j'aie pris		prirent	eurent pris
Subjonctif plus-que-parfait: j'eusse pris			
Passé composé: j'ai répondu		répondis	eus répondu
Futur antérieur: j'aurai répondu		répondis	eus répondu
Conditionnel passé: j'aurais répondu		répondit	eut répondu
Plus-que-parfait: j'avais répondu		répondîmes	eûmes répondu
Passé surcomposé: j'ai eu répondu		répondîtes	eûtes répondu
Subjonctif passé: j'aie répondu		répondirent	eurent répondu
Subjonctif plus-que-parfait: j'eusse répondu			

INFINITIF, PARTICIPES			LES TEMPS SIMPLES			
					SUBJONCTIF	
	PRÉSENT	IMPARFAIT	FUTUR	CONDITIONNEL	PRÉSENT	IMPARFAIT
33. rire	ris	riais	rirai	rirais	rie	risse
to laugh	ris	riais	riras	rirais	ries	risses
	rit	riait	rira	rirait	rie	rît
riant	rions	riions	rirons	ririons	riions	rissions
ri	riez	riiez	rirez	ririez	riiez	rissiez
	rient	riaient	riront	riraient	rient	rissent
34. savoir	sais	savais	saurai	saurais	sache	susse
to know	sais	savais	sauras	saurais	saches	susses
know how to	sait	savait	saura	saurait	sache	sût
	savons	savions	saurons	saurions	sachions	sussions
sachant	savez	saviez	saurez	sauriez	sachiez	sussiez
su	savent	savaient	sauront	sauraient	sachent	sussent
35. sortir	sors	sortais	sortirai	sortirais	sorte	sortisse
to go out	sors	sortais	sortiras	sortirais	sortes	sortisses
	sort	sortait	sortira	sortirait	sorte	sortît
sortant	sortons	sortions	sortirons	sortirions	sortions	sortissions
sorti	sortez	sortiez	sortirez	sortiriez	sortiez	sortissiez
	sortent	sortaient	sortiront	sortiraient	sortent	sortissent
36. suivre	suis	suivais	suivrai	suivrais	suive	suivisse
to follow	suis	suivais	suivras	suivrais	suives	suivisses
	suit	suivait	suivra	suivrait	suive	suivît
suivant	suivons	suivions	suivrons	suivrions	suivions	suivissions
suivi	suivez	suiviez	suivrez	suivriez	suiviez	suivissiez
	suivent	suivaient	suivront	suivraient	suivent	suivissent
37. tenir	tiens	tenais	tiendrai	tiendrais	tienne	tinsse
to hold	tiens	tenais	tiendras	tiendrais	tiennes	tinsses
	tient	tenait	tiendra	tiendrait	tienne	tînt
tenant	tenons	tenions	tiendrons	tiendrions	tenions	tinssions
tenu	tenez	teniez	tiendrez	tiendriez	teniez	tinssiez
	tiennent	tenaient	tiendront	tiendraient	tiennent	tinssent

LES TEMPS COMPOSÉS	LES TEMPS LITTÉRAIRES	
	PASSÉ SIMPLE	PASSÉ ANTÉRIEUR

	PASSÉ SIMPLE	PASSÉ ANTÉRIEUR
Passé composé: j'ai ri	ris	eus ri
Futur antérieur: j'aurai ri	ris	eus ri
Conditionnel passé: j'aurais ri	rit	eut ri
Plus-que-parfait: j'avais ri	rîmes	eûmes ri
Passé surcomposé: j'ai eu ri	rîtes	eûtes ri
Subjonctif passé: j'aie ri	rirent	eurent ri
Subjonctif plus-que-parfait: j'eusse ri		
Passé composé: j'ai su	sus	eus su
Futur antérieur: j'aurai su	sus	eus su
Conditionnel passé: j'aurais su	sut	eut su
Plus-que-parfait: j'avais su	sûmes	eûmes su
Passé surcomposé: j'ai eu su	sûtes	eûtes su
Subjonctif passé: j'aie su	surent	eurent su
Subjonctif plus-que-parfait: j'eusse su		
Passé composé: je suis sorti	sortis	fus sorti
Futur antérieur: je serai sorti	sortis	fus sorti
Conditionnel passé: je serais sorti	sortit	fut sorti
Plus-que-parfait: j'étais sorti	sortîmes	fûmes sorti
Passé surcomposé: j'ai été sorti	sortîtes	fûtes sorti
Subjonctif passé: je sois sorti	sortirent	furent sorti
Subjonctif plus-que-parfait: je fusse sorti		
Passé composé: j'ai suivi	suivis	eus suivi
Futur antérieur: j'aurai suivi	suivis	eus suivi
Conditionnel passé: j'aurais suivi	suivit	eut suivi
Plus-que-parfait: j'avais suivi	suivîmes	eûmes suivi
Passé surcomposé: j'ai eu suivi	suivîtes	eûtes suivi
Subjonctif passé: j'aie suivi	suivirent	eurent suivi
Subjonctif plus-que-parfait: j'eusse suivi		
Passé composé: j'ai tenu	tins	eus tenu
Futur antérieur: j'aurai tenu	tins	eus tenu
Conditionnel passé: j'aurais tenu	tint	eut tenu
Plus-que-parfait: j'avais tenu	tînmes	eûmes tenu
Passé surcomposé: j'ai eu tenu	tîntes	eûtes tenu
Subjonctif passé: j'aie tenu	tinrent	eurent tenu
Subjonctif plus-que-parfait: j'eusse tenu		

TROIS CENT CINQUANTE-TROIS

INFINITIF, PARTICIPES	LES TEMPS SIMPLES					
					SUBJONCTIF	
	PRÉSENT	IMPARFAIT	FUTUR	CONDITIONNEL	PRÉSENT	IMPARFAIT
38. vaincre	vaincs	vainquais	vaincrai	vaincrais	vainque	vainquisse
to conquer	vaincs	vainquais	vaincras	vaincrais	vainques	vainquisses
	vainc	vainquait	vaincra	vaincrait	vainque	vainquît
vainquant	vainquons	vainquions	vaincrons	vaincrions	vainquions	vainquissions
vaincu	vainquez	vainquiez	vaincrez	vaincriez	vainquiez	vainquissiez
	vainquent	vainquaient	vaincront	vaincraient	vainquent	vainquissent
39. valoir	vaux	valais	vaudrai	vaudrais	vaille	valusse
to be worth	vaux	valais	vaudras	vaudrais	vailles	valusses
	vaut	valait	vaudra	vaudrait	vaille	valût
valant	valons	valions	vaudrons	vaudrions	valions	valussions
valu	valez	valiez	vaudrez	vaudriez	valiez	valussiez
	valent	valaient	vaudront	vaudraient	vaillent	valussent
40. venir	viens	venais	viendrai	viendrais	vienne	vinsse
to come	viens	venais	viendras	viendrais	viennes	vinsses
	vient	venait	viendra	viendrait	vienne	vînt
venant	venons	venions	viendrons	viendrions	venions	vinssions
venu	venez	veniez	viendrez	viendriez	veniez	vinssiez
	viennent	venaient	viendront	viendraient	viennent	vinssent
41. vivre	vis	vivais	vivrai	vivrais	vive	vécusse
to live	vis	vivais	vivras	vivrais	vives	vécusses
	vit	vivait	vivra	vivrait	vive	vécût
vivant	vivons	vivions	vivrons	vivrions	vivions	vécussions
vécu	vivez	viviez	vivrez	vivriez	viviez	vécussiez
	vivent	vivaient	vivront	vivraient	vivent	vécussent
42. voir	vois	voyais	verrai	verrais	voie	visse
to see	vois	voyais	verras	verrais	voies	visses
	voit	voyait	verra	verrait	voie	vît
voyant	voyons	voyions	verrons	verrions	voyions	vissions
vu	voyez	voyiez	verrez	verriez	voyiez	vissiez
	voient	voyaient	verront	verraient	voient	vissent

LES TEMPS COMPOSÉS	LES TEMPS LITTÉRAIRES	
	PASSÉ SIMPLE	PASSÉ ANTÉRIEUR
Passé composé: j'ai vaincu	vainquis	eus vaincu
Futur antérieur: j'aurai vaincu	vainquis	eus vaincu
Conditionnel passé: j'aurais vaincu	vainquit	eut vaincu
Plus-que-parfait: j'avais vaincu	vainquîmes	eûmes vaincu
Passé surcomposé: j'ai eu vaincu	vainquîtes	eûtes vaincu
Subjonctif passé: j'aie vaincu	vainquirent	eurent vaincu
Subjonctif plus-que-parfait: j'eusse vaincu		
Passé composé: j'ai valu	valus	eus valu
Futur antérieur: j'aurai valu	valus	eus valu
Conditionnel passé: j'aurais valu	valut	eut valu
Plus-que-parfait: j'avais valu	valûmes	eûmes valu
Passé surcomposé: j'ai eu valu	valûtes	eûtes valu
Subjonctif passé: j'aie valu	valurent	eurent valu
Subjonctif plus-que-parfait: j'eusse valu		
Passé composé: je suis venu	vins	fus venu
Futur antérieur: je serai venu	vins	fus venu
Conditionnel passé: je serais venu	vint	fut venu
Plus-que-parfait: j'étais venu	vînmes	fûmes venu
Passé surcomposé: j'ai été venu	vîntes	fûtes venu
Subjonctif passé: je sois venu	vinrent	furent venu
Subjonctif plus-que-parfait: je fusse venu		
Passé composé: j'ai vécu	vécus	eus vécu
Futur antérieur: j'aurai vécu	vécus	eus vécu
Conditionnel passé: j'aurais vécu	vécut	eut vécu
Plus-que-parfait: j'avais vécu	vécûmes	eûmes vécu
Passé surcomposé: j'ai eu vécu	vécûtes	eûtes vécu
Subjonctif passé: j'aie vécu	vécurent	eurent vécu
Subjonctif plus-que-parfait: j'eusse vécu		
Passé composé: j'ai vu	vis	eus vu
Futur antérieur: j'aurai vu	vis	eus vu
Conditionnel passé: j'aurais vu	vit	eut vu
Plus-que-parfait: j'avais vu	vîmes	eûmes vu
Passé surcomposé: j'ai eu vu	vîtes	eûtes vu
Subjonctif passé: j'aie vu	virent	eurent vu
Subjonctif plus-que-parfait: j'eusse vu		

TROIS CENT CINQUANTE-CINQ

INFINITIF, PARTICIPES	LES TEMPS SIMPLES					
					SUBJONCTIF	
	PRÉSENT	IMPARFAIT	FUTUR	CONDITIONNEL	PRÉSENT	IMPARFAIT
43. **vouloir**	veux	voulais	voudrai	voudrais	veuille	voulusse
to want,	veux	voulais	voudras	voudrais	veuilles	voulusses
wish	veut	voulait	voudra	voudrait	veuille	voulût
	voulons	voulions	voudrons	voudrions	voulions	voulussions
voulant	voulez	vouliez	voudrez	voudriez	vouliez	voulussiez
voulu	veulent	voulaient	voudront	voudraient	veuillent	voulussent

LES TEMPS COMPOSÉS		LES TEMPS LITTÉRAIRES	
		PASSÉ SIMPLE	PASSÉ ANTÉRIEUR
Passé composé: j'ai voulu		voulus	eus voulu
Futur antérieur: j'aurai voulu		voulus	eus voulu
Conditionnel passé: j'aurais voulu		voulut	eut voulu
Plus-que-parfait: j'avais voulu		voulûmes	eûmes voulu
Passé surcomposé: j'ai eu voulu		voulûtes	eûtes voulu
Subjonctif passé: j'aie voulu		voulurent	eurent voulu
Subjonctif plus-que-parfait: j'eusse voulu			

Vocabulaires

The FRENCH-ENGLISH vocabulary is intended to be complete for the contexts of this book. Phonetic transcriptions are provided for key entries. The number of the lesson in which a word first occurs is indicated. Pronunciation chapters are identified as follows:

V = Vowel Chapter
C = Consonant Chapter
I = Intonation Chapter
L = Liaison Chapter

Irregular feminine forms of adjectives are given throughout.

The ENGLISH-FRENCH vocabulary includes words used in the English-French exercises.

FRENCH-ENGLISH

à [a] (1) to; at; in
abaisser [abɛse] (22) to lower
abattre [abatʀ] (25) to tear down; to fell
abécédaire [abecedɛʀ] m. (23) primer
abeille [abɛj] f. (24) bee
abolir [abɔliʀ] (29) to abolish
abord [abɔʀ] m. (3) approach; d'abord
first, at first
aboyer [abwaje] (19) to bark
abreuver [abʀœve] (4) to water
absent [apsɑ̃] (2) absent
absolu [apsɔly] (19) absolute
absolument [apsɔlymɑ̃] (21) absolutely
absurde [apsyʀd] m. (19) the absurd, that
which violates the rules of logic
absurdité [apsyʀdite] f. (19) absurdity
Académie française [akademifʀɑ̃sɛz] f.
(19) French Academy
absolutisme [apsɔlytism] m. (29) absolute
power
accent [aksɑ̃] m. (L) accent
accablé [akable] (12) overwhelmed
accepter [aksɛpte] (18) to accept
accompagner [akɔ̃paɲe] (9) to accom-
pany; to go with
accord [akɔʀ] m. (2) agreement; d'accord
(5) O.K.; in agreement
accorder [akɔʀde] (15) to grant
accroissement [akʀwasmɑ̃] m. (28) growth
accroupi [akʀupi] (16) bent over
achat [aʃa] m. (3) purchase
acheter [aʃte] (2) to buy
achever [aʃve] (23) to finish; to achieve
acier [asje] m. (19) steel
acrobatie [akʀɔbasi] f. (30) acrobatics
actif (f. active) [aktif, -v] a. (25) active
actrice [aktʀis] f. (24) actress
actuellement [aktyɛlmɑ̃] (26) at present
adapté [adapte] (4) adapted
addition [adisjɔ̃] f. (6) addition; (12) bill
(in a restaurant)
adieu [adjø] (17) good-by, adieu
adjectif [adʒɛktif] m. (2) adjective
admirable [admiʀabl] (C) admirable
admirateur [admiʀatœʀ] m. (12) admirer
admirer [admiʀe] (2) to admire
adorable [adɔʀabl] (L) adorable

adorer [adɔʀe] (30) to adore
adresse [adʀɛs] f. (8) address
adresser [adʀɛse] (30) to direct; s'adresser
to appeal to; (14) adresser la parole to
speak to someone
aérodrome [aeʀɔdrom] m. (14) airport
affaire [afɛʀ] f. (18) business deal; avoir
affaire à (19) to be dealing with; affaires
f. pl. (2) things, belongings; affaire de
cœur affair of the heart, "love affair"
affairé [afɛʀe] (30) busy
affectueux (f. affectueuse) [afɛktyø, -z]
(30) affectionate
affiche [afiʃ] f. (20) poster
afficher [afiʃe] (23) to post
affirmatif (f. affirmative) [afiʀmatif, -v]
(4) affirmative
affirmer [afiʀme] (30) to affirm; s'affirmer
to declare oneself
affluent [aflyɑ̃] m. (27) tributary
afin que [afɛ̃kə] (7) so that, in order that
Afrique [afʀik] f. (1) Africa
âge [ɑʒ] m. (V) age
âgé [ɑʒe] (14) aged
agir [aʒiʀ] (19) to act; s'agir de (15) to be
a question of
agité [aʒite] (24) excited
agricole [agʀikɔl] (4) agricultural
agriculture [agʀikyltyʀ] f. (22) agriculture
aide [ɛd] f. (4) help, aid; à l'aide de (4)
with the help of
aider [ɛde] (V) to help
aigu [egy] (L) sharp; accent aigu acute
accent
aile [ɛl] f. (27) wing, of a building, bird
ailleurs [ajœʀ] adv. (14) elsewhere; d'ailleurs (14) moreover, besides
aimant [ɛmɑ̃] m. (27) magnet
aimer [ɛme] (1) to love, like; aimer mieux
(7) to prefer
aîné [ɛne] (14) older
ainsi [ɛ̃si] (27) thus; ainsi de suite (15) and
so forth; ainsi que as well as
air [ɛʀ] m. (19) air; manner; avoir l'air
(23) to seem
aise [ɛz] f. (18) ease; comfort; à l'aise
comfortable

ajouter [aʒute] (6) to add
alentour [alãtuʀ] (21) around, about
aliment [alimã] *m.* (25) food
allée [ale] *f.* (29) wide tree-bordered drive
allégorie [alegɔʀi] *f.* (5) allegory
Allemagne [almaɲ] *f.* (1) Germany
allemand [almã] (1) German
aller [ale] (3) to go; to fit, suit (14) **s'en aller** (16) to go away; **aller bien** (3) to feel well; **aller à cheval** (22) to go by horseback; **aller mal** (22) to feel unwell; **comment allez-vous?** (6) how are you?
allô [alo] (7) hello (*on telephone*)
allumer [alyme] (6) to light
alors [alɔʀ] (2) then, well then
Alpes [alp] *f.* (4) Alps
Alsace [alzas] *f.* (23) *province in eastern France along the Rhine river*
ambassadeur [ãbasadœʀ] *m.* (24) ambassador
amener [amne] (19) to take (someone) along
américain [ameʀikɛ̃] (1) American
Amérique du Nord [ameʀikdynɔʀ] *f.* (1) North America
ami, amie [ami] *m., f.* (1) friend
amical [amikal] (19) friendly
amitié [amitje] *f.* (5) friendship
amour [amuʀ] *m.* (10) love; **amour-propre** (12) self-esteem
amoureux (*f.* **amoureuse**) [amuʀø, -z] (30) in love, loving
amphithéâtre [ãfiteɑtʀ] *m.* (28) amphitheater
amusant [amyzã] (2) amusing
amuser [amyze] (3) to amuse; **s'amuser** to have a good time
an [ã] *m.* (6) year; **avoir . . . ans** to be . . . years old
ancien (*f.* **ancienne**) [ãsjɛ̃, ɛn] (2) former; old
âne [an] *m.* (24) donkey, ass
ange [ãʒ] *m.* (18) angel
angélus [ãʒelys] *m.* (23) Angelus; bells rung at noon
anglais [ãglɛ] (1) Englishman; English
Angleterre [ãglətɛʀ] *f.* (1) England
animal [animal] *m.* (L) animal
animé [anime] (3) lively

année [ane] *f.* (3) year
annuaire [anyɛʀ] *m.* (V) telephone directory
antérieur [ãteʀjœʀ] (16) previous; **futur antérieur** future perfect
antiquité [ãtikite] *f.* (26) antique
août [u, ut] *m.* (8) August
aperçu [apɛʀsy] *m.* (19) glimpse
apparaître [apaʀɛtʀ] (24) to appear
appareil-photo [apaʀɛjfɔto] *m.* (2) camera
apparition [apaʀisjɔ̃] *f.* (14) apparition
appartement [apaʀtəmã] *m.* (2) apartment
appartenir [apaʀtəniʀ] (V) to belong to
appel [apɛl] *m.* (14) call; appeal
appeler [aple] (4) to call; **s'appeler** to be called; to be named
appliquer [aplike] (23) to apply; **s'appliquer** to apply oneself
apporter [apɔʀte] (8) to bring (something)
apprécié [apʀesje] (3) appreciated
apprendre [apʀãdʀ] (19) to learn; to teach (*something to someone*)
apprenti [apʀãti] *m.* (23) apprentice
apprivoiser [apʀivwaze] (5) to tame
approcher [apʀɔʃe] (10) to approach
appuyé [apyje] (19) leaning
appuyer [apyje] (23) to lean
après [apʀɛ] *prep.* (3) after
aqueduc [akədyk] *m.* (28) aqueduct
arbre [aʀbʀ] *m.* (2) tree
arc [aʀk] *m.* (I) arch; **Arc de Triomphe** Arch of Triumph
architecture [aʀʃitɛktyʀ] *f.* (C) architecture
arène [aʀɛn] *f.* (26) arena
argent [aʀʒã] *m.* (5) money; silver
arme [aʀm] *f.* (4) arm, weapon
armée [aʀme] *f.* (4) army
Armentières [aʀmãtjɛʀ] (4) *small city in the north of France*
armistice [aʀmistis] *m.* (14) armistice
arrangé [aʀãʒe] (3) arranged
arrêter [aʀɛte] (9) to stop; **s'arrêter** to stop oneself
arrière [aʀjɛʀ] *adv.* (12) behind; **en arrière** backward
arrivée [aʀive] *f.* (2) arrival
arriver [aʀive] (1) to arrive; to happen

arrondissement [aʀɔdismɑ̃] *m.* (9) city zone

arroser [aʀoze] (23) to water, sprinkle

art [aʀ] *m.* (4) art; **beaux arts** fine arts

artère [aʀtɛʀ] *f.* (26) artery

artisan [aʀtizɑ̃] *m.* (22) artisan, craftsman

article [aʀtikl] *m.* (1) article

artificiel [aʀtifisjɛl] (4) artificial

artiste [aʀtist] *m. or f.* (12) artist

Asie [azi] *f.* (1) Asia

aspect [aspɛ] *m.* (27) aspect

aspirateur [aspiʀatœʀ] *m.* (23) vacuum cleaner; **passer l'aspirateur** to vacuum

aspirine [aspiʀin] *f.* (22) aspirin

assassin [asasɛ̃] *m.* (19) assassin

Assemblée nationale [asɑ̃ble nasjɔnal] *f.* (29) National Assembly

s'asseoir [saswaʀ] (1) to sit down

assez [ase] (5) enough; somewhat, rather

assis [asi] *p.p.* of **asseoir** (13) sitting, seated

assister [asiste] (21) to help; **assister à** to attend, be present at

Assomption [asɔ̃psjɔ̃] *f.* (21) Assumption, August 15 (*national holiday in France*)

assurément [asyʀemɑ̃] (17) assuredly, certainly

assurer [asyʀe] (12) to assure

Atlantique [atlɑ̃tik] *f.* (4) Atlantic

attacher [ataʃe] (9) to attach

atteindre [atɛ̃dʀ] (19) to attain; to reach

attendre [atɑ̃dʀ] (4) to wait (for)

s'attendre à [satɑ̃dʀ] (12) to expect

attente [atɑ̃t] *f.* (21) wait

attentif (*f.* **attentive**) [atɑ̃tif, -v] (23) attentive

attention [atɑ̃sjɔ̃] *f.* (6) attention; **faire attention** to watch out, be careful

attirer [atiʀe] (12) to attract

attitude [atityd] *f.* (5) attitude

au [o] *prep. + def. art.* (1) at the, to the

aucun (*f.* **aucune**) [okœ̃, -yn] *a. & pron.* (C) no, not one, none, any other

au-dessous [odsu] *adv.* (21) below

au-dessus [odsy] *adv.* (21) above

augmenter [ogmɑ̃te] (25) to increase

aujourd'hui [oʒuʀdɥi] *m.* (2) today

auparavant [opaʀavɑ̃] (21) formerly

auprès [opʀɛ] *adv.* (16) beside; near

aussi [osi] *adv.* (1) so, also, too; (4) **aussi ... que** as ... as; (26) **aussi bien que** as well as; *conj.* (1) therefore, so, consequently

aussitôt [osito] (16) right away; **aussitôt que** as soon as

autant [otɑ̃] (7) as much, as many; (23) **d'autant plus que** all the more because; (24) **en faire autant** to do the same; to do as much

auteur [otœʀ] *m.* (5) author

auto [oto] *f.* (2) automobile, car

autobus [otobys] *m.* (19) city bus

autocar [otokaʀ] *m.* (1) intercity bus

automne [otɔn] *m.* (8) autumn

autoritaire [otɔʀitɛʀ] (19) authoritative

autorité [otɔʀite] *f.* (29) authority

autour [otuʀ] *adv.* (12) around

autre [otʀ] (1) other

autrefois [otʀəfwa] (29) formerly

autrui [otʀɥi] *pron.* (22) other people

Auvergne [ovɛʀɲ] (30) *central mountain region in France*

aux [o] *prep. + pl. def. art.* (1) at the, to the

auxiliaire [oksiljɛʀ] (9) auxiliary

avance [avɑ̃s] *f.* (20) an advance; **d'avance** early, ahead of time

avancé [avɑ̃se] (17) advanced

s'avancer [savɑ̃se] (20) to come (go) forward

avant [avɑ̃] *adv., prep.* (5) before; (21) **en avant** forward; before; (6) **avant de** before; (7) **avant que** before; (26) **avant J.-C.** B.C.

avare [avaʀ] *m.* (19) miser; miserly

avec [avɛk] (1) with

avènement [avɛnmɑ̃] *m.* (27) accession

avenir [avniʀ] *m.* (12) future

aviateur [avjatœʀ] *m.* (5) aviator

avion [avjɔ̃] *m.* (5) airplane

avis [avi] *m.* (23) opinion

avocat [avɔka] *m.* (30) lawyer

avoir [avwaʀ] (2) to have; (11) **avoir froid** to feel cold; (2) **avoir l'intention de** to intend to; (15) **avoir raison** to be right

avril [avʀil] *m.* (8) April

baba au rhum [babaoʀɔm] *m.* (12) sponge cake with rum sauce

bagage [bagaʒ] *m.* (2) luggage
bague [bag] *f.* (12) ring
baguette [bagɛt] *f.* (6) long, narrow loaf of bread
bain [bɛ̃] *m.* (3) bath; **salle de bains** bathroom
baisser [bɛse] (C) to lower
se balancer [səbalɑ̃se] (12) to rock
balayer [baleje] (30) to sweep
balcon [balkɔ̃] *m.* (3) balcony
balle [bal] *f.* (19) bullet, ball
banane [banan] *f.* (C) banana
banc [bɑ̃] *m.* (23) bench
barbare [baʀbaʀ] *m.* (26) barbarian
bas [bɑ] *m.* (12) stocking
bas (*f.* **basse**) [bɑ, -s] (6) low; **en bas** below, downstairs
basilique [bazilik] *f.* (26) basilica
basket(ball) [baskɛtbɔl] *m.* (18) basketball
basque [bask] *a.* (30) Basque
bassin [basɛ̃] *m.* (4) basin, pool
bataille [bataj] *f.* (23) battle
bateau [bato] *m.* (C) boat
bataillon [batajɔ̃] *m.* (4) batallion
bâtiment [bɑtimɑ̃] *m.* (17) building
bâtir [bɑtiʀ] (13) to build
bâton [bɑtɔ̃] *m.* (23) stick
battre [batʀ] (26) to beat
bavarder [bavaʀde] (17) to chat, chatter
beau (**bel, beaux**) (*f.* **belle, belles**) [bo, bɛl] (2) beautiful, handsome; **avoir beau** in vain; **faire beau** to be nice weather; **faire le beau** sit up and beg (dog)
beaucoup [boku] (1) much, very much, many, a great deal
beauté [bote] *f.* (5) beauty
Beauvais [bovɛ] (1) *city of 50,000, sixty miles north of Paris*
bébé [bebe] *m.* (30) baby
bel [bɛl] (2) handsome, beautiful
Belgique [bɛlʒik] *f.* (4) Belgium
belote [bəlɔt] *f.* (30) popular card game
bénéfice [benefis] *m.* (23) benefit; gain
bénir [beniʀ] (16) to bless
berger [bɛʀʒe] *m.* (30) shepherd
berlue [bɛʀly] *f.* (17) optical illusion; distorted vision
besoin [bəzwɛ̃] *m.* (14) need; **avoir besoin de** to need
bête [bɛt] (17) stupid

bêtise [bɛtiz] *f.* (5) nonsense, foolishness
betterave [betrav] *f.* (4) beet
beurre [bœʀ] *m.* (6) butter
bibliothèque [bibliɔtɛk] *f.* (26) library
bicyclette [bisiklɛt] *f.* (2) bicycle
bien [bjɛ̃] (1) well, fine very; **bien des** many; **bien du, de la** much; **bien que** although; **aller bien** to be well; **eh bien** *exclamation* well
bientôt [bjɛ̃to] (7) soon
bière [bjɛʀ] *f.* (5) beer
bifteck [biftɛk] *m.* (5) steak
billet [bijɛ] *m.* (2) ticket
biscuit [biskɥi] *m.* (20) cookie
blanc (*f.* **blanche**) [blɑ̃, -ʃ] (12) white
blé [ble] *m.* (5) wheat
blesser [blɛse] (13) to wound
bleu [blø] (2) blue
blond (*f.* **blonde**) [blɔ̃, -d] (13) blond
blouse [bluz] *f.* (14) smock, blouse
bœuf (*pl.* **bœufs**) [bœf, bø] *m.* (24) steer, ox
boire [bwaʀ] (5) to drink
bois [bwa] *m.* (6) wood; woods, forest; **en bois** wooden
bol [bɔl] *m.* (6) bowl
bon (*f.* **bonne**) [bɔ̃, -ɔn] (2) good; **ah bon** oh, really?; **à quoi bon?** what's the use?
bonbon [bɔ̃bɔ̃] *m.* (5) piece of candy
bondé [bɔ̃de] (4) crowded
bonheur [bɔnœʀ] *m.* (19) happiness
bonjour [bɔ̃ʒuʀ] (1) hello *greeting for daytime*
bonne [bɔn] *f.* (C) housemaid
bord [bɔʀ] *m.* (I) edge; **à bord** aboard
Bordeaux [bɔrdo] (12) *large port on the southwest coast of France; wine from the Bordeaux region*
bordelais [bɔʀdəlɛ] (30) from Bordeaux
border [bɔʀde] (4) to border on
botanique [bɔtanik] *f.* (1) botany
bouche [buʃ] *f.* (V) mouth
boucher [buʃe] *m.* (19) butcher
boucher [buʃe] (23) to block; to stuff
boucherie [buʃʀi] *f.* (25) butcher shop
bouger [buʒe] (19) to move; to budge
boulangerie [bulɑ̃ʒʀi] *f.* (14) bakery
boulevard [bulvaʀ] *m.* (4) boulevard; **Boulevard St. Michel** main street of the Latin Quarter

bouleverser [bulvɛʀse] (23) to upset
bouquin [bukɛ̃] *m.* (9) book (*fam.*)
bouquiniste [bukinist] *m.* (9) secondhand book seller
bourgeois [buʀʒwa] (24) middle-class
Bourse [buʀs] *f.* (26) Stock Exchange
bout [bu] *m.* (21) end; **au bout** at the end (extremity)
bouteille [butɛj] *f.* (5) bottle
boutique [butik] *f.* (V) small shop
branche [bʀɑ̃ʃ] *f.* (19) branch
brave [bʀav] (15) fine, courageous
bouton [butɔ̃] *m.* (15) button
bras [bʀa] *m.* (4) arm
brillant [bʀijɑ̃] (17) brilliant
brique [bʀik] *f.* (29) brick
briser [bʀize] (21) to break
brodé [bʀɔde] (13) embroidered
se brosser [bʀɔse] (12) to brush oneself
broyer [bʀawje] (30) to pulverize
bruit [bʀɥi] *m.* (5) noise
brûleur [bʀylœʀ] *m.* (25) burner
brun (*f.* **brune**) [bʀœ̃, -yn] (13) brown, brunette
brunir [bʀyniʀ] (25) to become brown
brusquement [bʀyskmɑ̃] (20) abruptly, brusquely
bûche [byʃ] *f.* (11) log
bulletin [byltɛ̃] *m.* (V) bulletin, notice
bureau [byʀo] *m.* (3) office; desk

ça [sa] *pron.* (5) that
cabaret [kabaʀɛ] *m.* (15) nightclub
cabine [kabin] *f.* (C) phonebooth, beach dressing room
cacher [kaʃe] (18) to hide
cadeau [kado] *m.* (27) gift
cadenas [kadnɑ] *m.* (9) padlock
cadre [kadʀ] *m.* (14) executive
café [kafe] *m.* (4) cafe; coffee; **café au lait** half milk and half coffee
cage [kaʒ] *f.* (10) cage
cahier [kaje] *m.* (10) notebook
calcul [kalkyl] *m.* (30) calculation
calendrier [kalɑ̃dʀje] *m.* (24) calendar
câliner [kaline] (14) to wheedle, coax
calomnié [kalɔmnje] (14) slandered
calotte [kalɔt] *f.* (23) skullcap
calvaire [kalvɛʀ] *m.* (30) calvary, shrine
camarade [kamaʀad] *m. or f.* (12) friend partner, companion

camembert [kamɑ̃bɛʀ] *m.* (9) Camembert cheese
campagne [kɑ̃paɲ] *f.* (4) countryside; campaign
camping [kɑ̃piŋ] *m.* (2) camping
Canada [kanada] *m.* (1) Canada
canadien (*f.* **canadienne**) [kanadjɛ̃, -jɛn] (1) Canadian
canard [kanaʀ] *m.* (12) duck
caoutchouc [kautʃu] *m.* (4) rubber
capable [kapabl] (17) capable
capacité [kapasite] *f.* (18) ability, capability
capitaine [kapitɛn] *m.* (24) captain
capitale [kapital] *f.* (1) capital
capituler [kapityle] (23) to capitulate, surrender
capturer [kaptyʀe] (24) to capture
car [kaʀ] (C) because
caractère [kaʀaktɛʀ] *m.* (19) character
carafe [kaʀaf] *f.* (5) carafe, decanter
caresser [kaʀese] (13) to caress
carnet [kaʀne] *m.* (30) notebook
carrosse [kaʀɔs] *f.* (27) carriage
carte [kaʀt] *f.* (8) map; card; menu
carton [kaʀtɔ̃] *m.* (25) cardboard; carton
cascader [kaskade] (12) to cascade; to tumble down
casser [kase] (V) to break
casserole [kasʀɔl] *f.* (6) saucepan
cathédrale [katedʀal] *f.* (9) cathedral
catholique [katɔlik] (2) Catholic
cauchemar [koʃmaʀ] *m.* (19) nightmare
causer [koze] (4) to talk, chat; to cause
cave [kav] *f.* (28) cave; cellar
ce [sə] *adj., pron.* (1) this, that, it; **ce que** *rel. pron.* what, that which
ceci [səsi] *pron.* (C) this
céder [sede] (28) to relinquish
cela [sla] *pron.* (3) that; **cela me va** that suits me
célèbre [selɛbʀ] (4) famous
célèbrer [selebʀe] (16) to glorify; to make famous
celle [sɛl] (4) this one, that one
cellule [selyl] *f.* (20) cell
celte [sɛlt] (28) celtic
celui [səlɥi] (15) this one, that one
cendre [sɑ̃dʀ] *m.* (10) cinder, ash
cendrier [sɑ̃dʀje] *m.* (10) ashtray

cent [sɑ̃]   (3) hundred
centaine [sɑ̃tɛn]   *f.* (6) about a hundred
central [sɑ̃tRal]   (3) central
centre [sɑ̃tR]   *m.* (4) center
céréale [sereal]   *f.* (4) cereal; grain
cérémonie [seRemɔni]   *f.* (7) ceremony; formality
certain (*f.* **certaine**) [sɛRtɛ̃, -tɛn]   (9) certain
certainement [sɛRtɛnmɑ̃]   (7) certainly, of course
cesse [sɛs]   *f.* (22) ceasing; **sans cesse** ceaselessly, incessant
cesser [sɛse]   (23) to stop, cease
c'est-à-dire [sɛtadiR]   (13) that is to say
c'est pour ça [sɛpuRsa]   (17) that is why
cet [sɛt]   (14) this, that
chacun (*f.* **chacune**) [ʃakœ̃, -kyn]   (V) each one
chagrin [ʃagRɛ̃]   *m.* (21) sorrow; disappointment
chaîne [ʃɛn]   *f.* (9) chain
chaire [ʃɛR]   *f.* (23) large chair
chaise [ʃɛz]   *f.* (1) chair
chambre [ʃɑ̃bR]   *f.* (3) bedroom; room
champ [ʃɑ̃]   *m.* (5) field; **sur-le-champ** at once
champion [ʃɑ̃pjɔ̃]   *m.* (15) champion
Champs-Élysées [ʃɑ̃zelize]   *f. pl.* (L) *avenue in Paris*
chance [ʃɑ̃s]   *f.* (4) luck; **avoir de la chance** to be lucky
chandelle [ʃɑ̃dɛl]   *f.* (16) candle; **à la chandelle** by candlelight
changement [ʃɑ̃ʒmɑ̃]   *m.* (9) change
changer [ʃɑ̃ʒe]   (1) to change
chanson [ʃɑ̃sɔ̃]   *f.* (4) song
chant [ʃɑ̃]   *m.* (4) song
chanter [ʃɑ̃te]   (5) to sing
Chantilly [ʃɑ̃tiji]   (12) small town north of Paris, famous for its chateau
chapeau [ʃapo]   *m.* (10) hat
chapelier [ʃapəlje]   *m.* (11) hat maker
chapelle [ʃapɛl]   *f.* (26) chapel
chapitre [ʃapitR]   *m.* (1) chapter
chaque [ʃak]   (1) each
charbon [ʃaRbɔ̃]   *m.* (4) coal
charité [ʃaRite]   *f.* (19) love, charity
charmant [ʃaRmɑ̃]   *a.* (11) charming
charme [ʃaRm]   *m.* (V) spell; charm

chasser [ʃase]   (5) to hunt; to chase
chat (*f.* **chatte**) [ʃa, ʃat]   *m.* (7) cat
château [ʃato]   *m.* (V) castle, chateau
château-d'eau [ʃatodo]   *m.* (11) water tower
château-fort [ʃatofɔR]   *m.* (27) fortified castle
chaud [ʃo]   (11) warm, hot; **faire chaud** to be warm (hot) weather
chauffer [ʃofe]   (25) to heat
chauffeur [ʃofœR]   *m.* (11) driver, chauffeur
chauffage [ʃofaʒ]   *m.* (3) heating
chaussette [ʃosɛt]   *f.* (14) sock
chaussure [ʃosyR]   *f.* (21) shoe
chef [ʃɛf]   *m.* (12) leader; head cook; "boss"; **chef d'orchestre** orchestra conductor
chef-d'œuvre [ʃɛdœvR]   *m.* (25) masterpiece
chemin [ʃəmɛ̃]   *m.* (12) road, way
chemin de fer [ʃəmɛ̃dfɛR]   *m.* (29) railroad
cheminée [ʃəmine]   *f.* (27) chimney; fireplace
chemise [ʃəmiz]   *f.* (3) shirt
chemisier [ʃəmizje]   *m.* (14) lady's shirt, blouse
cher (*f.* **chère**) [ʃɛR]   (3) expensive; dear
chercher [ʃɛRʃe]   (2) to look for; to get; to fetch
chéri (*f.* **chérie**) [ʃeRi]   dear, beloved
chétif (*f.* **chétive**) [ʃetif, -v]   (24) weak
cheval (*pl.* **chevaux**) [ʃəval, -vo]   *m.* (2) horse
chevalet [ʃəvalɛ]   *m.* (30) easel
chevalerie [ʃəvalRi]   *f.* (30) chivalry
cheveux [ʃəvø]   *m. pl.* (5) hair
cheville [ʃəvij]   *f.* (12) ankle
chez [ʃe]   (2) at, to, in the home of, in the place of
chien [ʃjɛ̃]   *m.* (13) dog
chiffre [ʃifR]   *m.* (30) number, digit
chimie [ʃimi]   *f.* (1) chemistry
chimique [ʃimik]   (4) chemical
chocolat [ʃɔkɔla]   *m.* (1) chocolate
choisir [ʃwaziR]   (4) to choose
choix [ʃwa]   *m.* (30) choice
chose [ʃoz]   *f.* (C) thing
Christianisme [kRistjanism]   *m.* (28) Christianity

ci-dessous [sidsu]   *adv.* (5) below
ciel [sjɛl]   *m.* (11) sky; heaven
cigarette [sigaʀɛt]   *f.* (10) cigarette
cinéma [sinema]   *m.* (3) movie theater
cinq [sɛ̃k]   (3) five
circonstance [siʀkɔ̃stɑ̃s]   *f.* (22) circum-
stance
circuler [siʀkyle]   (28) to circulate
cirer [siʀe]   (23) to wax
citadelle [sitadɛl]   *f.* (27) citadel
cité [site]   *f.* (10) fortified city; **Cité Universitaire** *a "campus" of international
student residences and activities center
in Paris*
citer [site]   (4) to cite, quote
citoyen (*f.* citoyenne) [sitwajɛ̃, -jɛn]   *m.* (4)
citizen
citron [sitʀɔ̃]   *m.* (20) lemon
civilisateur (*f.* civilisatrice) [sivilizatœʀ,
-tʀis]   (30) civilizing
civilisation [sivilizasjɔ̃]   *f.* (28) civilization
civilisé [sivilize]   (30) civilized
clair [klɛʀ]   (19) clear
classe [klɑs]   *f.* (1) class
classique [klasik]   (28) classical
clef [kle]   *f.* (23) key
Clermont-Ferrand [klɛʀmɔ̃ fɛʀɑ̃]   (4) *large
city in central France*
client (*f.* cliente) [klijɑ̃, -t]   *m.* (8) client,
customer
climat [klima]   *m.* (27) climate
cloche [klɔʃ]   *f.* (24) bell
cœur [kœʀ]   *m.* (V) heart; **par cœur** by
heart
coiffeur (*f.* coiffeuse) [kwafœʀ, -føz]   *m.*
(17) barber, hairdresser
coin [kwɛ̃]   *m.* (1) corner
coïncidence [kɔɛ̃sidɑ̃s]   *f.* (10) coincidence
collègue [kɔlɛg]   *m. or f.* (25) colleague
coller [kɔle]   (25) to stick
colline [kɔlin]   *f.* (28) hill
colonel [kɔlɔnɛl]   *m.* (19) colonel
colonie [kɔlɔni]   *f.* (28) colony
combien [kɔ̃bjɛ̃]   (3) how much, how many
combler [kɔ̃ble]   (17) to overcome
comité [kɔmite]   *m.* (25) committee
commandant [kɔmɑ̃dɑ̃]   *m.* (V) major
commander [kɔmɑ̃de]   (5) to order (things)
comme [kɔm]   (1) like, as

commencement [kɔmɑ̃smɑ̃]   *m.* (8) beginning
commencer [kɔmɑ̃se]   (2) to begin
comment [kɔmɑ̃]   (3) how
commerce [kɔmɛʀs]   *m.* (28) commerce
commission [kɔmisjɔ̃]   *f.* (29) commission
commode [kɔmɔd]   (17) agreeable (*person*); convenient, suitable (*object, situation*)
commun (*f.* commune) [kɔmœ̃, -yn]   (17)
common
communiste [kɔmynist]   (15) communist
compagne [kɔ̃paɲ]   *f.* (4) wife
compagnie [kɔ̃paɲi]   *f.* (12) company,
group
compassion [kɔ̃pasjɔ̃]   *f.* (21) compassion
compatriote [kɔ̃patʀiɔt]   (30) countryman;
compatriot
complément [kɔ̃plemɑ̃]   *m.* (5) object
(grammatical); complement
complet (*f.* complète) [kɔ̃plɛ, -ɛt]   (6) complete
compléter [kɔ̃plete]   (1) to complete
complication [kɔ̃plikasjɔ̃]   *f.* (8) complication
compliment [kɔ̃plimɑ̃]   *m.* (11) compliment
compliqué [kɔ̃plike]   (7) complicated
composer [kɔ̃poze]   (4) to compose
composition [kɔ̃pozisjɔ̃]   *f.* (11) composition
comprendre [kɔ̃pʀɑ̃dʀ]   (7) to understand
compromettre [kɔ̃pʀɔmɛtʀ]   (18) to com-
promise
compter [kɔ̃te]   (14) to count
comte [kɔ̃t]   *m.* (27) count
conception [kɔ̃sɛpsjɔ̃]   *f.* (25) conception;
design
se concerner [səkɔ̃sɛʀne]   (14) to concern
oneself
concert [kɔ̃sɛʀ]   *m.* (6) concert
concerto [kɔ̃sɛʀto]   *m.* (25) concerto
concierge [kɔ̃sjɛʀʒ]   *m. or f.* (3) caretaker,
concierge
conclure [kɔ̃klyʀ]   (30) to conclude
concret (*f.* concrète) [kɔ̃kʀɛ, -ɛt]   (25) concrete
condamné [kɔ̃dɑne]   *m.* (26) condemned
person

condition [kɔ̃disjɔ̃] *f.* (7) condition; **à condition que** on condition that
conditionnel [kɔ̃disjɔnɛl] *m.* (19) conditional tense
conduire [kɔ̃dųiʀ] (11) to drive
conférence [kɔ̃ferɑ̃s] *f.* (9) lecture
conférencier (*f.* **conférencière**) [kɔ̃feʀɑ̃sje, -jɛʀ] *m.* (13) lecturer
confiance [kɔ̃fjɑ̃s] *f.* (30) confidence
confident [kɔ̃fidɑ̃] *m.* (14) confidant
confortable [kɔ̃fɔʀtabl] (1) comfortable
congé [kɔ̃ʒe] *m.* (23) vacation; day off
conjugaison [kɔ̃ʒygɛzɔ̃] *f.* (4) conjugation
conjugal [kɔ̃ʒygal] (14) conjugal, married
connaissance [kɔnɛsɑ̃s] *f.* (1) knowledge; acquaintance
connaissances [kɔnɛsɑ̃s] *f. pl.* (22) knowledge
connaisseur [kɔnɛsœʀ] *m.* (30) expert
connaître [kɔnɛtʀ] (4) to know, be acquainted with
connu [kɔny] (19) known
conquête [kɔ̃kɛt] *f.* (28) conquest
conscience [kɔ̃sjɑ̃s] *f.* (23) conscience
conseil [kɔ̃sɛj] *m.* (6) advice (piece of)
consentir [kɔ̃sɑ̃tiʀ] (23) to consent
conserver [kɔ̃sɛʀve] (30) to keep
conséquent [kɔ̃sekɑ̃] (20) rational; in keeping with; **par conséquent** consequently; accordingly
considérer [kɔ̃sideʀe] (12) to consider
consonne [kɔ̃sɔn] *f.* (C) consonant
constant [kɔ̃stɑ̃] (30) constant
constater [kɔ̃state] (9) to verify, ascertain
constitué [kɔ̃stitye] (28) established
construction [kɔ̃stʀyksjɔ̃] *f.* (26) construction
construire [kɔ̃stʀyiʀ] (26) to build, construct; **construit** [kɔ̃stʀyi] (C) built
consul [kɔ̃syl] *m.* (25) consul
contagieux (*f.* **contagieuse**) [kɔ̃taʒjø, -z] (30) infectious
conte [kɔ̃t] *m.* (23) tale; short story
contemporain [kɔ̃tɑ̃pɔʀɛ̃] (5) contemporary
content [kɔ̃tɑ̃] (5) content, happy
se contenter [səkɔ̃tɑ̃te] (30) to content oneself
contenu [kɔ̃tny] *m.* (6) contents
continent [kɔ̃tinɑ̃] *m.* (1) continent

continental (*f.* **continentaux**) [kɔ̃tinɑ̃tal, -to] (4) continental
continuer [kɔ̃tinye] (1) to continue
contraire [kɔ̃tʀɛʀ] *m.* (4) opposite; contrary; **au contraire** on the contrary
contravention [kɔ̃tʀavɑ̃sjɔ̃] *f.* (24) (traffic) ticket
contre [kɔ̃tʀ] (4) against
contrôler [kɔ̃tʀole] (29) to control
contrôleur [kɔ̃tʀolœʀ] *m.* (2) conductor; ticket taker
controverse [kɔ̃tʀɔvɛʀs] *f.* (22) controversy
convaincre [kɔ̃vɛ̃kʀ] (19) to convince
convenable [kɔ̃vnabl] (1) appropriate; acceptable
conversation [kɔ̃vɛʀsasjɔ̃] *f.* (1) conversation
convertir [kɔ̃vɛʀtiʀ] (28) to convert
convive [kɔ̃viv] *m. or f.* (21) guest
convoquer [kɔ̃vɔke] (29) to convoke
coopération [koɔpeʀasjɔ̃] *f.* (29) cooperation
coopérer [koɔpeʀe] (29) to cooperate
copie [kɔpi] *f.* (V) copy
cordialement [kɔʀdjalmɑ̃] (C) cordially
corps [kɔʀ] *m.* (19) body; **le long du corps** at the side (of one's body)
correspondance [kɔʀɛspɔ̃dɑ̃s] *f.* (17) correspondence, letter writing
correspondre [kɔʀɛspɔ̃dʀ] (1) to correspond
costume [kɔstym] *m.* (12) costume; man's suit
côte [kot] *f.* (V) coast, shoreline; rib
côté [kote] *f.* (7) side; **à côté de** beside; **de l'autre côté** on the other side
côtelette [kotlɛt] *f.* (19) chop
coton [kɔtɔ̃] *m.* (4) cotton
cou [ku] *m.* (12) neck
coucher du soleil [kuʃedysɔlɛj] *m.* (21) sunset
se coucher [səkuʃe] (11) to go to bed
couler [kule] (26) to flow
couleur [kulœʀ] *f.* (5) color
coup [ku] *m.* (23) blow, strike; **d'un seul coup** all at once; **tout à coup** all of a sudden
coupable [kupabl] (18) guilty
coupé [kupe] (19) cut

couper [kupe]   (6) to cut
cour [kuʀ]   f. (17) court; courtyard
courage [kuʀaʒ]   m. (2) courage
courageux (f. courageuse) [kuʀaʒø, -z]
  (17) courageous
couramment [kuʀamɑ̃]   (5) fluently
courant [kuʀɑ̃]   (3) running; au courant
  up-to-date, informed; mettre au courant
  to inform, bring up to date
courir [kuʀiʀ]   (10) to run
couronnement [kuʀɔnmɑ̃]   m. (29) corona-
  tion
couronner [kuʀɔne]   (28) to crown
courrier [kuʀje]   m. (14) mail; courrier du
  cœur advice to the lovelorn
cours [kuʀ]   m. (5) course, class
course [kuʀs]   f. (10) errand; race; trip;
  prendre ma course to go running; faire
  des courses to run errands, go shopping
court [kuʀ]   (13) short
cousin (f. cousine) [kuzɛ̃, -zin]   m. (2)
  cousin
se couvrir [səkuvʀiʀ]   (26) to cover oneself
craie [kʀɛ]   f. (23) chalk
craindre [kʀɛ̃dʀ]   (23) to fear
crainte [kʀɛ̃t]   f. (7) fear; de crainte que
  for fear that
craquer [kʀake]   (19) to crack
cravate [kʀavat]   f. (3) necktie
crayon [kʀɛjɔ̃]   m. (5) pencil
créateur [kʀeatœʀ]   m. (29) creator
création [kʀeasjɔ̃]   f. (27) creation
créer [kʀee]   (4) to create
crêpe [kʀɛp]   m. (14) crepe fabric
crépitement [kʀepitmɑ̃]   m. (11) pattering;
  crackling
crève-cœur [kʀɛvkœʀ]   m. (23) heartbreak
crever [kʀəve]   (24) to burst
criard [kʀiaʀ]   (3) gaudy, loudly colored
crier [kʀije]   (17) to yell, call out
crime [kʀim]   m. (19) crime
critique [kʀitik]   m. (17) critic; adj. critical
critiquer [kʀitike]   (14) to criticize
croire [kʀwaʀ]   (7) to believe; croire à to
  believe in
croisade [kʀwɑzad]   f. (29) crusade
croissant [kʀwɑsɑ̃]   m. (9) flaky crescent
  roll, croissant
croustillant [kʀustijɑ̃]   (14) crusty, crisp

crouton [kʀutɔ̃]   m. (19) crouton, crust of
  bread
cruauté [kʀyote]   f. (19) cruelty
cruel [kʀyɛl]   (19) cruel
cueillir [kœjiʀ]   (16) to gather
cuiller [kɥijɛʀ]   f. (10) spoon
cuillère [kɥijɛʀ]   f. (6) spoon
cuire [kɥiʀ]   (6) to cook
cuisine [kɥizin]   f. (4) kitchen; cooking;
  faire la cuisine to cook
cuisinière [kɥizinjɛʀ]   f. (25) stove
cuisson [kɥisɔ̃]   m. (25) cooking
cuit [kɥi]   (12) cooked; well done
culinaire [kylinɛʀ]   (12) culinary
cultiver [kyltive]   (22) to cultivate
culture [kyltyʀ]   m. (6) culture
curieux (f. curieuse) [kyʀjø, -z]   (3) curious, strange
curiosité [kyʀjɔsite]   f. (6) inquisitiveness,
  curiosity
cynique [sinik]   m. (15) cynic; adj. cynical

dactylo [daktilo]   f. (16) typist
dame [dam]   f. (1) lady
Danemark [danmaʀk]   m. (1) Denmark
danger [dɑ̃ʒe]   m. (22) danger
dans [dɑ̃]   (1) in, into
danser [dɑ̃se]   (19) to dance
d'après [dapʀɛ]   (9) according to
date [dat]   f. (6) date
dater [date]   (V) to date
davantage [davɑ̃taʒ]   (21) more
de [də]   (1) of, about, from; de . . . en . . .
  from . . . to . . .
se débattre [s(ə)debatʀ]   (14) to struggle
debout [dəbu]   (12) standing
débrouillard [debʀujaʀ]   (30) resourceful
début [deby]   m. (28) beginning
deça [dəsa]   (21) here on this side
décapiter [dekapite]   (28) to behead
décembre [desɑ̃bʀ]   m. (8) December
décider [deside]   (C) (12) to decide; se
  décider to make up one's mind
décision [desizjɔ̃]   f. (14) decision; prendre
  une décision to make a decision
déclarer [deklaʀe]   (30) to declare
découvert [dekuvɛʀ]   m. (9) discovery
découvrir [dekuvʀiʀ]   (9) to discover, un-
  cover
décrire [dekʀiʀ]   (2) to describe

décrocher [dekʀɔʃe]   (7) to unhook, lift off (*the receiver*)
dédain [dedɛ̃]   *m*. (16) disdain
dedans [dədɑ̃]   (21) within, inside;   là dedans therein
dédié [dedje]   (16) dedicated
défaite [defɛt]   *f*. (23) defeat
défectueux (*f*. défectueuse) [defɛktɥø, -z]   (25) defective
défendre [defɑ̃dʀ]   (V) to defend; to forbid
défense [defɑ̃s]   *f*. (28) defense
défini [defini]   (1) definite
définir [definiʀ]   (30) to define
définitivement   [definitivmɑ̃]   (4) definitively; officially
dehors [dəɔʀ]   (V) outside
déjà [deʒa]   (9) already
déjeuner [deʒœne]   (9) to have lunch; to have breakfast
déjeuner [deʒœne]   *m*. (10) lunch;   petit déjeuner breakfast
dégoûtant [degutɑ̃]   (12) disgusting
delà [dəla]   (21) on the other side
délicieux (*f*. délicieuse) [delisjø, -z]   (12) delicious
demain [dəmɛ̃]   (7) tomorrow
demander [dəmɑ̃de]   (3) to ask, ask for;   se demander (12) to wonder
démarche [demaʀʃ]   *f*. (14) walk, gait
déménager [demenaʒe]   (29) to move one's place of residence
démembrer [demɑ̃bʀe]   (28) to dismember
demeurant [dəmœʀɑ̃]   (9) living, residing
demeurer [dəmœʀe]   (7) to live, reside; to stay
demi [dəmi]   (6) half;   à demi half-way
démocratie [demɔkʀasi]   *f*. (6) democracy
demoiselle [dəmwazɛl]   *f*. (15) young lady, old maid
démonstration [demɔ̃ʃtʀasjɔ̃]   *f*. (C) demonstration
démoralisé [demɔʀalize]   (14) demoralized
dénigrer [denigʀe]   (15) to disparage
dent [dɑ̃]   *f*. (12) tooth
dénoter [denɔte]   (15) to denote
dentelle [dɑ̃tɛl]   *f*. (12) lace
dentiste [dɑ̃tist]   *m*. (22) dentist
départ [depaʀ]   *m*. (3) departure
se dépêcher [sədepeʃe]   (16) to hurry (oneself)
dépendre [depɑ̃dʀ]   (16) to depend

dépense [depɑ̃s]   *f*. (29) expense
depuis [dəpɥi]   (14) for, since
député [depyte]   *m*. (30) deputy
dériver [deʀive]   (4) to be derived from
dernier (*f*. dernière [dɛʀnje, -jɛʀ]   (3) last
dernièrement [dɛʀnjɛʀmɑ̃]   (21) lastly
dérouler [deʀule]   (27) to unroll
derrière [dɛʀjɛʀ]   (13) behind;   par derrière behind, in back
dès [dɛ]   (16) from, since;   dès aujourd'hui from this very day;   dès que as soon as
désarmé [dezaʀme]   (19) disarmed
désastre [dezastʀ]   *m*. (12) disaster
descendre [desɑ̃dʀ]   (7) to come (go) down
désert [dezɛʀ]   (19) deserted
désespéré [dezɛspeʀe]   (19) desperate
désespoir [dezɛspwaʀ]   *m*. (12) despair
désirer [deziʀe]   (6) to desire, want
désordre [dezɔʀdʀ]   *m*. (12) disorder
désormais [dezɔʀmɛ]   (21) hereafter
dessert [desɛʀ]   *m*. (4) dessert
dessinateur [desinatœʀ]   *m*. (29) designer
dessiné [desine]   (4) drawn
dessous [dəsu]   *f*.(28) disunion;(12) below;   au-dessous below
dessus [dəsy]   (6) above, on top of;   au-dessus above;   par-dessus over
destiné [dɛstine]   (4) destined, meant for
désunion [dezynjɔ̃]   *f*. (28) disunion
détester [detɛste]   (14) to detest, hate
deux [dø]   (1) two
deuxième [døzjɛm]   (1) second
devant [dəvɑ̃]   (5) in front of;   par-devant in front
devenir [dəvniʀ]   (4) to become
développement [devlɔpmɑ̃]   *m*. (23) development
dévider [devide]   (16) to unwind
deviner [dəvine]   (11) to guess
devise [dəviz]   *f*. (26) motto
devoir [dəvwaʀ]   (2) to have to; to owe;   *m*. (4) duty; school work; assignment
dévouement [devumɑ̃]   *m*. (29) devotion
dextre [dɛkstʀ]   *f*. (30) right hand
diamant [djamɑ̃]   *m*. (21) diamond
diamètre [djamɛtʀ]   *m*. (25) diameter
dictée [dikte]   *f*. (17) dictation
dictionnaire [diksjɔnɛʀ]   *m*. (30) dictionary
Dieu [djø]   *m*. (2) God;   mon Dieu good heavens
différemment [difeʀamɑ̃]   (21) differently

différence [diferãs] *f.* (14) difference
difficile [difisil] (2) difficult
digne [diɲ] (17) worthy
diplomate [diplɔmat] *m.* (17) diplomat
dimanche [dimãʃ] *m.* (8) Sunday
dîner [dine] (5) to dine, have dinner
dîner [dine] *m.* (8) dinner
diplôme [diplom] *m.* (2) diploma
dire [diʀ] (1) to say, tell; **c'est-à-dire** that is to say; **entendre dire** to hear said (that); **vouloir dire** to mean
direct [diʀɛkt] (5) direct
directement [diʀɛktəmã] (6) directly
diriger [diʀiʒe] (4) to direct
se diriger [sədiʀiʒe] (10) to go (come) toward
discourir [diskuʀiʀ] (17) to make a speech; to enlarge upon
discrétion [diskʀesjõ] *f.* (22) discretion; discernment
discussion [diskysjõ] *f.* (19) discussion; argument
disparaître [dispaʀɛtʀ] (13) to disappear
disparition [dispaʀisjõ] *f.* (5) disappearance
disque [disk] *m.* (9) phonograph record
distribution de prix [distʀibysjõ] *f.* (23) prize day (*last day of school*)
divers [divɛʀ] (4) diverse, different
divin [divɛ̃] (12) divine
dix [dis] (V) ten
dizaine [dizɛn] *f.* (6) about ten
doigt [dwa] *m.* (10) finger
dolmen [dɔlmɛn] *m.* (28) dolmen
domaine [dɔmɛn] *f.* (29) domain
domicile [dɔmisil] *m.* (29) personal residence
domination [dɔminasjõ] *f.* (29) domination
dommage [dɔmaʒ] *m.* (7) damage, injury; **c'est dommage** that's too bad
donc [dõk] (5) then, so
donner [dɔne] (4) to give
dont [dõ] *rel. pron.* (C) whose, of which
doré [dɔre] (5) golden
dorloter [dɔʀlɔte] (14) to pamper, coddle
dormir [dɔʀmiʀ] (6) to sleep
dorénavant [dɔʀenavã] (21) hereafter
dos [do] *m.* (V) back
dosage [dozaʒ] *m.* (V) dose
doucement [dusmã] (21) softly, gently

doute [dut] *m.* (30) doubt; **sans doute** doubtless, probably
douter [dute] (7) to doubt
douteux (*f.* **douteuse**) [dutø, -z] (7) doubtful
doux (*f.* **douce**) [du, dus] (27) soft; sweet
douzaine [duzɛn] *f.* (5) dozen
drapeau [drapo] *m.* (28) flag
dresser [dʀɛse] (15) to train (an animal)
droit [dʀwa] *m.* (C) right
droit (*f.* **droite**) [dʀwa, dʀwat] (12) right; straight; **être en droit de** to be right to, be correct to
drôle [dʀol] (23) funny, odd
druidisme [dʀyidism] *m.* (28) Druidism
du [dy] (1) of the, from the
dur [dyʀ] (30) hard
durant [dyrã] (9) during
durer [dyre] (24) to last
dureté [dyʀte] *f.* (19) hardness
dynastie [dinasti] *f.* (28) dynasty

eau (*pl.* **eaux**) [o] *f.* (3) water
écart [ekaʀ] *m.* (21) swerve; deviation; **à l'écart** aside, out of the way
échange [eʃãʒ] *m.* (28) exchange; **en échange** in exchange
échec [eʃɛk] *m.* (29) setback
éclatant [eklatã] (17) striking
éclater [eklate] (23) to burse, burst forth
école [ekɔl] *f.* (2) school
économies [ekɔnɔmi] *f. pl.* (18) savings; **faire des économies** to save money
économique [ekɔnɔmik] (4) economic
écossais [ekɔse] (30) Scottish
écouter [ekute] (5) to listen to
écraser [ekʀaze] (30) to crush
écrire [ekʀiʀ] (5) to write
écriteau [ekʀito] *m.* (24) sign
écriture [ekʀityʀ] *f.* (23) handwriting, penmanship
écrivain [ekʀivɛ̃] *m.* (5) writer
écurie [ekyʀi] *f.* (27) stable
édifice [edifis] *m.* (13) edifice, building
édit [edi] *m.* (29) edict
éducation [edykasjõ] *f.* (17) instruction; upbringing
effectuer [efɛktɥe] (11) to put into effect, carry out
effet [efɛ] *m.* (20) effect; **en effet** yes (indeed)

effort [efɔʀ] *m.* (14) effort
égal [egal] (14) equal
également [egalmɑ̃] (21) equally
égaler [egale] (6) to equal
égalité [egalite] *f.* (29) equality
s'égarer [segaʀe] (19) to go astray; to get lost
église [egliz] *f.* (2) church
égorger [egɔʀʒe] (4) to cut the throat, slaughter
égyptien (*f.* **égyptienne**) [eʒipsjɛ̃, -ɛn] (20) Egyptian
électricité [elɛktʀisite] *f.* (20) electricity
élégamment [elegamɑ̃] (12) elegantly
élégant [elegɑ̃] (3) elegant
élémentaire [elemɑ̃tɛʀ] (11) elementary
élève [elɛv] *m. & f.* (1) pupil, student
élevé [elve] (17) high, at a high elevation
s'élever [selve] (27) to raise oneself
élire [eliʀ] (25) to elect
elle [ɛl] (1) she, her, it; **elles** they, them (*f.*)
éloquence [elɔkɑ̃s] *f.* (14) eloquence
embarras [ɑ̃baʀɑ] *m.* (30) difficulty
embrasser [ɑ̃bʀase] (13) to embrace; to kiss
s'embrouiller [sɑ̃bʀuje] (23) to get mixed up
s'émerveiller [semɛʀveje] (16) to marvel, wonder
émotion [emɔsjɔ̃] *f.* (23) emotion
empêcher [ɑ̃peʃe] (23) to prevent
empereur [ɑ̃pʀœʀ] *m.* (29) emperor
emplacement [ɑ̃plasmɑ̃] *m.* (27) site
emploi [ɑ̃plwa] *m.* (1) use, usage
employé [ɑ̃plwaje] *m.* (8) employee; clerk
employer [ɑ̃plwaje] (4) to employ, use
empoigner [ɑ̃pwaɲe] (12) to grasp
emporter [ɑ̃pɔʀte] (21) to carry away, take away
s'empresser [sɑ̃pʀese] (30) to hasten
en [ɑ̃] *prep.* (1) in, to by; *pron.* some, any, of it, of them, of the, from there; **en face** across, opposite; **tout en** while, all the while
enchanté [ɑ̃ʃɑ̃te] (10) pleased (to meet someone)
encore [ɑ̃kɔʀ] (6) yet, still, again
endroit [ɑ̃dʀwa] *m.* (9) place
énergie [enɛʀʒi] *f.* (19) energy

enfance [ɑ̃fɑ̃s] *f.* (11) childhood
enfant [ɑ̃fɑ̃] *m. & f.* (1) child
enfin [ɑ̃fɛ̃] (5) finally, at last
enfler [ɑ̃fle] (24) to inflate
enfoui [ɑ̃fwi] (11) buried
engrais [ɑ̃gʀɛ] *m.* (4) fertilizer
enguirlander [ɑ̃giʀlɑ̃de] (23) to wreathe; to encircle
enivrant [ɑ̃nivʀɑ̃] (21) intoxicating
enjamber [ɑ̃ʒɑ̃be] (23) to step over
enlever [ɑ̃lve] (22) to take away from
ennemi [ɛnmi] *m.* (22) enemy
ennuyer [ɑ̃nɥije] (4) to annoy, bore
ennuyeux (*f.* **ennuyeuse**) [ɑ̃nɥijø, -z] *a.* (14) boring, annoying
énorme [enɔʀm] *a.* (14) enormous
enquête [ɑ̃kɛt] *f.* (9) investigation
enregistrer [ɑ̃ʀeʒistʀe] (12) to record
s'enrhumer [sɑ̃ʀyme] (28) to catch cold
enrichir [ɑ̃ʀiʃiʀ] (29) to enrich
enseignement [ɑ̃sɛɲmɑ̃] *m.* (22) teaching; education
enseigner [ɑ̃sɛɲe] (16) to teach
ensemble [ɑ̃sɑ̃bl] (3) together
ensoleillé [ɑ̃sɔleje] (5) filled with sunlight
ensuite [ɑ̃sɥit] (3) then, after that
entendre [ɑ̃tɑ̃dʀ] (4) to hear; to understand; **entendre dire** to hear said
entier (*f.* **entière**) [ɑ̃tje, ɑ̃tjɛʀ] (26) entire
entièrement [ɑ̃tjɛʀmɑ̃] (4) entirely
entre [ɑ̃tʀ] (2) between, among
entouré [ɑ̃tuʀe] (27) surrounded
entourer [ɑ̃tuʀe] (26) to surround
entrée [ɑ̃tʀe] *f.* (27) entrance
entrelacé [ɑ̃tʀəlase] (26) interlaced
entreprendre [ɑ̃tʀəpʀɑ̃dʀ] (14) to undertake
entrer [ɑ̃tʀe] (7) to enter; to come (go) in
entretenir [ɑ̃tʀətniʀ] (27) to maintain
envers [ɑ̃vɛʀ] (5) toward
envie [ɑ̃vi] *f.* (17) envy; **avoir envie de** to want to, feel like
envier [ɑ̃vje] (17) to envy
envieux (*f.* **envieuse**) [ɑ̃vjø, -z] (24) envious
envoyer [ɑ̃vwaje] (16) to send
épais (*f.* **épaisse**) [epɛ, epɛs] (19) thick
s'épanouir [sepanwiʀ] (19) to bloom; to unfold
épaule [epol] *f.* (12) shoulder
épée [epe] *f.* (12) sword

éplucher [eplyʃe] (23) to peel
éponge [epɔ̃ʒ] f. (25) sponge
époque [epɔk] f. (12) time, era
épouse [epuz] f. (14) wife
épouser [epuze] (17) to marry
épousseter [epuste] (23) to dust
équilibre [ekilibʀ] m. (30) equilibrium
équivalent [ekivalã] (7) equivalent
erreur [ɛʀœʀ] f. (V) error, mistake
escalier [ɛskalje] m. (7) stairway; **escalier à claire-voie** stairway with grille-covered apertures; **escalier à vis** spiral staircase
escargot [ɛskaʀgo] m. (12) snail
escarpement [ɛskaʀpmã] m. (27) bluff
esclave [ɛsklav] m. & f. (22) slave; **tomber esclave** to become enslaved
espace [ɛspas] m. (14) space
Espagne [ɛspaɲ] f. (C) Spain
espagnol [ɛspaɲɔl] (1) Spanish, Spaniard
espérer [ɛspeʀe] (10) to hope
esprit [ɛspʀi] m. (22) mind; spirit; wit
essayer [ɛseje] (23) to try
essentiel (f. **essentielle**) [ɛsãsjɛl] (3) essential
essoufflé [ɛsufle] (23) out of breath
essuyer [ɛsɥije] (25) to wipe; to mop
est [ɛst] m. (26) East
est-ce que [ɛskə] (3) *interrog. phrase introducing a question*
estimé [ɛstime] (25) esteemed
estimer [ɛstime] (25) to show esteem for; to consider; to estimate
estudiantin [ɛstydjãtɛ̃] (26) pertaining to students
et [e] (1) and
étable [etabl] f. (24) stable
établir [etabliʀ] (28) to establish
établissement [etablismã] m. (29) establishment
étage [etaʒ] m. (2) floor, story
étant [etã] *pres. p. of* être (18) being
état [eta] m. (14) state; **états généraux** Estates General
États-Unis [etazyni] m. pl. United States
été [ete] m. (8) summer
étendard [etãdaʀ] m. (4) flag, banner
étendre [etãdʀ] (12) to stretch, extend
étendu [etãdy] (17) extensive
étonnant [etɔnã] (7) surprising
étonnamment [etɔnamã] (24) astonishingly

étonner [etɔne] (7) to surprise; **s'étonner** [setɔne] (7) to be surprised
étouffer [etufe] (23) to suffocate
étourdissant [etuʀdisã] (17) dizzying, unbalancing
étranger (f. **étrangère**) [etʀãʒe, -ʒɛʀ] (8) foreign, strange; foreigner
être [ɛtʀ] (1) to be; **être à** to belong to; **en être là** to be at that point; **y être** to be correct, right
étude [etyd] f. (1) study
étudiant (f. **étudiante**) [etydjã, -t] m. (1) student
étudier [etydje] (3) to study
euh [ø] (3) uh (*sign of hesitation*)
Europe [øʀɔp] f. (4) Europe
européen (f. **européenne**) [øʀɔpeɛ̃, -ɛn] a. (29) European
eux [ø] (V) them
évadé [evade] (19) escaped
éveillé [eveje] (28) awakened
s'éveiller [seveje] (11) to wake up
événement [evenmã] m. (22) event
évêque [evɛk] m. (28) bishop
éviter [evite] (24) to avoid
évoluer [evɔlɥe] (5) to evolve
évolution [evɔlysjɔ̃] f. (27) evolution
exact [egzakt] (30) exact
examen [egzamɛ̃] m. (V) exam
examiner [ɛgzamine] (30) to examine
excellent [ɛksɛlã] (17) excellent
excuser [ɛkskyze] (1) to excuse
exemple [ɛgzãpl] m. (8) example; **par exemple** for example; for goodness' sake!
exercer [ɛgzɛʀse] (22) to exercise; to carry out
exercice [ɛgzɛʀsis] m. (V) exercise
exotique [ɛgzɔtik] (21) exotic
expériencer [ɛkspeʀjãse] (29) to experience
explication [ɛksplikasjɔ̃] f. (19) explanation
expliquer [ɛksplike] (8) to explain
exploitation [ɛksplwatasjɔ̃] f. (29) exploitation
exprès [ɛkspʀɛ] (21) on purpose
exprimer [ɛkspʀime] (1) to express
exquis [ɛkski] (12) exquisite
extrait [ɛkstʀɛ] m. (4) extract, excerpt

extraordinaire [ɛkstRaɔRdinɛR] (12) extraordinary
Extrême-Orient [ɛkstREmɔRjã] *m.* (24) Far East

face [fas] *f.* (V) visage; surface; **en face** across the street, opposite; **face à face** face to face
fâché [faʃe] (7) angry
facile [fasil] (V) easy
facilement [fasilmã] (12) easily
façon [fasɔ̃] *f.* (7) way, manner
facteur [faktœR] *m.* (7) mailman
faculté [fakylte] *f.* (26) school of a university
fade [fad] (17) insipid, stale, flat
faible [fɛbl] (19) weak
faim [fɛ̃] *f.* (19) hunger; **avoir faim** to be hungry
faire [fɛR] (1) to do, make; **que faire?** what's to be done?; **faire des études** to study, pursue studies in; **faire du ski** to ski; **faire la classe** to teach class; **faire la connaissance de** to make the acquaintance of; **faire le beau** to sit up and beg (*dog*); **faire le numéro** to dial the number; **faire mal** to hurt, to harm
se faire [səfɛR] (3) to get; to become
fait [fɛ] *m.* (4) fact; **au fait** indeed, after all
falloir [falwaR] (7) to have to; to be necessary
familial [familjal] (19) family, having to do with the family
familier (*f.* **familière**) [familje, -jɛR] (22) familiar
famille [famij] *f.* (2) family
fantasque [fãtask] (19) odd, capricious
fantôme [fãtom] *m.* (16) phantom, ghost
farine [faRin] *f.* (6) flour
faste [fast] (18) fortunate
fatalement [fatalmã] (21) inevitably
fatigué [fatige] (2) tired
faux (*f.* **fausse**) [fo, fos] (C) false; off-key
faux [fo] (21) falsely; off-key
favorable [favɔRabl] (22) favorable
fédération [fedeRɑsjɔ̃] *f.* (29) federation
favori (*f.* **favorite**) [favɔRi, -t] (24) favorite
femme [fam] *f.* (1) woman; wife
fenêtre [fənɛtR] *f.* (9) window

féodal [feɔdal] (27) feudal
féodalité [feɔdalite] *f.* (29) feudalism
fer [fɛR] *m.* (23) iron
ferme [fɛRm] *f.* (4) farm
fermer [fɛRme] (9) to close
fermier [fɛRmje] *f.* (30) farmer
féroce [feRɔs] (4) ferocious
férocité [feRɔsite] *f.* (19) ferocity
fertile [fɛRtil] (4) fertile
fête [fɛt] *f.* (V) feast; celebration, holiday
feu [fø] *m.* (V) fire
feu [fø] (17) late, deceased
février [fevRie] *m.* (8) February
fiancé (*f.* **fiancée**) [fjɑ̃se] *m.* (12) fiance(e)
fiche [fiʃ] *f.* (8) small card, slip of paper
fidèlement [fidɛlmã] *adv.* (21) faithfully
fier (*f.* **fière**) [fjɛR] (12) proud
Figaro [figaRo] *m.* (21) *large Parisian morning newspaper*
figé [fiʒe] (14) stuck; frozen
figure [figyR] *f.* (V) face
figuré [figyRe] (3) printed, figured (cloth)
fil [fil] *m.* (30) thread
filature [filatyR] *f.* (23) spinning mill
filer [file] (16) to spin
fille [fij] *f.* (1) girl; daughter; **jeune fille** girl, young lady; **petite-fille** granddaughter; **fille d'honneur** maid of honor
film [film] *m.* (20) film
fils [fis] *m.* (4) son
fin (*f.* **fine**) [fɛ̃, fin] (6) fine
fin [fɛ̃] *f.* (28) end
finalement [finalmã] (12) finally, at last
financier [finɑ̃sje] *m.* (17) financier
finir [finiR] (4) to finish; **finir par** to end up by, to finally
fisc [fisk] *m.* (30) central tax bureau
fixer [fikse] (23) to stare at
flanquer [flɑ̃ke] (24) to slap on; to throw out
fléchir [fleʃiR] (19) to bend, relent
fleur [flœR] *f.* (9) flower
fleuve [flœv] *m.* (V) river
fleurir [flœRiR] (21) to bloom; to flourish
florentin [flɔRɑ̃tɛ̃] (27) Florentine (*from Florence, Italy*)
flot [flo] *m.* (26) wave
flotter [flɔte] (23) to float
foi [fwa] *f.* (17) faith
foire [fwaR] *f.* (28) fair

fois [fwa] *f.* (9) time, occasion
fol [fɔl] (18) crazy, insane
fond [fɔ̃] *m.* (21) end; bottom
fondateur [fɔ̃datœʀ] *m.* (22) founder
fonder [fɔ̃de] (28) to found, establish
fonds [fɔ̃] *m.* (20) funds
fontaine [fɔ̃tɛn] *f.* (29) fountain
force [fɔʀs] *f.* (14) force
force [fɔʀs] (21) a great deal
forces [fɔʀs] *f. pl.* (20) strength
forcer [fɔʀse] (19) to force
forêt [fɔʀɛ] *f.* (19) forest
forgeron [fɔʀ3ʀɔ̃] *m.* (23) blacksmith
formalité [fɔʀmalite] *f.* (3) formal procedure
forme [fɔʀm] *f.* (1) form
former [fɔʀme] (4) to form
formuler [fɔʀmyle] (29) to formulate
fort [fɔʀ] (7) very, extremely; hard
fort [fɔʀ] (6) strong
forteresse [fɔʀtʀɛs] *f.* (27) fortress
fortune [fɔʀtyn] *f.* (30) fortune
four [fuʀ] *m.* (16) oven
fourmi [fuʀmi] *f.* (21) ant
fourneau [fuʀno] *m.* (30) furnace
fournir [fuʀniʀ] (22) to furnish
fourrage [fuʀa3] *m.* (4) silage
fortune [fɔʀtyn] *f.* (18) luck, fortune
fossé [fose] *m.* (24) ditch
fou (*f.* **folle**) [fu, fɔl] (18) crazy, insane
foyer [fwaje] *m.* (V) hearth; home
franc [fʀɑ̃] *m.* (3) franc (denomination of currency)
franc (*f.* **franche**) [fʀɑ̃, fʀɑ̃ʃ] (21) frank
français [fʀɑ̃sɛ] (1) Frenchman; French
France [fʀɑ̃s] *f.* (V) France
franchement [fʀɑ̃ʃmɑ̃] (14) frankly
franchir [fʀɑ̃ʃiʀ] (20) to cross through or over
frappant [fʀapɑ̃] (27) striking
frapper [fʀape] (7) to knock
fraternité [fʀatɛʀnite] *f.* (5) fraternity
fraude [fʀod] *f.* (30) farud; **en fraude** fraudulently
frayeur [fʀɛjœʀ] *f.* (23) fear, fright
frémir [fʀemiʀ] (25) to simmer
frénétique [fʀenetik] (26) frenetic
frequénter [fʀekɑ̃te] (14) to visit frequently; to be present at
frère [fʀɛʀ] *m.* (3) brother

frire [fʀiʀ] (25) to fry
frites [fʀit] *f. pl.* French fried potatoes
froid [fʀwa] (11) cold; **faire froid** to be cold (*weather*)
fromage [fʀɔma3] *m.* (6) cheese
front [fʀɔ̃] *m.* (12) forehead
frontière [fʀɔ̃tjɛʀ] *f.* (4) frontier, border
frotter [fʀɔte] (14) to rub; to polish
fruit [fʀ4i] *m.* (5) (a piece of) fruit
fumée [fyme] *f.* (10) smoke
fumer [fyme] (14) to smoke
furieux (*f.* **furieuse**) [fyʀjø, -z] (2) furious
furieusement [fyʀjøzmɑ̃] (19) furiously
futur [fytyʀ] (12) future

gagner [gaɲe] (10) to earn; to win; to reach
gai [ge] (8) gay
gant [gɑ̃] *m.* (13) glove
garagiste [gaʀa3ist] *m.* (14) garage mechanic or manager
garçon [gaʀsɔ̃] *m.* (2) boy; waiter
garder [gaʀde] (21) to keep
gare [gaʀ] *f.* (23) railroad station
gars [gɑʀ] *m.* (13) fellow, guy
gâteau [gɑto] *m.* (5) cake; **petit gâteau** cookie
gâter [gɑte] (12) to spoil
gâtisme [gɑtism] *m.* (14) dotage
gauche [goʃ] (12) left; **à gauche** to the left, on the left
Gaule [gol] *f.* (28) Gaul
gaulois [golwa] (28) Gallic; Gaul
se gausser [səgose] (30) to ridicule
gaz [gaz] *m.* (6) gas
gendarme [3ɑ̃daʀm] *m.* (12) national policeman (*similar to state highway patrol*)
gêner [3ene] (23) to annoy, bother
général [3eneʀal] *m.* (2) general
général (*m. pl.* **généraux**) [3eneʀal, 3eneʀo] (2) general
génie [3eni] *m.* (15) genius
genou (*pl.* **genoux**) [3ənu] *m.* (12) knee
genre [3ɑ̃ʀ] *m.* (1) gender, type
gens [3ɑ̃] *m. pl.* (2) people; **jeunes gens** young men, young people
gentil (*f.* **gentille**) [3ɑ̃ti, 3ɑ̃tij] (2) nice, kind
géographie [3eɔgʀafi] *f.* (1) geography
germain [3ɛʀmɛ̃] (17) first (cousin)
geste [3ɛst] *m.* (C) gesture

glace [glas] *f.* (12) mirror; glass; ice; ice cream
glissade [glisad] *f.* (23) slide, sliding
glisser [glise] (C) to glide; to slide; to slip
gloire [glwaʀ] *f.* (4) glory
gorge [gɔʀʒ] *f.* (26) throat
gosse [gɔs] *m. & f.* (C) child, "kid"
goulot [gulo] *m.* (19) neck of a bottle
gourde [guʀd] *f.* (19) water bottle; canteen
gourmet [guʀmɛ] *m.* (25) gourmet
goût [gu] *m.* (12) taste
goûter [gute] (5) to taste
goutte [gut] *f.* (19) drop
gouttière [gutjɛʀ] *f.* (11) rain gutter
gouvernement [guvɛʀnəmɑ̃] *m.* (V) government
gouverner [guvɛʀne] (29) to govern
grâce [gʀɑs] *f.* (4) favor; forgiveness; **grâce à** thanks to; **de grâce!** please!
gracieux (*f.* **gracieuse**) [gʀasjø, -z] *a.* (27) gracious
grammaire [gʀamɛʀ] *f.* (5) grammar; grammar book
grand [gʀɑ̃] (1) big, tall; great
grand-mère [gʀɑ̃mɛʀ] *f.* (11) grandmother
grand-père [gʀɑ̃pɛʀ] *m.* (11) grandfather
grandeur [gʀɑ̃dœʀ] *m.* (30) greatness
grandir [gʀɑ̃diʀ] (23) to grow, get big
grave [gʀav] (15) serious, grave
grec (*f.* **grecque**) [gʀɛk] (C) Greek
grenouille [gʀənuj] *f.* (24) frog
grésiller [gʀezije] (6) to bubble
grillage [gʀijaʒ] *m.* (23) grille work; **grillage aux affiches** grille to which announcements are ttached
grincement [gʀɛ̃smɑ̃] *m.* (23) squeaking, grinding, scratching
grippe [gʀip] *f.* (26) flu
gronder [gʀɔ̃de] (23) to scold
gros (*f.* **grosse**) [gʀo, gʀos] (6) large; fat
grosseur [gʀosœʀ] *f.* (24) size, bulk
grotte [gʀɔt] *f.* (28) grotto, cave
groupe [gʀup] *m.* (4) group
grouper [gʀupe] (28) to group
guère [gɛʀ] (2) hardly, scarcely
guérir [geʀiʀ] (14) to cure; to get well
guerre [gɛʀ] *f.* (4) war
guide [gid] *m. & f.* (8) guide
guillotine [gijɔtin] *f.* (26) guillotine

guillotiner [gijɔtine] (29) to behead (with the guillotine)

(*Note:* Aspirate **h** is indicated by an asterisk before the phonetic transcription.)
s'habiller [sabije] (12) to get dressed
habit [abi] *m.* (3) outfit of clothing
habitant [abitɑ̃] *m.* (28) inhabitant
habiter [abite] (4) to inhabit, dwell
habitude [abityd] *f.* (23) habit, custom; **d'habitude** usually
s'habituer [sabitɥe] (23) to get used to
haché *[aʃe] (6) chopped
haine *[ɛn] *f.* (19) hatred
haïr *[aiʀ] (C) to hate
halles *[al] *f. pl.* (26) large market
hallucination [alysinasjɔ̃] *f.* (14) hallucination
hameau *[amo] *m.* (29) hamlet
hanneton *[antɔ̃] *m.* (23) June bug
harmonieusement [aʀmɔnjøzmɑ̃] (4) harmoniously
hasard *[azaʀ] *m.* (C) chance, luck
haut *[o] (2) high; *m.* height
haut *[o] (21) high; **d'en haut** from above, from up there
hauteur *[otœʀ] *f.* (C) loftiness
Le Havre *[ləavʀ] *m.* (C) *French seaport*
La Haye *[lae] *f.* (C) The Hague
hectare [ɛktaʀ] *m.* hectare (*land measure equal to 2.5 acres*)
hélas [elas] (15) alas
Henri IV [ɑ̃ʀi katʀ] *m.* (3) *king of France 1589–1610*
héréditaire [eʀeditɛʀ] *a.* (29) hereditary
héritage [eʀitaʒ] *m.* (18) inheritance
hermine [ɛʀmin] *m.* (12) ermine
héroïne [eʀɔin] *f.* (C) heroine
héros *[eʀo] *m.* (C) hero
hésiter [ezite] (C) to hesitate
heure [œʀ] *f.* (3) hour; time (of day); **à l'heure** on time; **de bonne heure** early; **tout à l'heure** in a few minutes, a few minutes ago
heureux (*f.* **heureuse**) [œʀø, -z] (2) happy
hexagone [ɛksagɔn] *m.* (4) hexagon
hibou *[ibu] *m.* (L) owl
hier [jɛʀ] (9) yesterday
histoire [istwaʀ] *f.* (2) story; history
historique [istɔʀik] (26) historical

hiver [iveʀ] *m.* (8) winter
homme [ɔm] *m.* (1) man
Hollandais *[ɔlɑ̃dɛ] (L) Dutch
Hollande *[ɔlɑ̃d] *f.* (C) Holland
honnête [ɔnɛt] (22) honest
honneur [ɔnœʀ] *m.* (C) honor; **fille d'honneur** maid of honor
honorer [ɔnɔʀe] (22) to honor
honte *[ɔ̃t] *f.* (12) shame; **avoit honte** to be ashamed; **faire honte** to make ashamed
hôpital [opital] *m.* (13) hospital
horloge [ɔʀlɔʒ] *m.* (C) large clock
horoscope [ɔʀɔskɔp] *m.* (6) horoscope
horreur [ɔʀœʀ] *f.* (C) horror; **avoir horreur** to loathe, hate
hors *[ɔʀ] (5) outside, out of
hôtel [otɛl] *m.* (7) hotel
houblon *[ublɔ̃] *m.* (23) hop vine
houx *[u] *m.* (24) holly, holly bush
huile [ɥil] *f.* (4) oil
huit *[ɥit] (3) eight
humeur [ymœʀ] *f.* (18) humor
Huns *[œ̃] *m. pl.* (V) Huns
hymne [im] *m.* (4) anthem, hymn

ibérique [ibeʀik] (28) Iberian
ici [isi] (1) here
idéal [ideal] *m.* (26) ideal; idealization
idée [ide] *f.* (2) idea
identité [idɑ̃tite] *f.* (8) identity
ignorance [iɲɔʀɑ̃s] *f.* (30) lack of knowledge
il y a [ilja] (1) there is, there are; ago
île [il] *f.* (C) island
illustré [ilystʀe] (13) illustrated
ils [il] *m. pl. pron.* (1) they
imaginer [imaʒine] (17) to imagine
immaculé [imakyle] (14) immaculate
immédiat [imedja] (C) immediate
immédiatement [imedjatmɑ̃] (V) immediately
immeuble [imœbl] *m.* (5) apartment building
immobile [imɔbil] (C) immobile, stationary
immobilier (*f.* **immobilière**) [imɔbilje, -jɛʀ] (18) having to do with real estate
immortel (*f.* **immortelle**) [imɔʀtɛl] (16) immortal
immuniser [imynize] (3) to immunize

impair [ɛ̃pɛʀ] (24) odd, uneven (number)
imparfait [ɛ̃paʀfɛ] *m.* (11) imperfect
impassible [ɛ̃pasibl] (25) impassive
impeccable [ɛ̃pɛkabl] (14) impeccable
impératif (*f.* **impérative**) [ɛ̃peʀatif, -iv] *m.* (8) imperative
impérial (*m. pl.* **impériaux**) [ɛ̃peʀjal, ɛ̃peʀjo] imperial
impérieux (*f.* **impérieuse**) [ɛ̃peʀjø, -z] (12) imperious
imperméable [ɛ̃pɛʀmeabl] *m.* (13) raincoat
implacable [ɛ̃plakabl] (19) implacable
important [ɛ̃pɔʀtɑ̃] (4) important
importer [ɛ̃pɔʀte] (22) to be of importance, to matter; **n'importe** it doesn't matter, so what; **n'importe quel** any, no matter which; **n'importe quoi** no matter what, no matter what happens
impossible [ɛ̃pɔsibl] (2) impossible
impression [ɛ̃pʀesjɔ̃] *f.* (27) impression
impressionnant [ɛ̃pʀesjɔnɑ̃] (12) impressive
imprévu [ɛ̃pʀevy] (17) unpredicted
imprimé [ɛ̃pʀime] (3) print; patterned
improviste [ɛ̃pʀɔvist] (20) sudden; **à l'improviste** all of a sudden, unexpected
impur [ɛ̃pyʀ] (4) impure
incident [ɛ̃sidɑ̃] *m.* (25) incident
inclination [ɛ̃klinasjɔ̃] *f.* (30) liking, inclination for
incomparable [ɛ̃kɔ̃paʀabl] (12) incomparable
inconsolable [ɛ̃kɔ̃sɔlabl] (12) inconsolable
incroyable [ɛ̃kʀwajabl] (17) unbelievable
indéfini [ɛ̃defini] (1) indefinite
indépendance [ɛ̃depɑ̃dɑ̃s] *f.* (30) independance
indication [ɛ̃dikasjɔ̃] *f.* (19) indication
indifférent [ɛ̃difeʀɑ̃] (30) indifferent
indiquer [ɛ̃dike] (8) to indicate
Indochine [ɛ̃dɔʃin] *f.* (29) Indochina
indulgent [ɛ̃dylʒɑ̃] (18) indulgent
industrie [ɛ̃dystʀi] *f.* (14) industry
industriel (*f.* **industrielle**) [ɛ̃dystʀiɛl] (4) industrial
inévitablement [inevitablmɑ̃] (24) inevitably
inférieur [ɛ̃feʀjœʀ] (30) lower
infini [ɛ̃fini] (19) infinite
infinitif [ɛ̃finitif] *m.* (2) infinitive

influence [ɛ̃flyɑ̃s] *f.* (27) influence
informer [ɛ̃fɔʀme] (11) to inform
s'informer [sɛ̃fɔʀme] (11) to find out; to get information
infortuné [ɛ̃fɔʀtyne] (20) unfortunate
ingénieur [ɛ̃ʒenjœʀ] *m.* (5) engineer
initiale [inisjal] *f.* (27) initial
initiation [inisjasjɔ̃] *f.* (1) introduction; initiation
injure [ɛ̃ʒyʀ] *f.* (17) insult
innocence [inɔsɑ̃s] *m.* (15) innocence
inouï [inwi] (18) unheard of
inquiéter [ɛ̃kjete] (25) to worry
inscrire [ɛ̃skʀiʀ] (27) to inscribe
insister [ɛ̃siste] (4) to insist
inspection [ɛ̃spɛksjɔ̃] *f.* (23) inspection; **jour d'inspection** *day on which school is visited by regional inspectors*
inspirer [ɛ̃spiʀe] (18) to inspire
s'installer [sɛ̃stale] (16) to move in; to settle into
instant [ɛ̃stɑ̃] *m.* (14) moment, instant
instinct [ɛ̃stɛ̃kt] *m.* (18) instinct
institut [ɛ̃stity] *m.* (30) institute
instructif (*f.* **instructive**) [ɛ̃stʀyktif, -iv] (12) educational
instruction [ɛ̃stʀyksjɔ̃] *f.* (23) education
instruire [ɛ̃stʀɥiʀ] (22) to instruct
insuffisant [ɛ̃syfizɑ̃] (30) insufficient
intellectuel (*f.* **intellectuelle**) [ɛ̃tɛlɛktɥɛl] (12) intellectual
intelligent [ɛ̃tɛliʒɑ̃] (V) intelligent
intention [ɛ̃tɑ̃sjɔ̃] *f.* (2) intention; **avoir l'intention de** to intend to
intéressant [ɛ̃teʀɛsɑ̃] (2) interesting
intéresser [ɛ̃teʀɛse] (13) to interest
s'intéresser (à) [sɛ̃teʀɛse] (15) to be interested in
intérieur [ɛ̃teʀjœʀ] (V) interior
interpréter [ɛ̃teʀpʀete] (28) to interpret
interrogatif (*f.* **interrogative**) [ɛ̃teʀɔgatif, -iv] (6) interrogative
interroger [ɛ̃teʀɔʒe] (23) to question, interrogate
intime [ɛ̃tim] (12) intimate
introduire [ɛ̃tʀɔdɥiʀ] (2) to introduce; to insert
inutile [inytil] (5) useless
invasion [ɛ̃vɑzjɔ̃] *f.* (V) invasion
inversion [ɛ̃vɛʀsjɔ̃] *f.* (6) inversion

invité [ɛ̃vite] (2) invited
invisible [ɛ̃vizibl] (30) invisible
invitation [ɛ̃vitasjɔ̃] *f.* (18) invitation
inviter [ɛ̃vite] (7) to invite
ironie [iʀɔni] *f.* (19) irony
irrégulier (*f.* **irregulière**) [iʀegylje, -jɛʀ] (1) irregular
irrémissible [iʀemisibl] (15) unpardonable
Italie [itali] *f.* (1) Italy
italien (*f.* **italienne**) [italjɛ̃, -jɛn] (4) Italian
italiques [italik] *f. pl.* (2) italics

jabot [ʒabo] *m.* (12) frill, jabot
jadis [ʒadi] (21) formerly
jaloux (*f.* **jalouse**) [ʒalu, -z] (19) jealous
jamais [ʒamɛ] (2) never, ever
jambe [ʒɑ̃b] *f.* (12) leg
janvier [ʒɑ̃vje] *m.* (8) January
jardin [ʒaʀdɛ̃] *m.* (V) garden
jarretière [ʒaʀtjɛʀ] *f.* (12) garter
jaune [ʒon] (V) yellow
je [ʒə] (1) I
jeter [ʒəte] (12) to throw
jeton [ʒətɔ̃] *m.* (15) token
jeudi [ʒœdi] *m.* (8) Thursday
jeune [ʒœn] (1) young; **jeune fille** girl, young lady; **jeunes** young people; **jeunes gens** young men
Joconde [ʒokɔ̃d] *f.* (10) *painting by Leonardo da Vinci entitled "Mona Lisa"*
joie [ʒwa] *f.* (17) joy
joindre [ʒwɛ̃dʀ] (22) to join, bring together
joli [ʒɔli] (2) pretty
jouer [ʒwe] (7) to play
jour [ʒuʀ] *m.* (4) day
journal [ʒuʀnal] *m.* (3) newspaper; **journal intime** diary
journaliste [ʒuʀnalist] *m. & f.* (14) journalist
journée [ʒuʀne] *f.* (3) day
judiciaire [ʒydisjɛʀ] (29) judiciary
juger [ʒyʒe] (C) to judge
juillet [ʒɥije] *m.* (8) July
juin [ʒɥɛ̃] *m.* (8) June
jupe [ʒyp] *f.* skirt
Jura [ʒyʀa] *m.* (4) the Jura, mountain range in eastern France
juré [ʒyʀe] (17) sworn

jusque [ʒysk] (4) up to; **jusqu'à** until; **jusqu'à ce que** until

juste [ʒyst] (V) just, correct; precisely, exactly

justement [ʒystəmã] (4) just, precisely

justice [ʒystis] *f.* (26) justice

képi [kepi] *m.* (10) flat-topped billed cap

kilomètre [kilɔmɛtʀ] (*abbr.* **km**) *m.* (4) kilometer (*0.6 mile*)

la [la] *f. def. art.* (1) the; *pron.* her, it

là [la] (3) there; **là-bas** over there; **là-haut** up there

labeur [labœʀ] *m.* (16) work

laboratoire [labɔʀatwaʀ] *m.* (30) laboratory

laboureur [labuʀœʀ] *m.* (22) farm laborer; hireling

lâcher [lɑʃe] (20) to let go

laine [lɛn] *f.* (4) wool

laisser [lɛse] (6) to let, allow; to leave (*something*)

lait [lɛ] *m.* (V) milk

laitière [lɛtjɛʀ] *f.* (13) milkmaid

lancer [lɑ̃se] (28) to launch forth; to throw

langue [lɑ̃g] *f.* (17) tongue

laquelle [lakɛl] *f. rel. pron.* (5) which

large [laʀʒ] (19) wide; **du large** from the sea

larme [laʀm] *f.* (19) teardrop

se lasser [səlase] (V) to become tired of

lavage [lavaʒ] *m.* (25) washing

laver [lave] (C) to wash

le [lə] *m. def. art.* (2) the; *pron.* him, it

leçon [ləsɔ̃] *f.* (3) lesson

lecture [lɛktyʀ] *f.* (1) reading

légende [leʒɑ̃d] *f.* (C) legend

légèrement [leʒɛʀmã] (12) lightly

légion [leʒiɔ̃] *f.* (28) military legion

légume [legym] *m.* (19) vegetable

lendemain [lɑ̃dmɛ̃] *m.* (12) the next day

lent [lɑ̃] (8) slow

lentement [lɑ̃tmã] (8) slowly

les [le] *pl. def. art.* (1) the; *pron.* them

lettre [lɛtʀ] *f.* (3) letter

leur [lœʀ] (2) their; *pron.* to them

lever [ləve] (4) to raise

se lever [sələve] (10) to get up, rise

lèvre [lɛvʀ] *f.* (19) lip

liberté [libɛʀte] *f.* (2) freedom, liberty

librairie [libʀɛʀi] *f.* (26) bookstore

libre [libʀ] (1) vacant, unoccupied

lien [ljɛ̃] *m.* (28) connection, tie

lieu [ljø] *m.* (V) place; **avoir lieu** to take place

ligne [liɲ] *f.* (7) line

limiter [limite] (3) to limit

lin [lɛ̃] *m.* (4) linen

linge [lɛ̃ʒ] *f.* (C) linens; underwear

lire [liʀ] (6) to read

lisière [lizjɛʀ] *f.* (23) edge

liste [list] *f.* (23) list

lit [li] *m.* (11) bed

littéraire [liteʀɛʀ] (17) literary

livre [livʀ] *m.* (1) book

local (*pl.* **locaux**) [lɔkal, lɔko] (9) local

locataire [lɔkatɛʀ] *m.* (7) tenant

logement [lɔʒmã] *m.* (28) lodging

loger [lɔʒe] (4) to stay, lodge

logette [lɔʒɛt] *f.* (20) small cell

loi [lwa] *f.* (C) law

loin [lwɛ̃] (2) far; **au loin** in the distance

Londres [lɔ̃dʀ] *m.* (5) London

Loire [lwaʀ] *f.* (C) *French river famous for its bordering castles*

long (*f.* **longue**) [lɔ̃, lɔ̃g] (2) long; **le long de** along; **tout au long** completely; all along

longtemps [lɔ̃tɑ̃] (14) for a long time

longuement [lɔ̃gmã] (12) at great length

Lorraine [lɔʀɛn] *f.* (4) *province of northeastern France, west of Alsace*

lors [lɔʀ] (*archaic*) (16) then

lorsque [lɔʀsk] (16) when

louange [lwɑ̃ʒ] *f.* (16) praise

louer [lwe] (3) to rent

lourd [luʀ] (23) heavy

loyer [lwaje] *m.* (3) rent

lui [lɥi] (2) he, her, him, it; **lui-même** himself

lumière [lymjɛʀ] *f.* (1) light

lundi [lœ̃di] *m.* (8) Monday

lune [lyn] *f.* (C) moon

lunettes [lynɛt] *f. pl.* (23) eyeglasses

lutte [lyt] *f.* (30) struggle

luxe [lyks] *m.* (4) luxury

Luxembourg [lyksɑ̃buʀ] *m.* (1) Luxemburg

lycée [lise] *m.* (3) *state-supported grammar and/or secondary school*
lycéen (*f.* **lycéenne**) [liseɛ̃, liseɛn] *m.* (4) student at a lycee
Lyon [ljɔ̃] (4) *city on the upper Rhône river*

ma [ma] (2) my
mâchicoulis [maʃikuli] *m.* (27) machicolation
machine [maʃin] *f.* (1) machine
madame [madam] *f.* (3) Mrs., madam
Madeleine [madlɛn] *f.* (I) fashionable Parish church
mademoiselle [madmwazɛl] *f.* (2) Miss
magasin [magazɛ̃] *m.* (3) store; **grand magasin** department store
magazine [magazin] *m.* (14) magazine
magnifique [maɲifik] (12) magnificent
mai [mɛ] *m.* (V) May
main [mɛ̃] *f.* (1) hand; **à la main** in (my, his, etc.) hand
maintenant [mɛ̃tnɑ̃] (4) now
maire [mɛʀ] *m.* (23) mayor
mairie [mɛʀi] *f.* (23) town hall
mais [mɛ] (1) but
maison [mɛzɔ̃] *f.* (2) house
maître [mɛtʀ] *m.* (23) grade-school teacher, master; **maître d'hôtel** head steward
maîtresse [mɛtʀɛs] *f.* (7) grade-school teacher, mistress
majorité [maʒɔʀite] *f.* (5) majority
mal [mal] *m.* (7) pain; harm; trouble; *adv.* badly; **aller mal** to be ill, feel unwell; **avoir mal (à)** to hurt, have an ache; **faire mal à** to hurt someone, something
malade [malad] (13) sick, ill
malgré [malgʀe] (14) in spite of
malheur [malœʀ] *m.* (21) misfortune
malheureusement [malœʀøzmɑ̃] (20) unfortunately
malheureux (*f.* **malheureuse**) [malœʀø, -z] (L) unhappy
malle [mal] *f.* (2) trunk
maman [mamɑ̃] *f.* (8) mamma, mom
Manche [mɑ̃ʃ] *f.* (4) English Channel
mandat [mɑ̃da] *m.* (22) money order

mander [mɑ̃de] (17) to say or announce by letter
mangé [mɑ̃ʒe] (23) worn, ragged
manger [mɑ̃ʒe] (5) to eat
manière [manjɛʀ] *f.* (22) manner, way
mannequin [mankɛ̃] *m.* (13) mannequin, model
manque [mɑ̃k] *m.* (28) lack
manqué [mɑ̃ke] (16) missed, unsuccessful
manquer [mɑ̃ke] (11) to miss
manteau [mɑ̃to] *m.* (V) coat
manuel (*f.* **manuelle**) [manɥɛl] (23) manual
marchand [maʀʃɑ̃] *m.* (28) merchant
marchandise [maʀʃɑ̃diz] *f.* (28) merchandise
marché [maʀʃe] *m.* (19) market
Marché commun [maʀʃekɔmœ̃] *m.* (29) Common Market
marcher [maʀʃe] (3) to walk; to function
mardi [maʀdi] *m.* (8) Tuesday
maréchal [maʀeʃal] *m.* (14) marshal
mari [maʀi] *m.* (14) husband
mariage [maʀjaʒ] *m.* (25) marriage
mariée [maʀje] *f.* (25) bride
marier [maʀje] (13) to marry
se marier (avec) [səmaʀje] (14) to get married to
maritime [maʀitim] (4) maritime
marque [maʀk] *f.* (6) brand, make
marqué [maʀke] (30) marked
marquer [maʀke] (24) to mark
marquis [maʀki] *m.* (22) marquis
mars [maʀs] *m.* (8) March
Marseille [maʀsɛj] (4) *large seaport on the Mediterranean coast*
masculin [maskylɛ̃] (14) masculine
massif (*f.* **massive**) [masif, -v] (27) massive
match [matʃ] *m.* (22) sports match
matériel (*f.* **matérielle**) [mateʀjɛl] (18) material
matin [matɛ̃] *m.* (6) morning
martyr [maʀtiʀ] *m.* (28) martyr
mauvais [mɔvɛ] (2) bad
me [mə] (5) me, to me
mécanique [mekanik] (22) mechanical
méchant [meʃɑ̃] (19) nasty, mean, wicked
méconnu [mekɔny] (29) misunderstood
médecin [medsɛ̃] *m.* (3) doctor

médiéval [medjeval]   (26) medieval
médiocre [medjɔkʀ]   (19) mediocre
Méditerranée [mediteʀane]   f. (4) Mediterranean Sea
se méfier [səmefje]   (9) to distrust
meilleur [mɛjœʀ]   (17) better, best
mélange [melɑ̃ʒ]   m. (26) mixture
mélanger [melɑ̃ʒe]   (6) to mix
membre [mɑ̃bʀ]   m. (11) member
même [mɛm]   (3) same; self; tout de même all the same
même [mɛm]   (8) even
mémorable [memɔʀabl]   (27) memorable
menacer [mənase]   (20) to threaten
ménage [menaʒ]   m. (14) housework, household
ménager [menaʒe]   (22) to plan for; to prepare
mendier [mɑ̃dje]   (20) to beg
mener [məne]   (13) to lead
menhir [mɛniʀ]   m. (28) menhir
mensonge [mɑ̃sɔ̃ʒ]   m. (18) lie
mentionner [mɑ̃sjɔne]   (10) to mention
mentir [mɑ̃tiʀ]   (6) to tell a lie
menton [mɑ̃tɔ̃]   m. (12) chin
menu [məny]   m. (8) menu
méprisant [mepʀizɑ̃]   (16) scornful
mépriser [mepʀize]   (22) to scorn
mer [mɛʀ]   fj (I) sea
merci [mɛʀsi]   (2) thank you, thanks; f. (19) mercy
mercredi [mɛʀkʀədi]   m. (8) Wednesday
merle [mɛʀl]   m. (23) blackbird
mère [mɛʀ]   f. (2) mother
Méridional [meʀidjɔnal]   m. (30) inhabitant of southern France
merveilleusement [mɛʀvɛjøzmɑ̃]   (21) marvelously
merveilleux (f. merveilleuse) [mɛʀvɛjø, -z]   (5) marvelous
mes [me]   (2) my
mesdemoiselles [medmwazɛl]   f. pl. misses
message [mɛsaʒ]   m. (13) message
messe [mɛs]   f. (29) Mass
mesure [məzyʀ]   f. (27) measure; à mesure que as
métallique [metalik]   (25) metallic
métallurgique [metalyʀʒik]   (4) metallurgical

métier [metje]   m. (22) job, trade
mètre [mɛtʀ]   m. (26) meter (unit of measure)
métro [metʀo]   m. (V) subway in Paris
mettre [mɛtʀ]   (6) to put, place; mettre au courant to inform, bring up to date; mettre fin to put an end to; se mettre (à) [səmɛtʀ] (13) to begin to; se mettre à table to sit down at the table
meuble [mœbl]   m. (23) piece of furniture
meurtrier [mœʀtʀie]   m. (19) murderer
Meuse [møz]   f. (V) river in northeastern France
Mexique [mɛksik]   m. (1) Mexico
micro [mikʀo]   m. (14) microphone
midi [midi]   m. (V) noon
mien [mjɛ̃]   (15) mine
mieux [mjø]   (7) better; aimer mieux to prefer; de mieux en mieux better and better
mijoter [miʒɔte]   (25) to simmer; to stew
milieu [miljø]   m. (26) center; social environment; au milieu in the center
militaire [militɛʀ]   (4) soldier; military
mille [mil]   m. (3) thousand
minable [minabl]   (14) shabby
mince [mɛ̃s]   (13) thin
mine [min]   f. (22) face; expression; avoir bonne mine to look well
minerai [minʀɛ]   m. (4) ore
minéral (f. minéraux) [mineʀal, mineʀo]   (5) mineral
mineur [minœʀ]   m. (29) coal miner
minime [minim]   (17) minimal
minuit [minɥi]   m. (7) midnight
minute [minyt]   f. (2) minute
minutieusement [minysjøzmɑ̃]   adv. (11) minutely
miracle [miʀakl]   m. (14) miracle
miraculeux (f. miraculeuse) [miʀakylø, -z]   (17) miraculous
misérable [mizeʀabl]   (23) miserable; a miserable person
misère [mizɛʀ]   f. (22) misery
miséricorde [mizeʀikɔʀd]   f. (17) mercy
mission [misjɔ̃]   f. (5) mission
mitonner [mitɔne]   (30) to simmer
mode [mɔd]   f. (25) way, manner; mode d'emploi "how to use"

modéré [mɔdeʀe]   (27) moderate
moderne [mɔdɛʀn]   (4) modern
modèle [mɔdɛl]   *m.* (1) model
modeste [mɔdɛst]   (3) modest
modiste [mɔdist]   *f.* (19) milliner
moi [mwa]   (1) I, me; **moi-même** myself
moindre [mwɛ̃dʀ]   *m.* (18) least
moins [mwɛ̃]   (4) less; **moins de** less than; **à moins que** unless; **du moins** at least
mois [mwa]   *m.* (3) month
moite [mwat]   (11) moist
moment [mɔmɑ̃]   *m.* (9) moment
mon [mɔ̃]   (1) my
monarque [mɔnaʀk]   *m.* (12) monarch
monastère [mɔnastɛʀ]   *m.* (28) monastery
mondain [mɔ̃dɛ̃]   (30) worldly
monde [mɔ̃d]   *m.* (1) world
mondial [mɔ̃djal]   (26) worldwide
monologue [mɔnɔlɔg]   *m.* (25) monologue
monotone [mɔnɔtɔn]   (5) monotonous
monsieur [məsjø]   *m.* (2) Mr., sir, gentleman
Mont-Blanc [mɔ̃blɑ̃]   *m.* (13) highest mountain in Europe, located in French Alps
montagnard [mɔ̃taɲaʀ]   *m.* (30) mountaineer
montagne [mɔ̃taɲ]   *f.* (V) mountain
montant [mɔ̃tɑ̃]   *m.* (30) amount
monter [mɔ̃te]   (3) to go (come) up; **monter à cheval** to ride horseback
montrer [mɔ̃tʀe]   (8) to show
monument [mɔnymɑ̃]   *m.* (13) monument, historical site
se moquer (de) [səmɔke]   (17) to make fun of
morceau [mɔʀso]   *m.* (9) piece
mordre [mɔʀdʀ]   (13) to bite
mort [mɔʀ]   (5) dead
mort [mɔʀ]   *f.* (12) death
mot [mo]   *m,* (5) word
mouiller [muje]   (19) to dampen, moisten
moulin [mulɛ̃]   *m.* (27) mill
mourir [muʀiʀ]   (5) to die
mouvement [muvmɑ̃]   *m.* (11) movement
moyen [mwajɛ̃]   *m.* (12) means, way
moyen (*f.* **moyenne**) [mwajɛ̃, -jɛn]   (4) middle, average
Moyen Age [mwajɛnaʒ]   *m.* (V) the Middle Ages

mugir [myʒiʀ]   (4) to bellow
muraille [myʀaj]   *f.* (28) wall
musée [myze]   *m.* (8) museum
musique [myzik]   *f.* (4) music

nager [naʒe]   (29) to swim
naguère [nagɛʀ]   (21) formerly
naissance [nɛsɑ̃s]   *f.* (6) birth
naître [nɛtʀ]   (5) to be born
nappe [nap]   *f.* (21) tablecloth
narrateur [naʀatœʀ]   *m.* (19) narrator
natif [natif]   *m.* (18) native
nation [nasjɔ̃]   *f.* (1) nation
national (*m. pl.* **nationaux**) [nasjɔnal, -no]   (2) national
nationalité [nasjɔnalite]   *f.* (1) nationality
nature [natyʀ]   *f.* (20) nature; **thé nature** tea without anything added
naturel [natyʀɛl]   (4) natural
naturellement [natyʀɛlmɑ̃]   (3) naturally
naufrage [nofʀaʒ]   *m.* (26) shipwreck; disaster
né [ne]   (5) born
n'est-ce pas [nɛspa]   (3) doesn't he?, don't you?, isn't it?, etc.
nécessaire [nesesɛʀ]   (6) necessary
nécessité [nesesite]   *f.* (23) necessity
négatif (*f.* **négative**) [negatif, -iv]   (4) negative
négation [negasjɔ̃]   *f.* (2) negation
négliger [negliʒe]   (18) to neglect
neige [nɛʒ]   *f.* (V) snow
nenni [nɛni]   (*archaic*) (24) no
net (*f.* **nette**) [nɛ, nɛt]   (21) neat; distinct; distinctly
nettoyer [nɛtwaje]   (23) to clean
neuf [nœf]   (L) nine
nez [ne]   *m.* (12) nose
nid [ni]   *m.* (23) nest
niveau [nivo]   *m.* (4) level
noble [nɔbl]   (17) noble
Noël [nɔɛl]   *m.* (19) Christmas
noir [nwaʀ]   (2) black; **faire noir** to be dark
nom [nɔ̃]   *m.* ʻ4) name; **nom de jeune fille** maiden name; **nom de famille** surname
nombre [nɔ̃bʀ]   *m.* (4) number
nombreux (*f.* **nombreuse**) [nɔ̃bʀø, -z]   (4) numerous
nommer [nɔme]   (V) to name

non [nɔ̃]   (1) no
nord [nɔR]   *m.* (4) north
normand [nɔRmã]   (30) Norman
Normandie [nɔRmãdi]   (V) Normandy
Norvège [nɔRvɛʒ]   *f.* (V) Norway
nos [no]   (1) our
notamment [nɔtamã]   (18) notably
note [nɔt]   *f.* (V) grade; bill; note
notre [nɔtR]   (2) our
nourrir [nuRiR]   (30) to nourish
nous [nu]   (1) we, us, ourselves
nouveau (nouvel, *pl.* **nouveaux,** *f.* **nouvelle,**
  pl. **nouvelles)** [nuvo, nuvɛl]   (3) new; **de**
  nouveau again
nouvelle [nuvɛl]   *f.* (8) (piece of) news
novembre [nɔvãbR]   *m.* (6) November
noyer [nwaje]   *m.* (23) walnut tree
nuage [nɥaʒ]   *m.* (11) cloud
nuance [nɥãs]   *f.* (30) nuance, shade of
  meaning
nuit [nɥi]   *f.* (5) night; **cette nuit** last night
numéro [nymeRo]   *m.* (7) number, nu-
  meral

obéir [ɔbeiR]   (4) to obey
objet [ɔbʒɛ]   *m.* (V) object
obéissance [ɔbeisãs]   *f.* (29) obedience
obliger [ɔbliʒe]   (8) to oblige; to require
obscurité [ɔpskyRite]   *f.* (21) obscurity
observation [ɔpsɛRvasjɔ̃]   *f.* (25) observation
observer [ɔpsɛRve]   (2) to observe
obstination [ɔpstinasjɔ̃]   *f.* (19) stubborn-
  ness
obtenir [ɔptəniR]   (8) to obtain, get
occasion [ɔkazjɔ̃]   *f.* (30) occasion; **à**
  l'occasion upon occasion
occupation [ɔkypasjɔ̃]   *f.* (22) occupation
occupé [ɔkype]   (19) occupied, busy
océan [ɔseã]   *m.* (4) ocean
octobre [ɔktɔbR]   *m.* (8) October
œil (*pl.* **yeux**) [œj, jø]   *m.* (12) eye
œuvre [œvR]   *f.* (25) work (of art); **chef-**
  d'œuvre *m.* masterpiece
officier [ɔfisje]   *m.* (4) officer
offrir [ɔfRiR]   (20) to offer
oignon [ɔɲɔ̃]   *m.* (6) onion
oiseau [wazo]   *m.* (10) bird
ombre [ɔ̃bR]   *f.* (21) shade; shadow
omelette [ɔmlɛt]   *f.* (24) omelet

on [ɔ̃]   (1) one, they
oncle [ɔ̃kl]   *m.* (19) uncle
onze [ɔ̃z]   (L) eleven
opéra [ɔpeRa]   *m.* (26) opera
opinion [ɔpinjɔ̃]   *f.* (22) opinion
opposé [ɔpoze]   (14) opposed
optimisme [ɔptimism]   *m.* (14) optimism
or [ɔR]   *m.* (5) gold
oracle [ɔRakl]   *m.* (14) oracle
orage [ɔRaʒ]   *m.* (20) storm
orange [ɔRãʒ]   *f.* (14) orange
orchestre [ɔRkɛstR]   *m.* (25) orchestra
ordinaire [ɔRdinɛR]   (V) ordinary; **d'ordi-**
  naire usually, ordinarily
ordonner [ɔRdɔne]   (23) to order; to give
  orders
ordre [ɔRdR]   *m.* (V) order
oreille [ɔRɛj]   *f.* (19) ear
orge [ɔRʒ]   *f.* (19) barley
orgueil [ɔRgœj]   *m.* (12) pride
origine [ɔRiʒin]   *f.* (28) origin
Orly [ɔRli]   (11) *main Paris airport*
oser [oze]   (23) to dare
ôter [ote]   (V) to take away
ou [u]   (V) or
où [u]   (5) where; when
oublier [ublie]   (2) to forget
ouest [wɛst]   *m.* (4) west
oui [wi]   (1) yes
ouvert [uvɛR]   (V) open
ouvrier (*f.* **ouvrière**) [uvRie, uvRiɛR]   *m.* (4)
  worker
ouvrir [uvRiR]   (7) to open
oyant [wajã]   (*archaic*) (16) hearing

pacifier [pasifje]   (29) to pacify
pain [pɛ̃]   *m.* (5) bread
pair [pɛR]   (24) even (numbered)
paire [pɛR]   *f.* (14) pair
paix [pɛ]   *f.* (28) peace
palais [palɛ]   *m.* (15) palace
pâle [pɑl]   (20) pale
palier [palje]   *m.* (11) landing (of a stairway)
panier [panje]   *m.* (21) basket
panne [pan]   *f.* (20) breakdown
panorama [panɔRama]   *m.* (27) panorama
pape [pap]   *m.* (29) Pope
papier [papje]   *m.* (3) paper
paquet [pake]   *m.* (2) package

par [paʀ] (1) by; through; per; **par conséquent** consequently; **par-derrière** in back; **par-dessus** over; **par-devant** in front; **par suite de** because of; following; **par terre** on the ground
paraître [paʀɛtʀ] (5) to appear; to seem
parapluie [paʀaplɥi] *m.* (18) umbrella
parc [paʀk] *m.* (9) park; **parc à vélos** bicycle rack
parce que [paʀskə] (2) because
parcourir [paʀkuʀiʀ] (30) to travel all around; **parcouru** [paʀkuʀy] (19) traveled; covered
pardessus [paʀdsy] *m.* (15) overcoat
pardon [paʀdɔ̃] *m.* (2) pardon, excuse me!
pardonner [paʀdɔne] (I) to pardon
pareil (*f.* **pareille**) [paʀɛj] (14) similar
parent [paʀɑ̃] *m.* (6) parent; relative
parenthèse [paʀɑ̃tɛz] *f.* (2) parenthesis
paresseusement [paʀɛsøzmɑ̃] (30) lazily
paresseux [paʀɛsø] (I) lazy
parfait [paʀfɛ] (20) perfect
parfaitement [paʀfɛtmɑ̃] (21) perfectly
parfois [paʀfwa] (21) sometimes
parfum [paʀfœ̃] *m.* (V) perfume
parisien (*f.* **parisienne**) [paʀizjɛ̃, -jɛn] (4) Parisian
parlement [paʀləmɑ̃] *m.* (29) parliament
parler [paʀle] (1) to speak
parmi [paʀmi] (4) among
parole [paʀɔl] *f.* (10) word; **adresser la parole** to address, speak to someone
part [paʀ] *f.* (23) part, portion; **de ma part** for me, on my behalf
partage [paʀtaʒ] *m.* (18) partition; sharing
partager [paʀtaʒe] (14) to share
parti [paʀti] *m.* (17) party (organization); person; **tirer parti** to manage
participe [paʀtisip] *m.* (9) participle
participer [paʀtisipe] (24) to participate
particulier (*f.* **particulière**) [paʀtikylje, -jɛʀ] (21) particular; private
partie [paʀti] *f.* (4) part; **en partie** in part
partir [paʀtiʀ] (6) to leave
partout [paʀtu] (2) everywhere
pas [pa] *m.* (5) footstep
pas [pa] (2) no, not any
passage [pasaʒ] *m.* (4) passage, written excerpt

passant [pasɑ̃] *m.* (28) passerby
passé [pase] *m.* (9) past
passeport [paspɔʀ] *m.* (2) passport
passer [pase] (2) to pass; to spend time; **passer à** to go on to; **se passer** [səpase] (6) to happen; **se passer de** to do without
passif (*f.* **passive**) [pasif, -iv] (25) passive
passion [pasjɔ̃] *f.* (V) passion
se passionner (pour) [səpasjone] (12) to be very interested in; to like very much
passoire [paswaʀ] *f.* (6) strainer
patiemment [pasjamɑ̃] (21) patiently
patience [pasjɑ̃s] *f.* (5) patience
patrie [patʀi] *f.* (4) fatherland
patron [patʀɔ̃] *m.* (18) employer, "boss"
paupière [popjɛʀ] *f.* (19) eyelid
pauvre [povʀ] (6) poor
payer [peje] (25) to pay
pays [pei] *m.* (4) country
paysan [peizɑ̃] *m.* (28) peasant; farmer
péché [peʃe] *m.* (15) sin
pêcher [peʃe] (23) to fish
pêcheur [peʃœʀ] *m.* (30) fisherman
pécore [pekɔʀ] *f.* (24) silly goose, stupid one
pédagogie [pedagoʒi] *f.* (22) pedagogy
peindre [pɛ̃dʀ] (29) to paint
peine [pɛn] *f.* (21) sorrow; difficulty; **à peine** scarcely; **faire de la peine à** to hurt, cause pain
peler [pəle] (6) to peel
pélican [pelikɑ̃] *m.* (24) pelican
pendant [pɑ̃dɑ̃] (5) during; **pendant que** while
pendre [pɑ̃dʀ] (23) to hang
pénétrant [penetʀɑ̃] (12) penetrating
pensée [pɑ̃se] *f.* (5) thought
penser [pɑ̃se] (6) to think
pension [pɑ̃sjɔ̃] *f.* (V) board, pension
pensionnaire [pɑ̃sjoneʀ] *m. & f.* (V) boarder
perdre [pɛʀdʀ] (4) to lose
se perdre [səpɛʀdʀ] (12) to get lost
père [pɛʀ] *m.* (3) father
perfectionner [pɛʀfɛksjone] (4) to perfect
période [peʀjod] *f.* (18) period, time
péripétie [peʀipesi] *f.* (26) sudden event
périr [peʀiʀ] (22) to perish
permettre [pɛʀmɛtʀ] (4) to permit
perruque [peʀyk] *f.* (12) wig

persuader [pɛRsɥade] (14) to persuade
personne [pɛRsɔn] *f.* (6) person
personne [pɛRsɔn] (2) no one
personnel (*f.* **personnelle**) [pɛRsɔnɛl] (1) personal
peste [pɛst] *f.* (29) plague
persuader [pɛRsɥade] (14) to persuade
petit (*f.* **petite**) [pəti, pətit] (1) small, little; **petits pois** green peas; **petite-fille** granddaughter; **petit à petit** little by little
peu [pø] (1) little, few; **un peu** a little; **à peu près** nearly
peuple [pœpl] *m.* (23) people; nation; lower classes
peur [pœR] *f.* (22) fear; **avoir peur** to be afraid; **de peur de** for fear that
peut-être [pœtɛtR] (10) maybe, perhaps
phalange [falɑ̃ʒ] *f.* (30) finger bone
pharmacien [faRmasjɛ̃] *m.* (6) pharmacist
philosophe [filɔzɔf] *m.* (5) philosopher
philosophie [filɔzɔfi] *f.* (5) philosophy
photo [foto] *f.* (3) photograph
photographier [fotogRafje] (3) to photograph
phrase [fRaz] *f.* (1) phrase; sentence
physique [fizik] (4) physical
piano [pjano] *m.* (18) piano
pic [pik] *m.* (30) peak
pièce [pjɛs] *f.* (3) room; **pièce de théâtre** play
pied [pje] *m.* (12) foot
pigeon [piʒɔ̃] *m.* (23) pigeon
pilote [pilɔt] *m.* (5) pilot
pincée [pɛ̃se] *f.* (6) pinch
pincer [pɛ̃se] (14) to pinch
pique-nique [piknik] *m.* (21) picnic
pis [pi] (22) worse; **tant pis!** too bad!
piscine [pisin] *f.* (10) swimming pool
piste [pist] *f.* (14) runway; track; trail
pistolet [pistɔlɛ] *m.* (19) pistol
pitié [pitje] *f.* (24) pity; **faire pitié à** to cause pity; to make sorry
placard [plakaR] *m.* (C) cupboard
place [plas] *f.* (1) public seat; square; space; **à votre place** in your place
placer [plase] (12) to place
plage [plaʒ] *f.* (30) beach
plaindre [plɛ̃dR] (14) to pity, feel sorry for; **se plaindre** [səplɛ̃dR] (14) to complain

plaire [plɛR] (3) to please; **s'il vous plaît** (if you) please
plaisir [plɛziR] *m.* (2) pleasure; **au plaisir** "hope to see you again"; **faire plaisir à** to please
plancher [plɑ̃ʃe] *m.* (25) floor
plante [plɑ̃t] *f.* (21) indoor or garden plant
plat [pla] *m.* (30) dish
plateau [plato] *m.* (4) plateau
plein [plɛ̃] (V) full
pleurer [plœRe] (10) to cry
pleuvoir [plœvwaR] (10) to rain
pli [pli] *m.* (12) fold; pleat
plissé [plise] (23) pleated
pluie [plɥi] *f.* (10) rain
plupart [plypaR] *f.* (5) most, majority
pluriel [plyRjɛl] (1) plural
plus [ply] (1) more; no longer; **de plus en plus** more and more
plusieurs [plyzjœR] (2) several
plutôt [plyto] (14) rather
poche [pɔʃ] *f.* (9) pocket
poêle [pwal] *f.* (24) pan, skillet
poème [pɔɛm] *m.* (10) poem
poids [pwa] *m.* (20) weight; **prendre du poids** to gain weight
poignée [pwaɲe] *f.* (30) handful; **poignée de main** handshake
poignet [pwaɲe] *m.* (30) wrist
point [pwɛ̃] *m.* (4) point; **point de vue** point of view
point [pwɛ̃] (2) not at all
pointe [pwɛ̃t] *f.* (4) point, extremity
pois [pwa] *m.* (14) pea; **à pois** polka-dotted; **petits pois** green peas
poisson [pwasɔ̃] *m.* (12) fish
police [pɔlis] *f.* (8) police
poliment [pɔlimɑ̃] (21) politely
politique [pɔlitik] (6) political
pomme [pɔm] *f.* (I) apple
pomme de terre [pɔmdətɛR] *f.* (4) potato
pondre [pɔ̃dR] (24) to lay an egg
pont [pɔ̃] *m.* (27) bridge
populaire [pɔpylɛR] (4) popular
population [pɔpylasjɔ̃] *f.* (28) population
port [pɔR] *m.* (30) port
porte [pɔRt] *f.* (7) door
portée [pɔRte] *f.* (21) reach

portefeuille [pɔʀtfœj] *m.* (9) wallet, billfold

porter [pɔʀte] (3) to wear; to carry; **se porter** [səpɔʀte] (18) to feel (health)

portrait [pɔʀtʀɛ] *m.* (10) portrait

poser [poze] (3) to ask (a question); to place, put

position [pozisjɔ̃] *f.* (7) position

posséder [pɔsede] (25) to possess

possible [pɔsibl] (V) possible

possibilité [pɔsibilite] *f.* (15) possibility

poste [pɔst] *f.* (3) post office

poste [pɔst] *m.* (11) job, position; television or radio set

poudre [pudʀ] *m.* (25) powder

poupée [pupe] *f.* (21) doll

poule [pul] *f.* (5) hen

poulet [pule] *m.* (5) chicken

pour [puʀ] (1) for, in order to, to; **c'est pour ça** that's why; **pour que** so that, in order that

pourboire [puʀbwaʀ] *m.* (10) tip

pourquoi [puʀkwa] (1) why

pourtant [puʀtɑ̃] (2) however, yet

pourvoir [puʀvwaʀ] (22) to provide

pourvu que [puʀvykə] (7) provided that

pousser [puse] (26) to push; to grow

pouvoir [puvwaʀ] (4) to be able

pratique [pʀatik] (19) practical

pré [pʀe] *m.* (23) meadow

précis [pʀesi] (11) precise

précoce [pʀekɔs] (14) precocious

préfecture [pʀefɛktyʀ] *f.* (8) police headquarters

préférer [pʀefeʀe] (2) to prefer

préhistorique [pʀeistɔʀik] (28) prehistoric

préjugé [pʀeʒyʒe] *m.* (22) prejudice

premier (*f.* **première**) [pʀəmje, -jɛʀ] (1) first

premièrement [pʀəmjɛʀmɑ̃] (21) firstly

prendre [pʀɑ̃dʀ] (4) to take; to eat; to drink

prénom [pʀenɔ̃] *m.* (18) first name

préoccupé [pʀeɔkype] (14) preoccupied

préparer [pʀepaʀe] (8) to prepare

préparatif [pʀepaʀatif] *m.* (3) preparation

près [pʀɛ] (4) near; **de près** up close; **à peu près** nearly; **près de** near

présent [pʀezɑ̃] (2) present; **à présent** now, at present

présenter [pʀezɑ̃te] (5) to present, introduce

préserver [pʀezɛʀve] (28) to preserve

président [pʀezidɑ̃] *m.* (V) president

presque [pʀɛsk] (4) nearly, almost

pressé [pʀɛse] (7) in a hurry

prêt [pʀɛ] (2) ready

prétendre [pʀetɑ̃dʀ] (23) to claim

prêter [pʀɛte] (8) to lend

prêtre [pʀɛtʀ] *m.* (13) priest

preuve [pʀœv] *f.* (24) proof

prévenir [pʀevniʀ] (16) to warn

prévoyance [pʀevwajɑ̃s] *f.* (22) foresight

prévoyant [pʀevwajɑ̃] (22) far-sighted (in judgment)

prier [pʀije] (4) to ask, to pray; **je vous en prie** please; you're welcome

primitif (*f.* **primitive**) [pʀimitif, -iv] (28) primitive

prince [pʀɛ̃s] *m.* (5) prince

principal [pʀɛ̃sipal] (30) principal, main

principe [pʀɛ̃sip] *m.* (23) principle

prison [pʀizɔ̃] *f.* (27) prison

prisonnier [pʀizɔnje] *m.* (19) prisoner

privé [pʀive] (7) private

prix [pʀi] *m.* (10) prize; price

probable [pʀɔbabl] (7) probable

problème [pʀɔblɛm] *m.* (5) problem

procès [pʀɔsɛ] *m.* (22) trial

prochain [pʀɔʃɛ̃] (3) next

proches [pʀɔʃ] *m. pl.* (18) close relatives

se proclamer [səpʀɔklame] (29) to proclaim oneself

prodige [pʀɔdiʒ] *m.* (30) marvel

prodigieux (*f.* **prodigieuse**) [pʀɔdiʒjø, -z] (25) prodigious

produire [pʀɔdɥiʀ] (4) to produce

professeur [pʀɔfɛsœʀ] *m.* (1) teacher, professor

profiter [pʀɔfite] (28) to profit

profond [pʀɔfɔ̃] deep, profound

programme [pʀɔgʀam] *m.* (6) program; schedule

projet [pʀɔʒɛ] *m.* (14) plan, project

promesse [pʀɔmɛs] *f.* (4) promise

promettre [pʀɔmɛtʀ] (23) to promise

promptement [pʀɔ̃tmɑ̃] (14) promptly

pronom [pʀɔnɔ̃] *m.* (1) pronoun

promulguer [pʀɔmylge] (29) to promulgate

pronominal (*pl.* **pronominaux**) [pʀɔnɔminal, -no] (5) having to do with pronouns; **verbes pronominaux** reflexive verbs
prophétique [pʀɔfetik] (18) prophetic
propos [pʀɔpo] *m.* (13) observation; **à propos** appropriate; by the way
proposer [pʀɔpoze] (14) to propose, suggest
propriétaire [pʀɔpʀjetɛʀ] *m.* (18) owner; landlord
propre [pʀɔpʀ] (7) own; clean
propreté [pʀɔpʀəte] *f.* (14) cleanliness
prose [pʀoz] *f.* (19) prose
prospérité [pʀɔspeʀite] *f.* (28) prosperity
protagoniste [pʀɔtagɔnist] *m.* (19) protagonist
protéger [pʀɔteʒe] (27) to protect
prouver [pʀuve] (14) to prove
province [pʀɔvɛ̃s] *f.* (V) province, region
provincial [pʀɔvɛ̃sjal] (17) provincial, from the country
prudent [pʀydɑ̃] (6) careful
Prusse [pʀys] *f.* (23) Prussia
prussien [pʀysjɛ̃] (23) Prussian
psaume [psom] *m.* (C) psalm
psychanalyse [psikanaliz] *f.* (C) psychoanalysis
psychanalyste [psikanalist] *m.* (C) psychoanalyst
psychologie [psikɔlɔʒi] *f.* (C) psychology
psychologique [psikɔlɔʒik] (30) psychological
psychologue [psikɔlɔg] *m.* (C) psychologist
puis [pɥi] (3) then
puissant [pɥisɑ̃] (18) powerful
pull-over [pulɔvɛʀ] *m.* (22) pullover sweater, tee shirt
punition [pynisjɔ̃] *f.* (23) punishment
pupitre [pypitʀ] *m.* (23) school desk
purement [pyʀmɑ̃] (22) purely
Pyrénées [piʀene] *f. pl.* (4) Pyrenees

qu'a-t-il? [katil] (5) what is the matter with him?
quai [ke] *m.* (C) pier, loading platform
quand [kɑ̃] (5) when
quart [kaʀ] *m.* (6) quarter
quartier [kaʀtje] *m.* (9) neighborhood; area; **quartier libre** leave, pass (*military*)

quatre-vingts [katʀəvɛ̃] (3) eighty
que [kə] (2) only; what; + *independ. clause* how . . .!; **que de . . .!** what a lot of . . .!
quel (*f.* **quelle**) [kɛl] (3) what, which; **quel** + *noun* what a . . .
quelque [kɛlkə] (4) some, a few; **quelque chose** something
quelquefois [kɛlkəfwa] (19) sometimes
quelqu'un [kɛlkœ̃] (4) someone, somebody
qu'est-ce que [kɛsk] (6) what; **qu'est-ce que c'est que** what is;
qu'est-ce qui [kɛski] (6) what
question [kɛstjɔ̃] *f.* (3) question
questionner [kɛstjɔne] (14) to question
qui [ki] (1) who, whom, which; **qui est-ce que** whom
quinze [kɛ̃z] (4) fifteen
quitter [kite] (7) to leave (*a place or a person*)
quoi [kwa] (6) what; **à quoi bon?** what's the use?; **quoi que** no matter what
quoique [kwakə] (7) although
quotidien [kɔtidjɛ̃] (9) daily

race [ʀas] *f.* (29) race
raconter [ʀakɔ̃te] (2) to tell, relate
raccrocher [ʀakʀɔʃe] (7) to hang up (*telephone*)
raillerie [ʀajʀi] *f.* (17) joke, banter
raison [ʀɛzɔ̃] *f.* (14) reason; sanity; **avoir raison** to be right
raisonnable [ʀɛzɔnabl] (00) reasonable
raisonnement [ʀɛzɔnmɑ̃] *m.* (19) reasoning
ramasser [ʀamase] (25) to collect, gather
ramener [ʀamne] (29) to bring back
rampe [ʀɑ̃p] *f.* (27) ramp
rang [ʀɑ̃] *m.* (22) row; rank
rangé [ʀɑ̃ʒe] (23) in rows; in order, in place
ranger [ʀɑ̃ʒe] (9) to arrange, put in place, put in order
râpé [ʀɑpe] (6) grated
rappeler [ʀaple] (5) to recall; to remind; to call back
rapprocher [ʀapʀɔʃe] (22) to bring near
rare [ʀaʀ] (7) rare, unusual
raser [ʀaze] (11) to shave

rassis [ʀasi]   (6) stale
rat [ʀa]   *m.* (13) rat
ravager [ʀavaʒe]   (28) to ravage
ravi [ʀavi]   (7) delighted
ravissant [ʀavisɑ̃]   (12) charming, ravishing
rayon [ʀɛjɔ̃]   *m.* (20) ray
réagir [ʀeaʒiʀ]   (19) to react
réaliser [ʀealize]   (29) to effect, achieve
récapituler [ʀekapityle]   (19) to recapitulate, go back over
récemment [ʀesamɑ̃]   (21) recently
récent [ʀesɑ̃]   (13) recent
récepteur [ʀesɛptœʀ]   *m.* (7) telephone receiver
recette [ʀəsɛt]   *f.* (6) recipe
recevoir [ʀəsəvwaʀ]   (17) to receive
récit [ʀesi]   *m.* (21) story, tale, recounting
récolte [ʀekɔlt]   *f.* (22) harvest
recommander [ʀəkɔmɑ̃de]   (9) to recommend
recommencer [ʀəkɔmɑ̃se]   (7) to begin again
récompenser [ʀekɔ̃pɑ̃se]   (18) to reward
reconnaître [ʀəkɔnɛtʀ]   (11) to recognize
récrire [ʀekʀiʀ]   (5) to rewrite
recueil [ʀəkœj]   *m.* (16) collection (*of stories or poems*)
reculer [ʀəkyle]   (20) to back up
récurer [ʀekyʀe]   (25) to scour
redevenir [ʀədəvniʀ]   (18) to become again
redingote [ʀədɛ̃gɔt]   *f.* (23) frock coat
réduire [ʀedɥiʀ]   (22) to reduce
refaire [ʀəfɛʀ]   (21) to redo
refermer [ʀəfɛʀme]   (11) to close again
réfléchir [ʀefleʃiʀ]   (24) to reflect, ponder
refléter [ʀəflete]   (25) to reflect (as a mirror)
réflexion [ʀeflɛksjɔ̃]   *f.* (12) thought, reflection
réforme [ʀefɔʀm]   *f.* (29) reform
réformer [ʀefɔʀme]   (28) to reform
réfugié [ʀefyʒje]   (21) hidden
refuser [ʀəfyze]   (23) to refuse
regagner [ʀəgaɲe]   (23) to regain
regard [ʀəgaʀ]   *m.* (19) look glance
regarder [ʀəgaʀde]   (2) to look at
région [ʀeʒjɔ̃]   *f.* (V) region
réglable [ʀeglabl]   (25) adjustable

règle [ʀɛgl]   *f.* (23) rule; ruler (measuring device); **être en règle** to be in order
régler [ʀegle]   (25) to regulate
règne [ʀɛɲ]   *m.* (28) reign
régner [ʀeɲe]   (22) to reign
regretter [ʀəgʀɛte]   (7) to be sorry, regret
régulier [ʀegylje]   (4) regular
reine [ʀɛn]   *f.* (16) queen
reine-mère [ʀɛnmɛʀ]   *f.* (16) queen mother
se réjouir [səʀeʒwiʀ]   (26) to rejoice in
relatif (*f.* **relative**) [ʀəlatif, -iv]   (21) relative
relativement [ʀəlativmɑ̃]   (21) relatively
relief [ʀəljɛf]   *m.* (29) relief (sculpture technique)
remarquer [ʀəmaʀke]   (2) to remark, notice
remercier [ʀəmɛʀsje]   (23) to thank
remis [ʀəmi]   (23) cured; recovered
remonter [ʀəmɔ̃te]   (14) to go up (a street); to go up again
rempart [ʀɑ̃paʀ]   *m.* (28) rampart
remplacer [ʀɑ̃plase]   (1) to replace, substitute for
remplir [ʀɑ̃pliʀ]   (3) to fill, complete, fill out
remuer [ʀəmɥe]   (25) to stir
Renaissance [ʀənesɑ̃s]   *f.* (C) Renaissance
renard [ʀənaʀ]   *m.* (5) fox
rencontre [ʀɑ̃kɔ̃tʀ]   *m.* (7) chance meeting
rencontrer [ʀɑ̃kɔ̃tʀe]   (1) to meet, encounter
rendez-vous [ʀɑ̃devu]   *m.* (6) appointment, date
rendre [ʀɑ̃dʀ]   (8) to return; to give back; to render; **se rendre** (23) to surrender; **se rendre compte** (29) to become aware
renommée [ʀənɔme]   *f.* (30) renown
renommé [ʀənɔme]   (12) renowned, famous
renseignement [ʀɑ̃sɛɲmɑ̃]   *m.* (4) information
rentrée [ʀɑ̃tʀe]   *f.* (1) return to school
rentrer [ʀɑ̃tʀe]   (5) to return, come back (home)
renverser [ʀɑ̃vɛʀse]   (13) to spill; to overturn; to reverse
répandre [ʀepɑ̃dʀ]   (28) to spread
repas [ʀəpa]   *m.* (14) meal

repasser [Rəpase]   (23) to iron
répéter [Repete]   (1) to repeat
répondre [Repɔ̃dR]   (3) to answer
réponse [Repɔ̃s]   *f.* (3) answer
repos [Rəpo]   *m.* (16) rest, repose
reposer [Rəpoze]   (10) to replace
reproche [RəpRɔʃ]   *f.* (23) reproach
répugner [Repyɲe]   (30) to loathe
républicain [Repyblikɛ̃]   (30) (having to do with a) republican (form of government)
réputation [Repytasjɔ̃]   *f.* (12) reputation
réquisition [Rekizisjɔ̃]   *f.* (23) requisition
résidence [Rezidɑ̃s]   *f.* (26) residence
résistance [Rezistɑ̃s]   *f.* (14) resistance
résister [Reziste]   (19) to resist
résoudre [RezudR]   (17) to resolve
respect [Rɛspɛ]   *m.* (30) respect
respecter [Rəspɛkte]   (7) to respect
responsable [Rəspɔ̃sabl]   (7) responsible
ressembler [Rəsɑ̃ble]   (5) to resemble
ressource [RəsuRs]   *f.* (22) resource
restaurant [Rɛstɔrɑ̃]   *m.* (5) restaurant
restaurer [Rɛstɔre]   (28) to restore
reste [Rɛst]   *m.* (23) remainder, rest; **du reste** moreover
rester [Rɛste]   (4) to stay, remain
restes [Rɛst]   *m. pl.* (27) physical remains
résultat [Rezylta]   *m.* (12) result, outcome
retard [Rətar]   *m.* (6) delay; **en retard** late
se retirer [səRətiRe]   (30) to withdraw oneself
retour [RətuR]   *m.* (7) return; reversal
retourner [RətuRne]   (1) to go back; to return
retrouver [RətRuve]   (25) to find; to meet by prearrangement
réunion [Reynjɔ̃]   *f.* (21) meeting
réussir [ReysiR]   (12) to succeed
rêve [Rɛv]   *m.* (14) dream
réveil [Revɛj]   *m.* (11) alarm clock
réveille-matin [Revɛjmatɛ̃]   *m.* (20) alarm clock
se reveiller [səRevɛje]   (16) to wake up
révéler [Revele]   (5) to reveal
revenir [RəvniR]   (8) to return; to brown meat
revenu [Rəvny]   *m.* (30) income
rêver [Rɛve]   (18) to dream
révision [Revizjɔ̃]   *f.* (9) review

revoir [RəvwaR]   (2) to see again; **au revoir** good-by
révolution [Revɔlysjɔ̃]   *f.* (8) revolution; *cap.* French Revolution 1789–1799
rez-de-chaussée [Redʃose]   *m.* (3) ground-floor
Rhin [Rɛ̃]   *m.* (4) Rhine river
riche [Riʃ]   (2) rich
ridicule [Ridikyl]   (12) ridiculous
rien [Rjɛ̃]   *m.* (2) nothing
rire [RiR]   (C) to laugh
risque [Risk]   *m.* (25) risk
rive [Riv]   *f.* (26) shore, bank; **rive droite** right bank of the Seine in Paris; **rive gauche** left bank of the Seine
rivière [RivjɛR]   *f.* (2) river; stream
robe [Rɔb]   *f.* (9) dress
rocher [Rɔʃe]   *m.* (30) rock
roi [Rwa]   *m.* (12) king
rôle [Rol]   *m.* (7) role
romain [Rɔmɛ̃]   (26) Roman
roman [Rɔmɑ̃]   *m.* (5) novel; **roman policier** detective novel; **roman à thèse** thesis novel
romanesque [Rɔmanɛsk]   (29) romantic
rond [Rɔ̃]   *m.* (10) circle; **tourner en rond** to go around in circles
ronde [Rɔ̃d]   *f.* (23) circle; round
rose [Roz]   (12) pink, rose; *f.* rose *(flower)*
rôti [Roti]   (5) roasted
Roubaix [Rubɛ]   (4) *city in northern France near Belgium, famous for its wool manufacture*
roucouler [Rukule]   (23) to coo
rouge [Ruʒ]   (9) red
rougeole [Ruʒɔl]   *f.* (22) measles
rouler [Rule]   (14) to roll, move along (vehicle)
route [Rut]   *f.* (1) way, route; highway; **en route** on the way
royal [Rwajal]   (12) royal
royaume [Rwajom]   *m.* (28) kingdom
ruban [Rybɑ̃]   *m.* (12) ribbon
rude [Ryd]   (27) rough, crude
rue [Ry]   *f.* (5) street
ruine [Rɥin]   *f.* (26) ruin
ruiné [Rɥine]   (12) ruined
ruiner [Rɥine]   (19) to ruin

rustique [Rystik]   (22) rustic, having to do with the country

sac [sak]   *m.* (2) sack, bag; handbag; **sac de couchage** sleeping bag

sacoche [sakɔʃ]   *f.* (2) saddlebag

Sacré-Cœur [sakRekœR]   *m.* (26) Sacred Heart (*church in the Montmartre section of Paris*)

sacrifice [sakRifis]   *m.* (5) sacrifice

sage [saʒ]   (17) wise; well-behaved; *m.* wise man

saint [sɛ̃]   (19) saint; holy

saisir [sɛziR]   (14) to seize, take hold of

saison [sɛzɔ̃]   *f.* (1) season

salle [sal]   *f.* (3) room; **salle de bains** bathroom; **salle de conférence** lecture room

salon [salɔ̃]   *m.* (6) living room

saluer [salɥe]   (10) to greet; to salute

samedi [samdi]   *m.* (8) Saturday

sandwich [sɑ̃dwitʃ]   *m.* (5) sandwich

sang [sɑ̃]   *m.* (4) blood

sanglant [sɑ̃glɑ̃]   (4) bloody

sans [sɑ̃]   (C) without; **sans doute** doubtlessly, probably; **sans que** without

santé [sɑ̃te]   *f.* (14) health

sauf [sof]   (14) except

sauter [sote]   (14) to jump; **sauter aux yeux** to leap to one's attention

sauver [sove]   (28) to save

se sauver [sɔsove]   (20) to be off, get out

savant [savɑ̃]   *m.* (30) scientist

savoir [savwaR]   (6) to know, know how to

savoir [savwaR]   *m.* (V) knowledge; learning

savon [savɔ̃]   *m.* (4) soap

scène [sɛn]   *f.* (8) scene, setting

sceptre [sɛptR]   *m.* (10) scepter

science [sjɑ̃s]   *f.* (6) science

scierie [siRi]   *f.* (23) sawmill

scolaire [skɔlɛR]   (28) scholarly

scrupuleusement [skRypyløzmɑ̃]   (21) scrupulously

seau [so]   *m.* (11) bucket

seconde [sɔgɔ̃d]   *f.* (19) second (*of time*)

secouer [sɔkwe]   (14) to shake

secret [sɔkRɛ]   (17) secret

secrétaire [sɔkRetɛR]   *m. & f.* (14) secretary

secte [sɛkt]   *f.* (29) religious sect

secondement [sɔgɔ̃dmɑ̃]   (21) secondly

sécurité [sekyRite]   *f.* (24) safety

seigneur [sɛɲœR]   *m.* (28) lord

Seine [sɛn]   *f.* (V) *river flowing through Paris*

seize [sɛz]   (C) sixteen

séjour [seʒuR]   *m.* (27) stay, sojourn

sel [sɛl]   *m.* (6) salt

semaine [sɔmɛn]   *f.* (8) week

sembler [sɑ̃ble]   (7) to seem

semestre [sɔmɛstR]   *m.* (26) semester

sens [sɑ̃s]   *m.* (14) sense

sensible [sɑ̃sibl]   (30) sensitive

sentier [sɑ̃tje]   *m.* (30) path

sentiment [sɑ̃timɑ̃]   *m.* (C) feeling

sentimental [sɑ̃timɑ̃tal]   (18) sentimental, having to do with feelings

sentir [sɑ̃tiR]   (6) to feel; to smell; to sense; **se sentir** [sɔsɑ̃tiR]   (7) to feel (health)

séparer [sepaRe]   (14) to separate

septembre [sɛptɑ̃bR]   *m.* (9) September

serein [sɔRɛ̃]   (12) serene

sérieux (*f.* **sérieuse**) [seRjø]   (2) serious; **prendre au sérieux** to take seriously

sérieusement [seRjøzmɑ̃]   (21) seriously

sermonner [seRmɔne]   (14) to lecture; to give a sermon; to "sermonize"

serpent [seRpɑ̃]   *m.* (19) snake

serrer [seRe]   (30) to squeeze; **serrer la main** to shake hands

servante [seRvɑ̃]   *f.* (16) maid, servant

service [seRvis]   *m.* (23) service

serviette [seRvjɛt]   *f.* (12) napkin; briefcase

servir [seRviR]   (6) to serve; **se servir (de)** [sɔseRviR]   (5) to use

ses [se]   *a.* (1) his, hers, its

seuil [sœj]   *f.* (20) threshold

seul [sœl]   *a.* (V) alone

seulement [sœlmɑ̃]   (13) only

sévère [sevɛR]   (12) severe

si [si]   (2) yes (*in answer to a negative question*); so; if

siècle [sjɛkl]   *m.* (17) century

siège [sjɛʒ]   *m.* (29) seat; base

sien [sjɛ̃]   (15) his, hers, its

siffler [sifle]   (23) to whistle

signaler [siɲale]   (9) to indicate; to bring to one's attention signe [siɲ] *m.* (10) sign; **faire signe** to signal

silence [silɑ̃s] *m.* (3) silence

silhouette [silwɛt] *f.* (19) silhouette

sillage [sijaʒ] *m.* (18) wake (of a boat)

sillon [sijɔ̃] *m.* (4) furrow

sillonné [sijɔne] (26) streaked; furrowed

simplement [sɛ̃pləmɑ̃] (30) simply

singulier [sɛ̃gylje] (17) odd, strange

sinistre [sinistʀ] (27) sinister

site [sit] *m.* (V) site, location

situation [sitɥasjɔ̃] *f.* (14) position, job

sixième [sizjɛm] (3) sixth

ski [ski] *m.* (18) ski; **faire du ski** to ski

skier [skie] (18) to ski

ski-nautique [skinotik] *m.* (18) water skiing

sobrement [sɔbʀəmɑ̃] (21) soberly, conservatively

social (*pl.* **sociaux**) [sɔsjal, sɔsjo] (29) social

société [sɔsjete] *f.* (5) society

socquette [sɔkɛt] *f.* (14) child's sock

sœur [sœʀ] *f.* (1) sister

soi [swa] (14) oneself

soie [swa] *f.* (4) silk

soif [swaf] *f.* (19) thirst; **avoir soif** to be thirsty

soin [swɛ̃] *m.* (22) care

soir [swaʀ] *m.* (3) evening

soirée [swaʀe] *f.* (25) evening; party

sol [sɔl] *m.* (19) soil, ground

soldat [sɔlda] *m.* (4) soldier

soleil [sɔlɛj] *m.* (C) sun; **coucher du soleil** sunset; **faire du soleil** to be sunny

solidarité [sɔlidaʀite] *f.* (28) solidarity

solide [sɔlid] (23) solid

solitaire [sɔlitɛʀ] (16) solitary, lonely

solennel (*f.* **solennelle**) [sɔlɛnɛl] (23) solemn

solution [sɔlysjɔ̃] *f.* (18) solution

sombrer [sɔ̃bʀe] (26) to sink

somme [sɔm] *f.* (14) sum; **en somme** in short

sommeil [sɔmɛj] *m.* (22) sleep; **avoir sommeil** to be sleepy

sommeiller [sɔmɛje] (16) to nap, sleep

sommet [sɔmɛ] *m.* (26) summit

songer [sɔ̃ʒe] (23) to think; to dream

sonner [sɔne] (7) to ring

sonnet [sɔne] *m.* (16) sonnet

sophistiqué [sɔfistike] *a.* (28) sophisticated

Sorbonne [sɔʀbɔn] *f.* (1) *part of the Université de Paris; also the building it is lodged in*

sorte [sɔʀt] *f.* (6) kind, sort; **en sorte que** so that, with the result that

sortir [sɔʀtiʀ] (6) to go out

se soucier [səsusje] (14) to worry oneself about

sou [su] *m.* (19) *coin of little value no longer in existence, used currently to indicate a small, unimportant sum*

souffrir [sufʀiʀ] (14) to suffer

souhaitable [swɛtabl] (7) desirable

soulier [sulje] *m.* (12) shoe

soumettre [sumɛtʀ] (22) to submit; to subjugate

soupe [sup] *f.* (6) soup

sourcil [suʀsi] *m.* (12) eyebrow

souriant [suʀjɑ̃] *a.* (24) smiling

sourire [suʀiʀ] (24) to smile

sous [su] (5) under; (12) below

soustraction [sustʀaksjɔ̃] *f.* (6) subtraction

souvenir [suvniʀ] *m.* (5) memory; **se souvenir** [səsuvniʀ] (10) to remember

souvent [suvɑ̃] (3) often

se specialiser [səspesjalize] (14) to specialize in

spectacle [spɛktakl] *m.* (14) spectacle; entertainment

sport [spɔʀ] *m.* (11) sport; **faire du sport** to engage in a sport

statue [staty] *f.* (19) statue

stationnement [stasjɔnmɑ̃] *m.* (9) parking

stationner [stasjɔne] (24) to park

statisticien [statistisjɛn] *m.* (30) statistician

statistique [statistik] *f.* (30) statistics

steak [stɛk] *m.* (12) steak

sténodactylo [stenodaktilo] *m. & f.* (14) stenotypist

stimuler [stimyle] (28) to stimulate

Strasbourg [stʀazbuʀ] (4) *large city on the Rhine river in eastern France*

strophe [stʀɔf] *f.* (29) stanza

studio [stydjo] *m.* (3) efficiency apartment

style [stil] *m.* (26) style

stylo [stilo] *m.* (13) pen

subir [sybiʀ]   (29) to undergo; to experience

subjonctif [sybʒɔ̃ktif]   m. (7) subjunctive

subsistance [sybzistãs]   f. (22) sustenance

se succéder [səsyksede]   (19) to follow in succession

succès [syksɛ]   m. (12) success

sucer [syse]   (19) to suck

sucre [sykʀ]   m. (10) sugar

succulent [sykylã]   (19) juicy, succulent

sud [syd]   m. (4) south

suédois [sɥɛdwa]   a. (6) Swedish

suffir [syfiʀ]   (25) to suffice

suffisant [syfizã]   (21) sufficient

se suicider [səsɥiside]   (12) to commit suicide

Suisse [sɥis]   f. (13) Switzerland

suite [sɥit]   f. (12) continuation; conclusion; et ainsi de suite and so forth; par suite de because of; following

suivant [sɥivã]   (1) following, next

suivre [sɥivʀ]   (3) to follow

sujet [syʒe]   m. (1) subject

superbe [sypɛʀb]   (12) superb, excellent

supérieur [sypeʀjœʀ]   (17) superior

superposer [sypɛʀpoze]   (28) to superimpose

supplier [syplije]   (20) to beg, implore

suppression [sypʀɛsjɔ̃]   f. (22) suppression

suprême [sypʀɛm]   (17) supreme

sûr (f. sure) [syʀ]   (3) sure, certain; bein sûr certainly, of course

sur [syʀ]   (3) on, upon; un sur deux one out of two

sûrement [syʀmã]   (16) surely

sur-le-champ [syʀləʃã]   at once

surpasser [syʀpase]   (15) to surpass, go beyond

surprenant [syʀpʀənã]   (17) surprising

surprise [syʀpʀiz]   f. (20) surprise

surtout [syʀtu]   (14) above all, especially

surveiller [syʀvɛje]   (7) to watch over

survivre [syʀvivʀ]   (26) to survive

symbole [sɛ̃bɔl]   m. (26) symbol

symbolique [sɛ̃bɔlik]   (19) symbolic

sympathique [sɛ̃patik]   (8) nice, likeable

système "D" [sistɛmde]   m. (30) slang for a system for "getting by"; "D" stands for débrouillard, meaning resourceful

table [tabl]   f. (3) table; se mettre à table to sit down at the table

tâcher [tɑʃe]   (14) to try

tableau [tablo]   m. (29) painting

taille [taj]   f. (24) size

talent [talã]   m. (17) talent

tampon [tãpɔ̃]   m. (25) pad

tandis que [tãdikə]   (19) while, whereas

tant [tã]   (12) so, so much, so many; tant que as long as; tant pis! too bad!

tante [tãt]   f. (14) aunt

tantôt [tãto]   (21) presently; sometimes

tapage [tapaʒ]   m. (23) noise, commotion

taper [tape]   (23) to tap

tapis [tapi]   m. (25) carpet, rug

tard [taʀ]   (20) late

tarder [taʀde]   (23) to delay in

tarte [taʀt]   f. (5) pie

tasse [tas]   f. (V) cup

taureau [toʀo]   m. (18) bull

taux [to]   m. (14) rate; taux de mortalité mortality rate

taxi [taksi]   m. (11) taxi

te [tə]   (5) you, to you

teinturerie [tɛ̃tyʀʀi]   f. (14) dry cleaner's and laundry

téléphone [telefɔn]   m. (7) telephone

téléphoner [telefɔne]   (7) to telephone

tellement [tɛlmã]   (21) so

tempéré [tãpeʀe]   (4) temperate

témoignage [temwaɲaʒ]   m. (14) evidence, testimony

temple [tãpl]   m. (28) temple

temps [tã]   m. (3) time; tense; weather; quel temps fait-il? what's the weather like?; de temps en temps from time to time

tendance [tãdãs]   f. (C) tendency

tenir [təniʀ]   (4) to hold; to keep; tenir à to be attached to; to insist on; tenir de take after; to get from; tenir la maison to keep house; se tenir (12) to stand; to hold

tension [tãsjɔ̃]   f. (18) tension

tenter [tãte]   (14) to try, attempt

terme [tɛʀm]   m. (29) settlement, finish

terminer [tɛʀmine]   (28) to finish

terrasse [teʀas]   f. (4) terrace

terre [tɛʀ] *f.* (5) earth, land; **par terre** on the ground
terrier [tɛʀje] *m.* (5) burrow
territoire [tɛʀitwaʀ] *m.* (28) territory
tête [tɛt] *f.* (10) head
texte [tɛkst] *m.* (8) text; passage
textile [tɛkstil] (4) textile
thé [te] *m.* (6) tea
théâtre [teatʀ] *m.* (3) theater
théorie [teɔʀi] *f.* (22) theory
thèse [tɛz] *m.* (29) thesis
tiède [tjɛd] (25) tepid
tien [tjɛ̃] *m. pron.* (5) yours
tiens! [tjɛ̃] (4) well!, oh!
tigre [tigʀ] *m.* (19) tiger
tiré [tiʀe] (9) taken from
tirer [tiʀe] (9) to take from; to pull; to shoot at; **tirer parti** to manage
titre [titʀ] *m.* (4) title
toi [twa] (8) you
toit [twa] *m.* (23) roof
toiture [twatyʀ] *f.* (23) roofing
tomber [tɔ̃be] (V) to fall
tonalité [tɔnalite] *f.* (7) dial tone
torchon [tɔʀʃɔ̃] *m.* (30) dishcloth, dustrag
tort [tɔʀ] *m.* (22) wrong; **avoir tort** to be wrong
tôt [to] (V) early
total [total] (23) total, entire
toucher [tuʃe] (1) to touch; to cash (*a check*)
toujours [tuʒuʀ] (2) always; still
Toulouse [tuluz] (4) *city in south-central France*
tour [tuʀ] *f.* (2) tower
tour [tuʀ] *m.* (23) turn
Touraine [tuʀɛn] *f.* (17) *province in the Loire region; capital, Tours*
tourisme [tuʀism] *m.* (4) tourism
touriste [tuʀist] *m. & f.* (2) tourist
tourmenter [tuʀmãte] (19) to torment
tourner [tuʀne] (10) to turn; to stir; **tourner en rond** to go around in circles
tous [tus] (1) all, everybody
tousser [tuse] (26) to cough
tout (*m. pl.* **tous,** *f.* **toute**) [tu, tut] (1) every, all; *adv.* (4) completely, entirely; **tout à coup** all of a sudden; **tout a fait** entirely; **tout à l'heure** in a few minutes;

a few minutes ago; **tout de même** all the same, anyway; **tout de suite** right away, immediately; **tout en** all the while; **tout le monde** everyone; **du tout** not at all; **tout ce que** everything that, all that
toutefois [tutfwa] (22) however, nevertheless
tracer [tʀase] (23) to trace
tracteur [tʀaktœʀ] *m.* (4) tractor
tradition [tʀadisʃɔ̃] *f.* (30) tradition
traduire [tʀadɥiʀ] (11) to translate
train [tʀɛ̃] *m.* (1) train; noise; goings-on; **en train de** in the process of doing something
traîner [tʀɛne] (20) to drag
traire [tʀɛʀ] (13) to milk
traité [tʀɛte] *f.* (28) treaty
tranche [tʀɑ̃ʃ] *f.* (6) slice
tranquille [tʀɑ̃kil] (C) tranquil, quiet
tranquillement [tʀɑ̃kilmã] *adv.* (14) quietly, peacefully
travail (*pl.* **travaux**) [tʀavaj, tʀavo] *m.* (4) work; jobs, undertakings
travailler [tʀavaje] (6) to work
travailleur [tʀavajœʀ] *m.* (30) worker
travers [tʀavɛʀ] *m.* (30) peculiarity; **à travers** across; **de travers** crooked; the wrong way; **en travers de** across
traverser [tʀavɛʀse] (1) to cross
treize [tʀɛz] (C) thirteen
tremblement [tʀɑ̃bləmã] *m.* (20) trembling, quake
trembler [tʀɑ̃ble] (23) to tremble
tremper [tʀɑ̃pe] (25) to soak
trentaine [tʀɑ̃tɛn] *f.* (6) about thirty
très [tʀɛ] (2) very
tribu [tʀiby] *f.* (28) tribe
tribunal [tʀibynal] *m.* (30) court of law
tricorne [tʀikɔʀn] *m.* (23) three-cornered hat
tringle [tʀɛ̃gl] *f.* (23) rod
triomphant [tʀiɔ̃fɑ̃] (17) triumphant
triomphe [tʀiɔ̃f] *m.* (I) triumph
triste [tʀist] (5) sad
tristement [tʀistmã] (23) sadly
tristess [tʀistɛs] *f.* (14) sadness
trois [tʀwa] (3) three
troisième [tʀwazjɛm] (3) third

se tromper [sətʀɔ̃pe]   (10) to make a mistake, be wrong
trompette [tʀɔ̃pɛt]   *f.* (23) trumpet
trône [tʀon]   *m.* (17) throne
trop [tʀo]   (4) too much, too many
trottoir [tʀɔtwaʀ]   *m.* (14) sidewalk
trou [tʀu]   *m.* (14) hole
trouble [tʀubl]   (C) troubled; *m.* trouble
troupeau [tʀupo]   *m.* (30) flock
trouver [tʀuve]   (3) to find; **se trouver** (4) to be located
truite [tʀɥit]   *f.* (23) trout
tu [ty]   (1) you
tuer [tɥe]   (22) to kill
Tuileries [tɥilʀi]   *f. pl.* (10) *park and gardens between the Louvre and the Place de la Concorde in Paris*
tutoyer [tytwaje]   (25) to address someone as **tu**
type [tip]   *m.* (*colloquial*) (19) fellow, guy
typiquement [tipikmɑ̃]   (12) typically
tyrannie [tiʀani]   *f.* (4) tyranny

un (*f.* **une**) [œ̃, yn]   (1) one, a
uni [yni]   (28) united
union [ynjɔ̃]   *f.* (27) union
unir [yniʀ]   (25) to unite
universel (*f.* **universelle**) [ynivɛʀsɛl]   (26) universal
universellement [ynivɛʀsɛlmɑ̃]   (26) universally
universitaire [ynivɛʀsitɛʀ]   (10) concerning a university; university level
université [ynivɛʀsite]   *f.* (1) university
usage [yzaʒ]   *m.* (23) use; **faire usage** to make use of
usine [yzin]   *f.* (4) factory
ustensile [ystɑ̃sil]   *f.* (25) utensil
utile [ytil]   (12) useful

vacances [vakɑ̃s]   *f. pl.* (16) vacation
vache [vaʃ]   *f.* (13) cow
vain [vɛ̃]   (19) vain; **en vain** in vain
vaincre [vɛ̃kʀ]   (22) to vanquish, defeat
vaisselle [vɛsɛl]   *f.* (23) dishes; china
vaisseau [vɛso]   *m.* (26) vessel
valable [valabl]   (22) valid
valeur [valœʀ]   *f.* (15) value
valise [valiz]   *f.* (2) suitcase

vallée [vale]   *f.* (27) valley
valoir [valwaʀ]   (7) to be worth; **valoir mieux** to be better
vanité [vanite]   *f.* (19) vanity
varié [vaʀje]   (25) varied
variole [vaʀjɔl]   *f.* (3) smallpox
véhément [veemɑ̃]   (21) vehement
vélo [velo]   *m.* (2) bike
velours [vəluʀ]   *m.* (12) velvet
vendre [vɑ̃dʀ]   (7) to sell; **à vendre** for sale
vendredi [vɑ̃dʀədi]   *m.* (8) Friday
venir [vəniʀ]   (4) to come; **venir de** + *inf.* to have just + *inf.*
vent [vɑ̃]   *m.* (5) wind; **faire du vent** to be windy (*weather*)
vente [vɑ̃t]   *f.* (25) sale; **mis en vente** put up for sale
verbe [vɛʀb]   *m.* (1) verb
verger [vɛʀʒe]   *m.* (30) orchard
vérifier [veʀifje]   (25) to verify
vérité [veʀite]   *f.* (V) truth; **en vérité** in truth
verre [vɛʀ]   *m.* (5) glass
vers [vɛʀ]   (9) toward
vers [vɛʀ]   *m.* (16) line of poetry
verser [vɛʀse]   (6) to pour
vestiaire [vɛstjɛʀ]   *m.* (15) checkroom
vestiges [vɛstiʒ]   *m. pl.* (28) remains
veston [vɛstɔ̃]   *m.* (3) suit coat
vêtement [vɛtmɑ̃]   *m.* (14) article of clothing
vexer [vɛkse]   (22) to vex, annoy
viande [vjɑ̃d]   *f.* (5) meat
vice [vis]   *m.* (29) vice
victoire [viktwaʀ]   *f.* (23) victory
vide [vid]   (12) empty
vider [vide]   (25) to empty
vie [vi]   *f.* (5) life
vieil *see* **vieux**
vieille *see* **vieux**
vieillesse [vjɛjɛs]   *f.* (16) old age
vierge [vjɛʀʒ]   *f.* (18) virgin
vieux (*before m. vowel* **vieil,** *f.* **vieille**) [vjø, vjɛj]   (2) old
vif (*f.* **vive** [vif, viv]   (25) lively
vigneron [viɲʀɔ̃]   *m.* (30) wine grower
vigoureux (*f.* **vigoureuse**) [viguʀø, -z]   (29) vigorous
vilain [vilɛ̃]   (20) shabby; sordid; unsightly

villa [vila] *f.* (14) villa, large house
village [vilaʒ] *m.* (C) village
ville [vil] *f.* (1) city; en ville downtown, in town
vin [vɛ̃] *m.* (V) wine
vingt [vɛ̃] (2) twenty
virtuose [viʀtɥoz] *m. & f.* (12) virtuoso
visite [vizit] *f.* (10) visit; guided tour; faire visite to pay a visit to someone
visiter [vizite] (1) to visit a place
visiteur [vizitœʀ] *m.* (10) visitor
vite [vit] (3) quickly, rapidly; faire vite to hurry
vitrail (*pl.* vitraux) [vitʀaj, vitʀo] *m.* (26) stained glass window
vivement [vivmɑ̃] (19) vigorously, eagerly
vivifier [vivifje] (22) to enliven
vivre [vivʀ] (11) to live
voici [vwasi] (7) here is, here are
voilà [vwala] (2) there is, there are
voir [vwaʀ] (2) to see
voisin [vwazɛ̃] *m.* (3) neighbor
voisinage [vwazinaʒ] *m.* (9) neighborhood; immediate area
voiture [vwatyʀ] *f.* (6) car

voix [vwa] *f.* (20) voice
vol [vɔl] *m.* (5) flight; theft
volontiers [vɔlɔ̃tje] (4) gladly; surely
vos [vo] (4) your
votre [vɔtʀ] (2) your
vôtre [votʀ] (V) yours
voter [vɔte] (29) to vote
vouloir [vulwaʀ] (3) to want, wish; en vouloir à to hold it against someone; vouloir dire to mean
vous [vu] (1) you
voyage [vwajaʒ] *m.* (6) voyage, trip
voyager [vwajaʒe] (1) to travel
vrai [vʀɛ] (17) true; real
voyelle [vwajɛl] *f.* (V) vowel
vue [vy] *f.* (4) view; sight; vision

wagon [vagɔ̃] *m.* (C) railroad car
week-end [wikɛnd] *m.* (4) weekend

y [i] (5) there, in it, on it
yeux [jø] *m. pl.* (12) eyes

zone [zɔn] *f.* (4) zone

ENGLISH-FRENCH

be able pouvoir
actress actrice *f.*
age âge *m.*
always toujours
answer répondre
anything (nothing) ne . . . rien
apartment appartement *m.*
April avril *m.*
are (we) sommes
arrive arriver
as much as autant que
as soon as aussitôt que
at à
August août *m.*

beautiful beau (bel; *f.* belle)
bed lit *m.*; **go to bed** se coucher
before (in time) avant de
begin commencer
believe croire
better meilleur (*f.* meilleure); *adv.* mieux
best le meilleur (*f.* la meilleure)
book livre *m.*
boy garçon *m.*
brother frère *m.*
brush brosser; se brosser
but mais
buy acheter

camera appareil *m.*
certain certain
child enfant *m.*
choose choisir
class classe *f.*
clean nettoyer
come venir
corner coin *m.*
cross traverser

difficult difficile
desk bureau *m.*
do faire

early de bonne heure; tôt
elect élire
English anglais
ever jamais
evident évident

fall automne *m.*
father père *m.*
February février *m.*
feel (ill, well) se sentir
fill remplir
finish finir
fluently couramment
foot pied *m.*
four quatre
French français *m., a.*
friend ami *m.* (*f.* amie)

get up se lever
give donner
go aller; **go away** partir
good bon (*f.* bonne)
ground floor rez-de-chaussée *m.*

happy heureux (*f.* heureuse)
have avoir
hear entendre
her la; **to her** lui
here ici
him le, l'; **to him** lui
house maison *f.*
hunger faim *f.*

immediately immédiatement
in en; dans
interesting intéressant
it il; elle; le; la

January janvier *m.*
July juillet *m*
June juin *m.*

know savoir; connaître

large grand
last dernier (*f.* dernière)
late tard; **to be late** être en retard
leave partir
lend prêter
lesson leçon *f.*
letter lettre *f.*
like aimer
live habiter; demeurer
long long (*f.* longue)

TROIS CENT QUATRE-VINGT-QUATORZE

look at regarder
look for chercher
lose perdre

make faire
man homme *m.*
March mars *m.*
May mai *m.*
me moi
menu carte *f.*; menu *m.*
midnight minuit *m.*
month mois *m.*
morning matin *m.*
mother mère *f.*
movie film *m.*
my mon; ma; mes

named: be named s'appeler
necessary nécessaire
neither ne . . . ni . . . ni
never ne . . . jamais
newspaper journal *m.*
nice: be nice (weather) faire beau
no longer plus; ne . . . plus
no one personne
not (*negative construction*) ne . . . pas
nothing (anything) ne . . . rien

obliged: be obliged to devoir
on sur
one on; un (*f.* une)
oneself soi-même
only ne . . . que; seulement
our notre; nos
owe devoir

prefer préférer

rain pleuvoir
read lire
regret regretter
room pièce *f.*; **bedroom** chambre *f.*

say dire
scarcely ne . . . guère (de)
season saison *f.*
see voir
small petit
snow neiger
some *pron.* en
sorry: be sorry regretter

Spanish espagnol *m., a.*
speak parler
spring (season) printemps *m.*
stand up se mettre debout
street rue *f.*
student étudiant (*f.* étudiante)
study étudier
suitcase valise *f.*
summer été *m.*

talk to each other se parler
teacher professeur *m.*
tell dire
their leur
them ils, elles, eux; **to them** leur
there are, there is il y a
they ils, elles
think penser; croire
Thursday jeudi *m.*
time heure *f.*
today aujourd'hui
together ensemble
tomorrow demain
travel voyager

university université *f.*
us nous

very très; **very much** beaucoup
visit visiter

wait for attendre
wake up se réveiller
want vouloir
weather temps *m.*
week semaine *f.*
well bien
what quel (*f.* quelle); *interrog.* que,
  qu'est-ce que; qu'est-ce qui
who qui; **whom** qui; **of whom** dont
wind vent *m.*; **windy** faire du vent
winter hiver *m.*
woman femme *f.*
worse pire, pis
write écrire

year an *m.*; année *f.*
yesterday hier
you vous, tu, toi
your votre, vos, ton, tes

TROIS CENT QUATRE-VINGT-QUINZE

Glossary

Adjective: A word that modifies, describes, or limits a noun or pronoun.

Adverb: A word that modifies a verb, an adjective, or another adverb.

Antecedent: The word, phrase, or clause to which a pronoun refers.

Auxiliary Verb: A verb that helps the main verb to express an action or a state (in French, **avoir** or **être**).

Causative Verb: A verb whose subject causes the action to be done by someone else (in French, **faire**).

Clause: A group of words containing a subject and predicate. A main (independent) clause can stand alone; a subordinate (dependent) clause can function only as part of another clause.

Comparison: The change in the form of an adjective or adverb showing degrees of quality: positive (*great*), comparative (*greater*), superlative (*greatest*).

Compound Tense: A verbal phrase made up of a tense of an auxiliary verb plus the past participle of the verb being conjugated.

Conjugate: To inflect a verb, or give in order the forms of its several voices, moods, tenses, numbers, and persons.

Conjugation: The inflections or changes of form in verbs showing number, person, tense, mood, voice.

Conjunction: A word used to connect words, phrases, or clauses.

Demonstrative: Indicating or pointing out the person or thing referred to (*this, that, these, those*).

Direct Object: A noun or pronoun receiving the action of a transitive verb.

Disjunctive Pronoun: A pronoun separated from the verb in the sentence.

Finite Verb: The conjugated verb form showing person, number, tense.

Gender: Grammatical property (masculine, feminine, neuter) of nouns or pronouns.

Imperative: The mood of the verb expressing a command or directive.

Indirect Object: Denotes the person or thing toward whom or toward which is directed the action expressed by the rest of the predicate.

Infinitive: The form of the verb that expresses the general meaning of the verb without regard to person or number.

Interrogatives: Adjectives or pronouns used to ask a question.

Intransitive Verb: A verb that does not require a direct object to complete its meaning.

Invariable: Does not change in form.

Inversion: The turning around or reversing of the normal order of words and phrases in a sentence.

Mood: The form of the verb showing the speaker's attitude or feeling toward what he says.

Noun: A word used to name a person, place, thing, or quality.

Number: The characteristic form of a noun, pronoun, or verb indicating one (singular) or more than one (plural).

Object: The word, phrase, or clause which receives the action of the verb.

Participle: A form of the verb (present participle or past participle) that is used as part of a compound tense or as an adjective or adverb.

Partitive: An indefinite quantity or part of a whole, expressed through a partitive article.

Passive Voice: See Voice.

Person: The characteristic of a verb or pronoun indicating whether the subject is the speaker (first person), the person spoken to (second person), or the person spoken of (third person).

Personal Pronouns: Pronouns that refer to the speaker, the person spoken to, or the person, place, or thing spoken of.

Possessives: Adjectives or pronouns used to show possession or ownership.

Preposition: A word placed before a noun or pronoun to show its relation to some other word in the sentence.

Principal Parts: The forms of the verbs from which other forms of the verb can be constructed.

Pronoun: A word used in place of a noun.

Reflexive Verb: A verb that denotes an action in which the subject and the recipient of the action are the same.

Relative Clause: A clause introduced by a relative pronoun.

Relative Pronoun: A pronoun which connects the dependent clause with the main clause by referring directly to a noun or pronoun in the main clause.

Simple Tense: A verb form consisting of one word.

Stem: That part of an infinitive or of a word obtained by dropping the ending.

Subjunctive: The mood which expresses wishes, doubts, necessity, obligation, or what is possible, rather than certain.

Tense: The form of the verb showing the time of the action or state of being.

Transitive Verb: A verb that takes a direct object.

Verb: A word that expresses an action or a state of being.

Voice: The form of the verb indicating whether the subject acts (active) or is acted upon (passive).

Index

(Numbers refer to pages)

PARIS

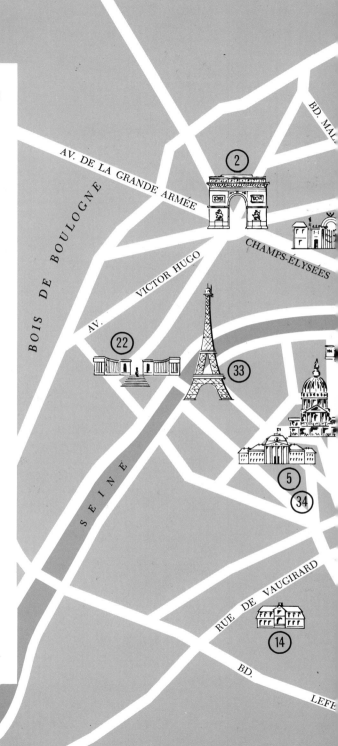